"互联网+"采购系列教材

招标采购法律与实务

LAW AND PRACTICE OF BIDDING AND PROCUREMENT

王友丽　张利江
郭　宪　吕冰瑶　编著

经济管理出版社
ECONOMY & MANAGEMENT PUBLISHING HOUSE

图书在版编目（CIP）数据

招标采购法律与实务/王友丽等编著.—北京：经济管理出版社，2019.8（2020.10 重印）
ISBN 978－7－5096－6863－4

Ⅰ.①招… Ⅱ.①王… Ⅲ.①采购—招标投标法—中国—高等学校—教材 Ⅳ.①D922.297

中国版本图书馆 CIP 数据核字（2019）第 171703 号

组稿编辑：杜 菲
责任编辑：杜 菲
责任印制：黄章平
责任校对：董杉珊

出版发行：经济管理出版社
　　　　　（北京市海淀区北蜂窝 8 号中雅大厦 A 座 11 层　100038）
网　　址：www.E－mp.com.cn
电　　话：（010）51915602
印　　刷：北京虎彩文化传播有限公司
经　　销：新华书店
开　　本：787mm×1092mm/16
印　　张：15
字　　数：365 千字
版　　次：2019 年 9 月第 1 版　2020 年 10 月第 3 次印刷
书　　号：ISBN 978－7－5096－6863－4
定　　价：49.00 元

·版权所有　翻印必究·
凡购本社图书，如有印装错误，由本社读者服务部负责调换。
联系地址：北京阜外月坛北小街 2 号
电话：（010）68022974　邮编：100836

"互联网+"采购系列教材

编委会

总顾问：卢福财

顾　问：邓　辉　胡宇辰

主　任：胡海波　张利江

副主任：石新泓　邹艳芬　王友丽

编　委：李小林　张作智　郭　宪　平庆忠

　　　　胡安喜　杨　芳　刘志华　王雪峰

　　　　程永生　杨文俊　范振华　孟德喜

　　　　吕冰瑶　李　静　赵靖依

前 言

当前,全球全面迈入"互联网+"时代,采购领域也不例外。在大数据、人工智能等以互联网为基础的数字技术的推动下,传统采购模式正在被颠覆,可预测战略寻源、自动化采购执行等创新化的管理模式助力采购部门成为企业新的价值创造中心。这一发展趋势对采购人才的知识和技能提出了更高要求,但与之形成鲜明对比的是,我国采购领域的专业人才供应严重不足,也缺乏将理论与实践紧密结合的丛书作为指导。因此,为了满足采购领域的专业人才培养需要,我们开启了"互联网+"采购系列教材的编写工作。本书作为系列教材丛书中的一本,侧重介绍招标采购各项制度在采购领域的应用,满足采购管理相关专业本科生培养需要,更是涉足招标采购领域的工作人员学习和参考的必备书籍。

作为一种兼具竞争性、公平性和技术经济性的交易机制,招标投标制度最早起源于英国,并在世界各国得到广泛应用。我国自20世纪80年代开始采用招标投标方式择选工程项目的承包商。随着《中华人民共和国招标投标法》《中华人民共和国政府采购法》等一系列法律规范的出台,实践应用不断发展,政府机关、事业单位、社会团体、国有企业和民营企业的采购活动也越来越多地采用这一交易方式。

由于招标采购既需要严格遵守法律法规要求,又具有很强的实践性,本书结合教学和专业应用的需要来编排章节,包括招标采购基本概述,招标的类型与程序,招标方案,资格审查,招标,投标,开标、评标与定标,政府采购,救济与法律责任九个章节。

与其他的招标采购教材相比,本书特色在于:一是法律与实务相结合。各个章节的知识要点以相关法律法规加业务实践的形式呈现,同时以精选问答的形式对法律和实务中的难点、易混点加以解析,辅以拓展阅读获取延伸知识,在提高学生学习兴趣的同时实现学即能用。二是注重案例引导。除引用大量业务实践范例外,还采用案例分析的形式导入章节,并对其进行简要剖析与法律分析,有助于学生更为准确深入地理解和正确应用所学知识。三是融合"互联网+"招标采购实践。结合当前招标采购领域面临传统纸质模式向互联网模式转变的现状,在阐述招标投标各业务流程时,创新性地融入了电子招标投标模式下的实务经验,并着重展现纸质模式和电子模式的区别与差异,为读者深刻理解和应对业务变革提供帮助。

书中案例与延伸知识大部分整理自上海汇招信息技术有限公司（易招标）咨询顾问团队编制的"易招标学苑"公众号往期文章，对外部资料引用皆注明来源出处。

本书由江西财经大学与上海汇招信息技术有限公司（易招标）共同组织编纂，其中张利江、郭宪、吕冰瑶负责主要编撰工作，王洁、孙善微、黄裕珍参与编写，张利江、郭宪、范振华、王友丽审稿。在此谨向他们的辛勤付出表示真诚的感谢。

因时间仓促，疏误之处在所难免，尚祈指正和谅解。

本书编者
2019 年 9 月 12 日

目 录

第一章 招标采购基本概述 ·················· 1

引导案例 ·················· 1
案例解析 ·················· 1
案例涉及主要知识点 ·················· 2
学习导航 ·················· 2
教学建议 ·················· 2
第一节 招标投标制度 ·················· 2
第二节 招标投标参与主体 ·················· 5
第三节 招标投标监督与招标投标公共服务平台 ·················· 9
第四节 案例与习题 ·················· 15

第二章 招标的类型与程序 ·················· 16

引导案例 ·················· 16
案例解析 ·················· 16
案例涉及主要知识点 ·················· 17
学习导航 ·················· 17
教学建议 ·················· 17
第一节 强制招标范围 ·················· 17
第二节 招标的方式 ·················· 24
第三节 招标的组织形式 ·················· 27
第四节 招标的其他分类与形式 ·················· 28
第五节 招标的程序 ·················· 30
第六节 案例与习题 ·················· 33

第三章 招标方案 ··· 35

引导案例 ··· 35
案例解析 ··· 35
案例涉及主要知识点 ·· 36
学习导航 ··· 36
教学建议 ··· 36
第一节 招标方案的基本概念 ·· 36
第二节 各类项目招标方案的特点 ··· 43
第三节 政府和社会资本合作项目招标方案 ··· 52
第四节 案例与习题 ··· 57

第四章 资格审查 ··· 60

引导案例 ··· 60
案例解析 ··· 60
案例涉及主要知识点 ·· 61
学习导航 ··· 61
教学建议 ··· 61
第一节 资格审查的基本概念 ·· 61
第二节 资格审查的程序 ··· 63
第三节 资格条件的设置 ··· 68
第四节 案例与习题 ··· 71

第五章 招 标 ··· 74

引导案例 ··· 74
案例解析 ··· 74
案例涉及主要知识点 ·· 75
学习导航 ··· 75
教学建议 ··· 75
第一节 招标文件 ·· 75
第二节 发标 ··· 94
第三节 招标文件的澄清与修改 ·· 97
第四节 案例与习题 ··· 99

第六章 投 标 ··· 102

引导案例 ··· 102
案例解析 ··· 102
案例涉及主要知识点 ·· 103

目 录

　　学习导航 103
　　教学建议 103
　　第一节　投标的基本概念 103
　　第二节　投标文件组成 105
　　第三节　投标文件编制 109
　　第四节　投标文件递交 111
　　第五节　案例与习题 117

第七章　开标、评标与定标 120
　　引导案例 120
　　案例解析 120
　　案例涉及主要知识点 121
　　学习导航 121
　　教学建议 121
　　第一节　开标 122
　　第二节　评标 131
　　第三节　定标 161
　　第四节　双信封项目的开标、评标 170
　　第五节　案例与习题 171

第八章　政府采购 176
　　引导案例 176
　　案例解析 176
　　案例涉及主要知识点 176
　　学习导航 177
　　教学建议 177
　　第一节　政府采购的基本概念 177
　　第二节　政府采购中的一般规定 182
　　第三节　政府采购中的招标 190
　　第四节　案例与习题 199

第九章　救济与法律责任 202
　　引导案例 202
　　案例解析 202
　　案例涉及主要知识点 202
　　学习导航 202
　　教学建议 202
　　第一节　基本概念 203

第二节　异议和质疑……………………………………………………… 204
第三节　投诉……………………………………………………………… 209
第四节　法律责任………………………………………………………… 216
第五节　案例与练习……………………………………………………… 227

参考文献………………………………………………………………………… 229

第一章 招标采购基本概述

◇ **引导案例**

2017年3月17日,中国政府采购网发布的《厦门市信息中心厦门务实—公开招标—2017—WS034厦门市政务外网云服务中标公告》显示,中标供应商名称为腾讯云计算(北京)有限责任公司,中标金额为0.01元人民币。该项目采用公开招标形式,投标人除腾讯外,还有中国移动、中国联通、中国电信和当地一家公司。这一"1分钱中标"的案例引发热烈讨论,有业内人士称,腾讯云1分钱中标有危及招标采购体系之嫌。

该项目的招标文件要求厦门政府外网云服务的专有云平台须落地于厦门市行政区域内,且专有云提供单独隔离的机房,同时提出各个云主机、云存储、负载均衡、操作系统、数据库、网络安全等一系列的要求和数量,根据限价表清单,限价为495万元。

然而,腾讯此次付出的可不止1年的成本。根据招标文件中的要求,投标人须承诺仍以本次的报价提供后续四年的服务。也就是说腾讯需要以免费的形式提供5年的服务。

也有人猜想,是否腾讯云有可能以该项目后续的数据开发作为盈利点?然而,从招标文件通篇来看,并没有授权中标人可以无偿使用业主的数据。因此,从招标文件细节和投标过程来看,此次腾讯确实投入了巨大的成本,而从云服务产业内专家的评论和腾讯云官方的表态来看,腾讯最主要的目的还是占领市场份额。无论是互联网巨头阿里、百度、腾讯,还是传统的IT厂商甚至三大运营商都在竞争这块市场,那么,当市场主体抛出了这样一份"免费午餐"时,招标人能不能接受呢?

思考:腾讯云1分钱中标合法吗?

◇ **案例解析**

无论是招标投标法还是政府采购法,均对低于成本的报价有明确禁止性规定。《招标投标法实施条例》第五十一条规定,投标报价低于成本的,评标委员会应当否决其投标。《政府采购货物和服务招标投标管理办法》第六十条规定,评标委员会认为投标人的报价明显低于其他通过符合性审查投标人的报价,有可能影响产品质量或者不能诚信履约的,应当要求其在评标现场合理的时间内提供书面说明,必要时提交相关证明材料;投标人不能证明其报价合理性的,评标委员会应当将其作为无效投标处理。而腾讯云之所以采用1分钱报价的策略,无疑是为了以低价获取中标优势。

有观点认为，腾讯这样的互联网巨头即便报出 1 分钱的低价，其庞大的体量与雄厚的实力也足以支撑其高质高效地完成合同履约，只要投标人承诺能按要求履行合同，为什么不能以更低廉的价格获取服务呢？

即使如此，1 分钱中标就可以被接受吗？

在对案例的讨论中，行业与市场的观点主要集中于以下几点：①"1 分钱"的报价明显属于低于成本竞标，违背法律法规中关于"投标人/供应商报价不得低于成本价"的规定。②远低于成本的报价是对市场秩序的破坏，不对此类行为进行约束将导致资源严重倾斜，长此以往，行业竞争差距拉大，中小企业的生存空间将被急剧压缩。③不符合物有所值的行业惯例，难保能为采购人提供所需的服务。更何况，羊毛出在羊身上，投标企业先以低价抢占市场，后期通过其他增值服务收取费用，最终采购人所付出的总成本可能将远高于预期价格。④腾讯云没亏，反而赚了！政务云服务中包含的政务数据与核心算法是宝贵资源。腾讯免费使用这些数据资源。该项目有助于其积累业绩，获得与政府部门合作的机会，为日后成为云服务标准的制定者打下基础。

截至目前，有关部门并未针对该项目采取其他措施。但对这一事件的讨论或许会产生更深远的影响，促使招标采购制度在争议中不断提升与修正。

资料来源：易招标学苑（经整理）。

◇ **案例涉及主要知识点**

招标投标制度的原则、低于成本报价的一般规定

◇ **学习导航**

- 掌握招标投标制度的基本概念、招标投标的参与主体
- 思考招标投标活动的监督与公共服务体系如何发挥作用
- 探讨招标投标公共服务平台的作用

◇ **教学建议**

- 备课要点：招标投标的定义、特点与原则，招标投标活动的主体界定，招标投标监督机制和公共服务
- 教授方法：讲授、实证、启发式
- 拓展知识领域：招标投标公共服务平台发挥的作用

第一节　招标投标制度

一、招标投标基本定义

20 世纪 80 年代，基于市场经济运作的需要，我国在工程建设领域逐渐采用招标投标

方式选择承包商。自 2000 年开始，随着《中华人民共和国招标投标法》（主席令第 21 号）[①]（以下简称《招标投标法》）以及随后一系列的法规和规章的出台，招标投标制度在工程建设、政府采购等多个领域得到广泛应用，运作方式也逐渐规范。

招标投标是由交易活动的发起方在一定范围内公布标的特征和主要交易条件，按照依法确定的规则和程序，对多个响应方提交的报价及方案进行评审，择优选择交易主体并确定全部交易条件的一种交易方式。

招标投标是一种有序的市场竞争交易方式，也是选择交易主体、订立交易合同的规范程序。

从招标投标活动的标的物来看，招标投标既适用于购买行为，如政府和企业事业单位采购货物和服务，择选工程承包商等，因此也常被称为招标采购。同时，招标投标也适用于出售行为，如土地使用权出让、国有产权交易等。

二、招标投标机制特性

1. 程序规范性

招标投标作为一种特定的交易方式，受《招标投标法》及《中华人民共和国招标投标法实施条例》（国务院令第 613 号）（以下简称《招标投标法实施条例》）约束。法律对招标投标活动开展的程序规则、时间期限等都有明确规定，必须按章执行，以确保招标投标活动以公平、公正的方式实现遴选最佳供应商的预期目标。

2. 竞争性

招标投标活动的竞争性体现在投标人之间的竞争。招标方需要对多个投标人提交的投标文件进行评审，择优选择交易主体，这就形成多个投标人之间的竞争。《招标投标法实施条例》规定，投标人少于 3 个的，不得开标。因此，每个招标项目必然存在 3 个以上投标人参与竞争。

3. 一次性

招标投标活动中的许多动作均具有一次不可逆转的项目特性，如解密投标文件、投标报价、招标人发出中标通知书等，招标投标双方在签订合同时不允许就招标投标文件中已确定的实质性内容进行谈判和修改，这也是招标投标活动实现公平、有序竞争的前提。

4. 技术经济性

招标投标活动在充分竞争的前提下，通过对投标文件商务、技术和价格三个方面要素的评审，选取报价最低或综合评审结果最优的投标人作为中标人，兼顾了质量与成本经

[①] 本书中所引用的法律、法规、规章及规范性文件，除另有说明，均适用于在本书正文中首次出现时标注的文号。

济，实现了技术经济效益。

三、招标投标基本原则

1. 公开

招标投标活动的公开原则，实质是指信息的公开，其中有两层含义，一是程序公开，二是结果公开。采用公开招标方式的招标项目，特别是依法必须进行招标的项目，需要在国家指定的媒介发布招标公告，注明参与招标项目的基本条件与时间节点等。同时，在评审结束后，评标结果和中标公告也应当在指定媒介上发布，接受社会监督。

2. 公平

公平是指在招标投标活动中，应当对所有潜在投标人一视同仁，使其享有同等权利和承担同等义务，招标人不得以不合理的条件，限制或排斥潜在投标人或投标人。例如，在同一项目下向潜在投标人提供有差别的项目信息，设定的资格条件与项目实际需要不相匹配，限定或指定特定的专利、品牌、产地和供应商等。

3. 公正

公正是指在招标投标活动中，招标人应当严格按照公开的招标条件与程序实施招标投标活动，评标委员会应当按照招标文件确定的评标标准和方法，对投标文件进行评审和比较，从中推选合格的中标候选人；任何单位和个人不得非法干预、影响评标的过程和结果。

4. 诚实信用

诚实信用是指招标投标当事人均应当按照事先约定的条件办事，行使权利、履行义务，不得有欺诈、背信行为。招标人应当根据公布的招标文件开展招标活动，评标委员会应当根据招标文件约定的评标标准评价投标人，而投标人应当在投标文件中进行真实有效的响应，不得串通投标或者弄虚作假骗取中标，招标投标双方在中标后应当及时订立合同并严格履行合同条款等，这些均是诚实信用原则的体现。

四、招标投标发挥效用的前提条件

1. 市场处于充分竞争状态

招标投标活动开展的前提条件之一，是市场处于充分竞争状态。招标投标竞争性的体现在于投标人之间的对抗博弈。如果投标人的数量过少，就难以形成有效竞争。当标的物处于买方市场时，招标人（即买方）具有议价优势，通过投标人之间的博弈，可以以更低的价格获取更优质量的产品与服务。而对于供应商数量有限，不能构成有效竞争的标的物，是无法通过招标方式实现投标人的竞争的，因此也无从实现筛选最优供应商的目的。

2. 预期节约成本大于交易成本

招标投标交易本身会产生一系列成本费用，例如为编制招标文件、组织开评标会议等产生的人力和时间成本、支付专家的评标劳务费等，这就要求项目本身能够节约的采购成本大于所产生的交易成本，否则就不能很好地发挥招标投标程序的优势。

第二节 招标投标参与主体

一、招标人

1. 法律法规规章摘要

《招标投标法》
第八条 招标人是依照本法规定提出招标项目、进行招标的法人或者其他组织。

2. 业务实践

根据法律规定，招标人是提出招标项目、开展招标活动的主体。可以成为招标人的组织有三类：一是法人；二是非法人组织；三是其他组织。

法人，指具有民事权利能力和民事行为能力，依法独立享有民事权利和承担民事义务的组织，包括以营利为目的的企业法人，如有限责任公司、股份有限公司；为公益或其他非营利目的成立的社会团体组织、事业单位等非营利法人；以及居民委员会等群众性自治组织法人、农村集体经济组织法人、机关法人等特别法人。

非法人组织，指不具有法人资格，但是能够依法以自己的名义从事民事活动的组织，包括个人独资企业、合伙企业、不具有法人资格的专业服务机构等。

其他组织，是指合法成立，有一定的组织机构和财产，但又不具备法人资格的组织，如企业分公司等法人设立的分支机构。

这三类组织要成为招标人还必须满足以下条件：

（1）提出招标项目。这是开展招标投标活动的先决条件，意味着招标人应当提出和拟定招标项目的标的物和交易条件。同时，为确保交易顺利达成，招标人还应当按要求履行相应的审批、核准或备案手续，筹集项目资金等。

（2）进行招标。提出招标项目后，还需要完成编制招标文件、发布招标公告、发售招标文件、组织潜在投标人踏勘（如需）、主持开标、组建评标委员会、确定中标人、发布中标通知书等一系列工作，这些工作可以由招标人完成，招标人也可以委托招标代理机构完成。由于招标代理机构接受的是招标人的委托，因此招标代理机构是以招标人名义行使招标人的合法权利。

二、投标人

1. 法律法规规章摘要

《招标投标法》
第二十五条　投标人是响应招标、参加投标竞争的法人或者其他组织。
依法招标的科研项目允许个人参加投标的,投标的个人适用本法有关投标人的规定。

2. 业务实践

投标人是招标投标活动中,对招标文件这一要约邀请进行响应,并且参与投标竞争的主体。投标人可以分为法人、非法人组织、其他组织和个人四类。其中,仅依法招标的科研项目允许个人投标的,可以个人身份投标。此外,政府采购的货物和服务招标项目,供应商可以为自然人。

同时,成为投标人需要满足以下两个条件。

（1）响应招标。这是指法人、其他组织或个人看到招标人发出的招标公告或收到投标邀请后,按照要求进行响应,获取招标文件,并按要求编制和提交投标文件的行为。在这一阶段,响应招标的主体因其并不必然参与投标竞争,因此被称为潜在投标人。

（2）参与投标竞争。这是指潜在投标人按照招标文件的要求,在规定地点和时间递交投标文件的行为。递交投标文件表示潜在投标人对订立合同正式提出要约,此时潜在投标人成为投标人。

三、招标代理机构

1. 法律法规规章摘要

《招标投标法》
第十三条　招标代理机构是依法设立、从事招标代理业务并提供相关服务的社会中介组织。
招标代理机构应当具备下列条件：
（一）有从事招标代理业务的营业场所和相应资金；
（二）有能够编制招标文件和组织评标的相应专业力量；
第十四条　招标代理机构与行政机关和其他国家机关不得存在隶属关系或者其他利益关系。
第十五条　招标代理机构应当在招标人委托的范围内办理招标事宜,并遵守本法关于招标人的规定。

《招标投标法实施条例》

第十一条 国务院住房城乡建设、商务、发展改革、工业和信息化等部门，按照规定的职责分工对招标代理机构依法实施监督管理。

第十二条 招标代理机构应当拥有一定数量的具备编制招标文件、组织评标等相应能力的专业人员。

第十三条 招标代理机构在招标人委托的范围内开展招标代理业务，任何单位和个人不得非法干涉。

招标代理机构代理招标业务，应当遵守招标投标法和本条例关于招标人的规定。招标代理机构不得在所代理的招标项目中投标或者代理投标，也不得为所代理的招标项目的投标人提供咨询。

第十四条 招标人应当与被委托的招标代理机构签订书面委托合同，合同约定的收费标准应当符合国家有关规定。

2. 业务实践

招标代理机构是接受招标人委托，在委托范围内行使招标人合法权利、提供招标相关服务的中介机构。

由于招标工作的开展需要组织者具备相应的专业能力与实施条件，一些不具备招标工作开展条件或不愿意自行承担招标工作的招标人，会将招标事宜委托给招标代理机构执行。

招标代理机构的法定要求如下：

（1）具备相关设施条件和相应资金。《招标投标法》规定，招标代理机构应当具备如下条件：一是有从事招标代理业务的营业场所。由于开标、评标环节需组织投标人、评标专家、行政监督部门等角色参与，招标代理机构应当具备开展相应活动的场地。二是有从事相关业务的资金。

（2）具有相应的专业力量。招标代理机构还应当有能够编制招标文件和组织评标的相应专业力量，这里的相应专业力量即是指招标代理机构具有与招标项目规模和复杂程度相适应的技术、经济等方面的专业人员。

招标文件是招标人的真实意思表示，也是整个招标活动开展的纲领性文件。招标文件的完整性、专业性与严谨程度直接影响中标人的选择和招标工作的质量。组织评标即招标人组建评委会，协助评标专家完成评审工作。评标工作是招标投标活动中的关键环节，评标工作的质量与合规性是遴选优秀供应商的关键因素，也是招标投标活动公平、公正性的重要保证。因此，能否自行编制招标文件和组织评标，是招标代理机构能否独立开展业务的关键因素，也是招标代理机构业务能力的直观展现。

（3）在招标人的委托范围内开展业务。招标代理机构本质上属于社会中介组织，即凭借专业知识和技术能力，向委托人提供服务。这意味着招标代理机构的行为是以委托人即招标人的名义做出的，而其民事后果也应由招标人承担。与此同时，招标代理机构也应当在委托范围内办理招标事宜，对于招标人未授权的事项，招标代理机构无权处置。

（4）独立开展业务。作为依法设立并提供相关服务的社会中介组织，招标代理机构独立于行政机关等其他国家机关，不允许与其存在隶属关系和其他利益关系。

（5）营利性。招标代理机构的组织性质决定了其必须通过提供专业服务获得盈利，以维持自身生存与发展。因此，招标代理机构应当在书面委托合同中与招标人约定服务范围和收费事项，收取代理报酬。

四、评标委员会

1. 法律法规规章摘要

《招标投标法》

第三十七条　评标由招标人依法组建的评标委员会负责。依法必须进行招标的项目，其评标委员会由招标人的代表和有关技术、经济等方面的专家组成，成员人数为五人以上单数，其中技术、经济等方面的专家不得少于成员总数的三分之二。

前款专家应当从事相关领域工作满八年并具有高级职称或者具有同等专业水平，由招标人从国务院有关部门或者省、自治区、直辖市人民政府有关部门提供的专家名册或者招标代理机构的专家库内的相关专业的专家名单中确定；一般招标项目可以采取随机抽取方式，特殊招标项目可以由招标人直接确定。与投标人有利害关系的人不得进入相关项目的评标委员会；已经进入的应当更换。评标委员会成员的名单在中标结果确定前应当保密。

《招标投标法实施条例》

第四十五条　国家实行统一的评标专家专业分类标准和管理办法。具体标准和办法由国务院发展改革部门会同国务院有关部门制定。

省级人民政府和国务院有关部门应当组建综合评标专家库。

《评标委员会和评标方法暂行规定》（国家计委等七部委令第12号）

第十一条　评标专家应符合下列条件：

（一）从事相关专业领域工作满八年并具有高级职称或者同等专业水平；

（二）熟悉有关招标投标的法律法规，并具有与招标项目相关的实践经验；

（三）能够认真、公正、诚实、廉洁地履行职责。

第十二条　有下列情形之一的，不得担任评标委员会成员：

（一）投标人或者投标人主要负责人的近亲属；

（二）项目主管部门或者行政监督部门的人员；

（三）与投标人有经济利益关系，可能影响对投标公正评审的；

（四）曾因在招标、评标以及其他与招标投标有关活动中从事违法行为而受过行政处罚或刑事处罚的。

评标委员会成员有前款规定情形之一的，应当主动提出回避。

2. 业务实践

招标投标过程中的评标工作由评标委员会承担，评标委员会由招标人代表和经济、技术方面的专家构成，通常为5人以上单数。其中，招标人代表通常由招标人直接指派，经济、技术方面的专家则根据项目性质从政府部门组建的专家库或招标代理机构自行组建的专家库中抽取。

评标委员会的组建具有临时性，一般由招标人或招标代理机构在评标开始前组建完成，评标结束后即解散。

评标专家应具备相应的专业知识与评标能力，确保能够胜任评标工作。同时，为确保评标工作的独立性与公正性，评标委员会成员不能是投标人或投标人主要负责人的近亲属，不能与投标人存在经济利益关系；为保证监督工作的客观、独立，评标委员会成员不能是项目主管部门或行政监督部门的成员。此外，曾在招标投标活动中因违法行为受过行政处罚或刑事处罚的，不得担任评标委员会成员。

另外，为了解决评标专家库建立过程中出现的专家分类标准不一，专业类别设置不科学等问题，国家发展改革委等10部委共同颁布了《评标专家专业分类标准（试行）》（发改法规〔2010〕1538号），依据专业人员和其技术资格类别，按工程、货物和服务三类设定了专业分类标准。统一的专业分类标准为实现全国范围内的评标专家资源共享，开展远程异地评标工作奠定了基础。但带来的问题是，国家层面设定的专业分类标准难以满足各行各业的发展。在互联网背景下，新的行业和新的专业工种层出不穷，事先设定专业分类标准囊括不了新生专业，出现从现有专家库中可能抽不出适合的专家进行评标的现象。

第三节 招标投标监督与招标投标公共服务平台

一、招标投标监督体系

1. 法律法规规章摘要

《招标投标法》

第七条 招标投标活动及其当事人应当接受依法实施的监督。有关行政监督部门依法对招标投标活动实施监督，依法查处招标投标活动中的违法行为。对招标投标活动的行政监督及有关部门的具体职权划分，由国务院规定。

第九条 招标项目按照国家有关规定需要履行项目审批手续的，应当先履行审批手续，取得批准。

第十二条 招标人具有编制招标文件和组织评标能力的，可以自行办理招标事宜。任何单位和个人不得强制其委托招标代理机构办理招标事宜。依法必须进行招标的项目，招标人自行办理招标事宜的，应当向有关行政监督部门备案。

《招标投标法实施条例》

第四条 国务院发展改革部门指导和协调全国招标投标工作，对国家重大建设项目的工程招标投标活动实施监督检查。国务院工业和信息化、住房城乡建设、交通运输、铁道、水利、商务等部门，按照规定的职责分工对有关招标投标活动实施监督。

县级以上地方人民政府发展改革部门指导和协调本行政区域的招标投标工作。县级以上地方人民政府有关部门按照规定的职责分工，对招标投标活动实施监督，依法查处招标投标活动中的违法行为。县级以上地方人民政府对其所属部门有关招标投标活动的监督职责分工另有规定的，从其规定。

财政部门依法对实行招标投标的政府采购工程建设项目的政府采购政策执行情况实施监督。

监察机关依法对与招标投标活动有关的监察对象实施监察。

第七条　按照国家有关规定需要履行项目审批、核准手续的依法必须进行招标的项目，其招标范围、招标方式、招标组织形式应当报项目审批、核准部门审批、核准。项目审批、核准部门应当及时将审批、核准确定的招标范围、招标方式、招标组织形式通报有关行政监督部门。

2. 业务实践

招标投标监督是招标投标活动中的重要部分，对招标投标活动的监督既是保护国家利益、社会公共利益的需要，也是规范招标投标活动、维护当事人合法权益的重要举措。

招标投标监督体系包含三个部分，分别是行政监督、司法监督和社会监督，其中社会监督又包含市场主体监督、行业自律和公众媒体监督。监督对象不仅包含招标投标活动本身，也包含招标人、代理机构、投标人等招标投标活动的当事人。

（1）行政监督。这是招标投标监督体系中的主要组成部分，《招标投标法》第七条规定，行政监督部门依法对招标投标活动实施监督，依法查处招标投标活动中的违法行为。我国进行招标投标行政监督的主要部门，由指导协调部门、行政监督部门和其他有关部门组成。

1）行政监督主体。招标投标行政监督采用多头监督体制，由法律授权实行分级管理。有关部门对招标投标活动实施行政监督的权限由《招标投标法》授予。

多头监督是指行政监督权限分散在多个部门，如国务院发展改革部门对国家重大建设项目的招标投标活动实施监督检查；国务院工业和信息化、住房城乡建设、交通运输、铁道、水利、商务等部门，按照规定的职责分工，对各自领域的招标投标活动实施监督检查。

在多头监督体制下，发展改革部门承担对招标投标工作的指导和协调职责，以保障政令统一，包括拟定并出台招标投标有关政策规章、建设和管理综合评标专家库、协调各招标投标行政监督部门开展工作等；有关行政监督部门如住房城乡建设、交通、水利等，对各自领域的招标投标活动实施监督检查，包括受理招标投标活动中的投诉、举报等。

分级管理是指监督机制逐级分工、分级监管，例如国务院发展改革部门指导和协调全国招标投标工作；县级以上地方人民政府发展改革部门指导和协调本行政区域的招标投标工作。

招标投标行政监督体系中的其他部门主要是指财政部门、监察部门和审计部门等。例如，财政部门对政府采购工程建设项目招标投标活动的政府采购政策落实情况进行监督；

监察部门对招标投标活动的监察对象实施监察等。县级以上地方人民政府可以另行规定其所属部门有关招标投标活动的监督职责分工。

2）行政监督方式。行政监督部门对招标投标活动实施监督检查，通常可以分为三个阶段，各阶段实施监督的方式根据招标投标活动的进展有所区别。

①事前监督。在招标投标活动开展之前，行政监督部门通过相应手段对招标投标活动主体及其行为进行监督。事前监督的主要手段是行政审批、核准、备案等，其目的在于保证当事人行为的合法性和可行性。

在招标投标活动中，需要事前办理审批、核准手续的，主要是依法必须进行招标的项目，应当将其招标范围、招标方式、招标组织形式报项目审批、核准部门审批、核准。

备案则是指相对人按照有关规定，向主管部门报告制定的或完成的事项的行为，主要目的是向主管部门存案，以备考察。例如，法律规定，招标人如果具备编制招标文件和组织评标能力，可以自行办理招标事宜，但对于依法必须招标的项目，如果招标人自行招标，则应当向行政监督部门备案。

②事中监督。在招标投标活动中，行政监督部门通过现场或在线监督开标、评标活动和受理投诉等手段实施监督检查。事中监督是对于执行过程的监督，有利于及时了解执行情况，纠正行为偏差。

行政监督部门派代表参与监督招标项目的评标活动，重点关注评标专家是否符合参与条件；评标过程是否公平、公正，是否有倾向性等。

③事后监督。招标投标活动中最常见的监督方式，主要是在招标投标活动结束后，对招标投标活动的结果、过程性资料等实施监督检查。

例如，受理投诉是实施事后监督的方式之一。《招标投标法》规定，投标人或其他利害关系人认为招标投标活动不符合法律规定的，可以依法向行政监督部门投诉。行政监督部门应当在规定的时间期限内决定是否受理投诉，出具处理决定。

除受理投诉外，常见的事后监督还有招标投标活动监督检查，如行政监督部门对过去一段时间内开展的招标投标项目进行评估，通过查阅有关资料、询问当事人等方式对招标投标活动开展的合法合规性进行评估。此外，行政监督部门还会对经招标投标签订的合同履约情况进行审查，确认双方是否按照招标投标文件承诺签订合同、中标人是否按合同履行等，以确保招标项目实现预期的经济效益。

例如，《绵阳市国家投资工程建设项目招标投标办法（试行）》（绵府办发〔2017〕47号）中规定，行政监督部门应当按月对所属行业招标投标、合同履行情况进行统计分析和后评估。发展改革部门应每半年组织相关部门对落实后评估情况进行抽查，抽查不低于后评估总量的30%，监督检查招投标执法。

此外，在项目履约完成后，对项目实施审计也是事后监督的重要方式。对于政府投资的工程建设项目，其项目审批、征地拆迁、环境保护、工程结算和资金管理等均属于审计范围，其中，工程招标投标仅是审计的中间一环。审计工作关注的是工程全过程，相比于对招标投标项目的监督，工程审计更能够从整体角度掌握建设资金的使用情况，判断工程建设规划方案和实施过程的规范性、合理性，对于提升整体施工效果、增强工程质量具有重要意义。

相比于事前、事中监督,事后监督能够最大限度地保证招标投标活动开展的效率,并且确保监督的全面性。但由于事后监督具有延时性,且往往是对资料的检查,提高了发现和查证违法违规行为的难度,因此许多地区的行政监督部门多依赖于在事前或事中各环节设置审批程序,以降低违法风险。

随着简政放权的政府职能改革以及互联网信息技术在招标采购领域的深入运用,行政监督的思路与方式也在不断转变。在电子招标投标模式下,招标投标全过程信息能够实现动态记录、留痕追溯、透明公开、协同共享①,这也推动招标投标行政监督从事前审批、分业监督,向事中事后监督、动态协同方式转变,有利于保证招标投标活动开展的效率,同时提升行政监督的针对性、有效性和规范性。

3) 行政监督内容。

行政监督部门主要针对招标投标活动中的以下事项开展监督工作:

①招标项目的招标内容、招标方式和招标组织形式;
②招标文件和其他相关资料、招标程序和规则;
③依法必须进行公开招标的项目,公告和公示信息的发布媒介、发布内容及时限;
④投标保证金的金额、递交方式、退还时限;
⑤评标委员会的组建方式、成员人数和资格;
⑥招标投标活动中各方主体的行为;
⑦合同签订信息和履行信息的公示内容和时限。

(2) 司法监督。国家司法机关依据《招标投标法》和其他有关法律对于招标投标活动实施监督。具体表现为招标投标活动中如存在违法违规行为,则相关责任人需承担相应的法律责任。例如,对于招标投标活动当事人存在围标、串标行为的,将通过罚款等形式追究当事人的行政责任;对于构成犯罪的,还需承担刑事责任。司法监督具有被动性,司法机关应当遵循"不诉不审、不告不理"的原则依法实施监督。

(3) 社会监督。

1) 当事人监督。招标投标活动的当事人,包括招标人、投标人、招标代理机构、评标专家等,作为招标投标活动的直接参与方,是实施招标投标活动监督的主要力量。在招标投标制度中,招标投标活动当事人可以通过异议、投诉,依法维护自己的合法权益,维护招标投标活动的公平公正。投标人对招标文件、开标过程和评标结果提起投诉的,应当先向招标人提出异议。当事人监督最及时、最有效。

2) 行业自律。指行业内成员为规范行业行为,维护行业内公平竞争和正当利益,通过联合设立行约、行规等进行自我约束。行业自律依托于行业协会等组织开展,一方面约束行业成员遵守国家法律、法规以及行业性规范,另一方面保护行业成员合理合法行使和维护自己的权益。

作为招标投标监督体系的重要组成部分,行业自律具有自发性、主动性和非营利性,主要通过沟通引导、教育培训、提供服务等方式规范市场主体行为,协调矛盾和纠纷,解决行业诉求。

---

① 资料来源于《"互联网+"招标采购行动方案(2017~2019年)》。

拓展阅读：想了解更多延伸知识吗？
扫描二维码即可阅读哦！

3）公众监督。由于招标采购更多地被应用于与公共利益、公众安全相关的大型工程建设项目、政府采购项目，采购程序是否合法合规、公平公正，一直以来是公众和媒体关注的焦点。社会公众可以就招标投标活动中的违法违规行为，向行政监督部门举报，行政监督部门应当依法受理，履行监督职责。

拓展阅读：想了解更多延伸知识吗？
扫描二维码即可阅读哦！

二、招标投标公共服务平台

1. 法律法规规章摘要

《电子招标投标办法》（国家发展改革委等八部委令第20号）

第三条　电子招标投标系统根据功能的不同，分为交易平台、公共服务平台和行政监督平台。

公共服务平台是满足交易平台之间信息交换、资源共享需要，并为市场主体、行政监督部门和社会公众提供信息服务的信息平台。

第四十三条　设区的市级以上人民政府发展改革部门会同有关部门，按照政府主导、共建共享、公益服务的原则，推动建立本地区统一的电子招标投标公共服务平台，为电子招标投标交易平台、招标投标活动当事人、社会公众和行政监督部门、监察机关提供信息服务。

第四十四条　电子招标投标公共服务平台应当按照本办法和技术规范规定，具备下列主要功能：

（一）链接各级人民政府及其部门网站，收集、整合和发布有关法律法规规章及规范性文件、行政许可、行政处理决定、市场监管和服务的相关信息；

（二）连接电子招标投标交易平台、国家规定的公告媒介，交换、整合和发布本办法第四十一条规定的信息；

（三）连接依法设立的评标专家库，实现专家资源共享；

（四）支持不同电子认证服务机构数字证书的兼容互认；

（五）提供行政监督部门和监察机关依法实施监督、监察所需的监督通道；

（六）整合分析相关数据信息，动态反映招标投标市场运行状况、相关市场主体业绩和信用情况。

属于依法必须公开的信息，公共服务平台应当无偿提供。

公共服务平台应同时遵守本办法第八条至第十五条规定。

第四十五条 电子招标投标公共服务平台应当按照本办法和技术规范规定，开放数据接口、公布接口要求，与电子招标投标交易平台及时交换招标投标活动所必需的信息，以及双方协商确定的其他信息。

电子招标投标公共服务平台应当按照本办法和技术规范规定，开放数据接口、公布接口要求，与上一层级电子招标投标公共服务平台连接并注册登记，及时交换本办法第四十四条规定的信息，以及双方协商确定的其他信息。

电子招标投标公共服务平台应当允许社会公众、市场主体免费注册登录和获取依法公开的招标投标信息，为招标人、投标人、行政监督部门和监察机关按各自职责和注册权限登录使用公共服务平台提供必要条件。

2. 业务实践

招标投标公共服务平台是电子招标投标系统的三大平台之一，承担满足交易平台之间交换信息、资源共享的需要，并为市场主体、行政监督部门和社会公众提供信息服务的职能。

在电子招标投标活动中，公共服务平台是一个信息枢纽，为所有电子招标投标交易活动的共同需求提供信息服务，如招标公告公示信息、市场主体身份认证、专家库管理、企业和从业人员资格、业绩、信誉、履约记录信息和市场要素价格信息的存档查询、统计分析等。这些分散在各个交易平台上或停留在纸面上的信息，通过交易平台的对接传输，汇总到公共服务平台，进而实现交易主体间的信息与资源共享，满足行政监督部门协同监管的需要，并动态展示招标投标市场的运行与发展情况。

由于公共服务平台的职能定位聚焦于"公益服务"，因此由政府部门主导建设，其建设主体具有区域或行业的唯一性。《电子招标投标办法》规定，设区的市级以上人民政府发展改革部门，可以会同有关部门，推动建立本地区统一的电子招标投标公共服务平台。按照这一规定，全国招标投标公共服务平台体系形成国家级平台、省级平台和区市级公共服务平台三级架构，相互连通。国家级平台仅有中国招标投标公共服务平台，由国家发展改革委指导建立，是全国招标投标活动的信息枢纽。省级平台和区市级公共服务平台由各地区发展改革委牵头建立，每一级公共服务平台应当与上一层级公共服务平台连接并注册登记，交换信息。

此外，公共服务平台作为公共信息的载体，应当向社会公众、市场主体免费提供依法必需的公共服务，获取依法公开的招标投标信息。同时，为确保公共服务平台的公益性定位，其不得具备交易功能。

拓展阅读：想了解更多延伸知识吗？
扫描二维码即可阅读哦！

第四节 案例与习题

一、选择题

(1) 下列招标项目中,允许自然人投标的是（　　）。
A. 工程监理项目　　　　　　　　B. 新建高速公路项目
C. 市财政局电脑采购项目　　　　D. 某国企仓库扩建项目

(2) 下列机构中,属于招标投标活动行政监督主体的是（　　）。
A. 发展改革部门　　　　　　　　B. 各级公共服务平台
C. 公证机构　　　　　　　　　　D. 公共资源交易中心

(3) 根据《电子招标投标办法》,以下描述不正确的是（　　）。
A. 电子招标投标系统根据功能的不同,分为交易平台、公共服务平台和行政监督平台
B. 交易平台是以数据电文形式完成招标投标交易活动的信息平台
C. 公共服务平台是满足交易平台之间信息交换、资源共享需要,并为市场主体、行政监督部门和社会公众提供信息服务的信息平台
D. 行政监督平台是企业监察部门在线监督电子招标投标活动的信息平台

(4) 招标投标的（　　）体现在中标价格,是招标人预期投资目标和投标人竞争期望值的综合平衡。
A. 竞争性　　　　　　　　　　　B. 规范性
C. 经济技术性　　　　　　　　　D. 公平性

(5) 下列主体在其注册地从事招标投标活动时,可以不适用《招标投标法》的是（　　）。
A. 境外中资企业　　　　　　　　B. 境内外商独资企业
C. 境内私营企业　　　　　　　　D. 境内中外合资企业

二、问答题

(1) 自然人可以成为招标人吗？
(2) 外资企业是法人还是其他组织？

第二章 招标的类型与程序

◇ **引导案例**

某国有企业下属单位因生产需要,计划采购一套成套设备,在市场调研过程中发现,该成套设备中的一项配套设备需要使用专利,因此招标方希望不对该成套设备进行招标。

思考:该采购项目能否不进行招标?

◇ **案例解析**

根据《招标投标法》规定,依法必须招标的项目首先应当属于工程建设项目。因此,该国有企业采购生产所需设备,如不属于工程建设项目,法律对于是否必须招标并未进行强制要求。

基于本案例的背景,在此提出一个假设,假设该项目属于依法必须进行招标的项目,那么是否可以豁免招标呢?

《招标投标法实施条例》规定,需要采用不可替代的专利或专有技术的可以不进行招标,因此如果上述成套设备的配套设备的确需要使用"不可替代"的专利或专有技术,那么这项配套设备可以不进行招标,单独申请使用单一来源的方式直接采购。对此,《政府采购法》及其实施条例也有相同规定。

同时,需要特别注意的是,专利或者专有技术不是关键词,关键词是"不可替代的",这种"不可替代"的要求是非常严苛的,需要同时满足以下三个条件:

第一,从项目本身功能的客观需求判断是否必须使用特定的专利或者专有技术,而不能仅仅是招标人主观上想用某专利或专有技术。

第二,需要使用的特定专利或专有技术具有不可替代性。如果存在可以满足项目需求的其他替代技术,且使用替代技术不影响项目的质量和使用效率,则不满足这一条件。因此,这不意味着潜在投标人只要有专利或专有技术就可不招标,当有多家潜在投标人具有专利和专有技术,并且在功能上能够相互替代并实现功能需求,还是应当通过招标来选择的。

第三,项目欲使用的专利或专有技术无法由其他主体分别实施或提供。这是因为专利虽然有独占性,但是可以通过授权使用的方式打破独占性,如果采购含有专利设备的成套设备时允许代理商参与，这样也是可以有多家供应商提供该专利或专有技术产品的，也就是可以通过招标方式选择供应商或承包人。

如果不能同时满足以上三个条件，则可能被认定为"以不合理的条件限制、排斥潜在投标人或投标人"。从整个成套设备的采购项目来说，除了需要使用专利的配套设备外，其他属于依法必须招标的设备还是需要通过招标方式采购，因为《招标投标法》规定任何单位和个人不得将依法必须进行招标的项目化整为零或者以其他任何方式规避招标。

◇ **案例涉及主要知识点**

依法必须进行招标的项目的判定、哪些情形属于"可以不进行招标"的范围

◇ **学习导航**

- 掌握招标项目的常见类型
- 掌握招标投标活动的基本程序
- 思考两阶段招标、协议集中招标采购等特殊招标形式的适用场景

◇ **教学建议**

- 备课要点：依法必须进行招标的项目的划分标准、招标的组织形式、招标方式、招标的程序
- 教授方法：案例、讲授、实证、启发式
- 拓展知识领域：两阶段招标、协议集中招标采购等特殊招标形式如何应用

第一节 强制招标范围

一、法律法规规章摘要

《招标投标法》

第二条 在中华人民共和国境内进行招标投标活动，适用本法。

第三条 在中华人民共和国境内进行下列工程建设项目包括项目的勘察、设计、施工、监理以及与工程建设有关的重要设备、材料等的采购，必须进行招标：

（一）大型基础设施、公用事业等关系社会公共利益、公众安全的项目；

（二）全部或者部分使用国有资金投资或者国家融资的项目；

（三）使用国际组织或者外国政府贷款、援助资金的项目。

前款所列项目的具体范围和规模标准，由国务院发展计划部门会同国务院有关部门制订，报国务院批准。法律或者国务院对必须进行招标的其他项目的范围有规定的，依照其

规定。

第四条　任何单位和个人不得将依法必须进行招标的项目化整为零或者以其他任何方式规避招标。

《招标投标法实施条例》

第二条　招标投标法第三条所称工程建设项目，是指工程以及与工程建设有关的货物、服务。

前款所称工程，是指建设工程，包括建筑物和构筑物的新建、改建、扩建及其相关的装修、拆除、修缮等；所称与工程建设有关的货物，是指构成工程不可分割的组成部分，且为实现工程基本功能所必需的设备、材料等；所称与工程建设有关的服务，是指为完成工程所需的勘察、设计、监理等服务。

第三条　依法必须进行招标的工程建设项目的具体范围和规模标准，由国务院发展改革部门会同国务院有关部门制订，报国务院批准后公布施行。

《必须招标的工程项目规定》（国家发展改革委令第16号）

第二条　全部或者部分使用国有资金投资或者国家融资的项目包括：

（一）使用预算资金200万元人民币以上，并且该资金占投资额10%以上的项目；

（二）使用国有企业事业单位资金，并且该资金占控股或者主导地位的项目。

第三条　使用国际组织或者外国政府贷款、援助资金的项目包括：

（一）使用世界银行、亚洲开发银行等国际组织贷款、援助资金的项目；

（二）使用外国政府及其机构贷款、援助资金的项目。

第四条　不属于本规定第二条、第三条规定情形的大型基础设施、公用事业等关系社会公共利益、公众安全的项目，必须招标的具体范围由国务院发展改革部门会同国务院有关部门按照确有必要、严格限定的原则制订，报国务院批准。

第五条　本规定第二条至第四条规定范围内的项目，其勘察、设计、施工、监理以及与工程建设有关的重要设备、材料等的采购达到下列标准之一的，必须招标：

（一）施工单项合同估算价在400万元人民币以上；

（二）重要设备、材料等货物的采购，单项合同估算价在200万元人民币以上；

（三）勘察、设计、监理等服务的采购，单项合同估算价在100万元人民币以上。

同一项目中可以合并进行的勘察、设计、施工、监理以及与工程建设有关的重要设备、材料等的采购，合同估算价合计达到前款规定标准的，必须招标。

《必须招标的基础设施和公用事业项目范围规定》（发改法规〔2018〕843号）

第二条　不属于《必须招标的工程项目规定》第二条、第三条规定情形的大型基础设施、公用事业等关系社会公共利益、公众安全的项目，必须招标的具体范围包括：

（一）煤炭、石油、天然气、电力、新能源等能源基础设施项目；

（二）铁路、公路、管道、水运，以及公共航空和A1级通用机场等交通运输基础设施项目；

（三）电信枢纽、通信信息网络等通信基础设施项目；

（四）防洪、灌溉、排涝、引（供）水等水利基础设施项目；

（五）城市轨道交通等城建项目。

《中华人民共和国政府采购法》（主席令第68号）（以下简称《政府采购法》）
第四条　政府采购工程进行招标投标的，适用招标投标法。
第二十六条　政府采购采用以下方式：
（一）公开招标；
（二）邀请招标；
（三）竞争性谈判；
（四）单一来源采购；
（五）询价；
（六）国务院政府采购监督管理部门认定的其他采购方式。
公开招标应作为政府采购的主要采购方式。
第二十七条　采购人采购货物或者服务应当采用公开招标方式的，其具体数额标准，属于中央预算的政府采购项目，由国务院规定；属于地方预算的政府采购项目，由省、自治区、直辖市人民政府规定；因特殊情况需要采用公开招标以外的采购方式的，应当在采购活动开始前获得设区的市、自治州以上人民政府采购监督管理部门的批准。
第二十八条　采购人不得将应当以公开招标方式采购的货物或者服务化整为零或者以其他任何方式规避公开招标采购。

《中华人民共和国政府采购法实施条例》（国务院令第658号）（以下简称《政府采购法实施条例》）
第七条　政府采购工程以及与工程建设有关的货物、服务，采用招标方式采购的，适用《中华人民共和国招标投标法》及其实施条例；采用其他方式采购的，适用政府采购法及本条例。
前款所称工程，是指建设工程，包括建筑物和构筑物的新建、改建、扩建及其相关的装修、拆除、修缮等；所称与工程建设有关的货物，是指构成工程不可分割的组成部分，且为实现工程基本功能所必需的设备、材料等；所称与工程建设有关的服务，是指为完成工程所需的勘察、设计、监理等服务。

二、业务实践

根据法律法规，通常将招标项目划分为两类，一是强制招标项目，又称依法必须进行招标的项目；二是自愿招标的项目。这两类项目的划分基于项目性质和资金来源的差异，因此其约束条件和强制力也有所不同。

1. 强制招标

强制招标是指法律法规中，强制要求某类项目必须通过招标方式择选供应商。鉴于招标采购本身具备的优势，我国在工程建设、政府采购、药品集中采购、特许经营权等公共资源交易领域多采用招标方式发包，并根据项目的规模与性质，要求部分项目必须进行招标。强制招标的项目涉及以下几类：

（1）工程建设项目。《招标投标法》中，对依法必须进行招标的项目进行了明确界定，即在我国境内进行工程建设项目包括项目的勘察、设计、施工、监理以及与工程建设有关的重要设备、材料等的采购，必须进行招标。其中，工程建设项目包含三类，分别是：①大型基础设施、公用事业等关系社会公共利益、公众安全的项目；②全部或者部分使用国有资金投资或者国家融资的项目；③使用国际组织或者外国政府贷款、援助资金的项目。因此，判断一个项目是否为依法必须进行招标的项目，首先应判断其是否为在我国境内进行的工程建设项目。

其次，如果满足以上条件，其项目性质还应当属于上述三类项目当中的一种。其中，大型基础设施、公用事业等关系社会公共利益、公众安全的项目，具体是指能源、交通、通信、水利和城建五类基建项目；全部或者部分使用国有资金投资或者国家融资的项目，具体是指使用预算资金200万元人民币以上，并且该资金占投资额10%以上的项目，或者使用国有企业事业单位资金，并且该资金占控股或者主导地位的项目；使用国际组织或者外国政府贷款、援助资金的项目，具体是指使用世界银行、亚洲开发银行等国际组织贷款、援助资金的项目，或者使用外国政府及其机构贷款、援助资金的项目。

当项目满足上述条件时，还需要判断其规模标准是否达到法规规章规定的限额。在上述工程建设项目中，施工单项合同估算价在400万元人民币以上；重要设备、材料等货物的采购，单项合同估算价在200万元人民币以上；勘察、设计、监理等服务的采购，单项合同估算价在100万元人民币以上；以及同一项目中可以合并进行的施工、相关货物和服务的采购，合同估算价合计达到以上规定标准的，才属于《招标投标法》规定的依法必须进行招标的项目。

（2）政府采购项目。在我国，政府采购是指各级国家机关、事业单位和团体组织，使用财政性资金采购依法制定的集中采购目录以内的或者采购限额标准以上的货物、工程和服务的行为。其中，政府采购工程进行招标投标的，适用《招标投标法》相关规定，但需要执行政府采购政策。政府采购货物、服务以及采用非招标采购方式的工程项目，适用于《政府采购法》体系。

中央国家机关和各地财政部门会定期出台各级集中采购目录、采购限额标准，其中包含公开招标数额标准。满足该数额标准的政府采购项目，应当采用公开招标的方式。

（3）机电产品国际招标项目。机电产品国际招标投标，是指我国境内的招标人根据采购机电产品的需求，在全球范围内以招标方式邀请潜在投标人参加投标。当以招标方式采购原产地可能为中国关境外的产品时，属于依法必须招标的工程建设项目、政府采购项目和其他依照法律法规规定需要国际招标采购的机电产品，必须进行国际招标。但如果已经明确采购产品的原产地在我国关境内，则无须进行国际招标。

（4）医疗卫生材料采购项目。在我国，医疗卫生材料采购实行集中采购制度，主要包括药品集中采购、医疗器械采购和疫苗集中采购等。

其中，药品集中采购按照采购方式的不同，分为招标采购、谈判采购、直接挂网采购等。以招标方式采购的药品，一般是上一次药品采购总金额中，各类药品的采购金额占比排序累计不低于80%，且有3家及以上企业生产的基本药物和非专利药品。

医疗器械采购包含医疗设备和医用耗材采购，以公开招标为主要采购方式，由卫生部和各省级卫生行政部门根据国家出台的医疗设备配置管理品目实行集中采购。

2. 自愿招标

自愿招标指国家没有强制性规定必须通过招标方式采购的项目，采购人自愿开展招标投标活动。相比于强制招标，自愿招标项目开展的方式更灵活，相应的时限要求较为宽松，但同样受到《招标投标法》及其实施条例的约束，应当遵守《招标投标法》中的一般规定（见表 2 - 1）。

表 2 - 1 《招标投标法》中依法必须进行招标的项目和自愿招标项目的差异性规定

序号	自愿招标项目	依法必须进行招标的项目
1	可以根据项目特点自行选择公开招标或邀请招标	国有资金占控股或者主导地位的依法必须进行招标的项目，应当公开招标 《招标投标法实施条例》第八条
2	可以根据自身情况选择自行招标或委托招标	依法必须进行招标的项目，招标人自行办理招标事宜的，应当向有关行政监督部门备案 《招标投标法》第十二条
3	可以自行选择发布媒介，编制资格预审文件和招标文件	依法必须进行招标的项目的资格预审公告和招标公告，应当在国务院发展改革部门依法指定的媒介发布。在不同媒介发布的同一招标项目的资格预审公告或者招标公告的内容应当一致。指定媒介发布依法必须进行招标的项目的境内资格预审公告、招标公告，不得收取费用 编制依法必须进行招标的项目的资格预审文件和招标文件，应当使用国务院发展改革部门会同有关行政监督部门制定的标准文本 《招标投标法实施条例》第十五条
4	可自行合理确定提交资格预审申请文件的时间	依法必须进行招标的项目提交资格预审申请文件的时间，自资格预审文件停止发售之日起不得少于 5 日 《招标投标法实施条例》第十七条
5	可以自行组织资格审查	国有资金占控股或者主导地位的依法必须进行招标的项目，招标人应当组建资格审查委员会审查资格预审申请文件。资格审查委员会及其成员应当遵守招标投标法和本条例有关评标委员会及其成员的规定 《招标投标法实施条例》第十八条
6	可自行合理确定提交投标文件的时间	依法必须进行招标的项目，自招标文件开始发出之日起至投标人提交投标文件截止之日止，最短不得少于二十日 《招标投标法》第二十四条
7	招标失败后可自行决定再次采购的方式	招标人编制的资格预审文件、招标文件的内容违反法律、行政法规的强制性规定，违反公开、公平、公正和诚实信用原则，影响资格预审结果或者潜在投标人投标的，依法必须进行招标的项目的招标人应当在修改资格预审文件或者招标文件后重新招标 《招标投标法实施条例》第二十三条

续表

序号	自愿招标项目	依法必须进行招标的项目
8	无规避招标的相关要求	依法必须进行招标的项目的招标人不得利用划分标段规避招标 《招标投标法实施条例》第二十四条
9	投标保证金不必从投标人基本账户转出	依法必须进行招标的项目的境内投标单位，以现金或者支票形式提交的投标保证金应当从其基本账户转出 《招标投标法实施条例》第二十六条
10	可以自行组建评标委员会，不受数量和结构限制	依法必须进行招标的项目，其评标委员会由招标人的代表和有关技术、经济等方面的专家组成，成员人数为五人以上单数，其中技术、经济等方面的专家不得少于成员总数的三分之二。前款专家应当从事相关领域工作满八年并具有高级职称或者具有同等专业水平，由招标人从国务院有关部门或者省、自治区、直辖市人民政府有关部门提供的专家名册或者招标代理机构的专家库内的相关专业的专家名单中确定；一般招标项目可以采取随机抽取方式，特殊招标项目可以由招标人直接确定 《招标投标法》第三十七条 除招标投标法第三十七条第三款规定的特殊招标项目外，依法必须进行招标的项目，其评标委员会的专家成员应当从评标专家库内相关专业的专家名单中以随机抽取方式确定。任何单位和个人不得以明示、暗示等任何方式指定或者变相指定参加评标委员会的专家成员 依法必须进行招标的项目的招标人非因招标投标法和本条例规定的事由，不得更换依法确定的评标委员会成员。更换评标委员会的专家成员应当依照前款规定进行 《招标投标法实施条例》第四十六条
11	可根据项目情况采用其他采购方式	依法必须进行招标的项目的所有投标被否决的，招标人应当依照本法重新招标 《招标投标法》第四十二条
12	可根据项目需要自行选择是否公示中标候选人	依法必须进行招标的项目，招标人应当自收到评标报告之日起3日内公示中标候选人，公示期不得少于3日。投标人或者其他利害关系人对依法必须进行招标的项目的评标结果有异议的，应当在中标候选人公示期间提出。招标人应当自收到异议之日起3日内作出答复；作出答复前，应当暂停招标投标活动 《招标投标法实施条例》第五十四条
13	可在评委推荐名单中自行确定中标人	国有资金占控股或者主导地位的依法必须进行招标的项目，招标人应当确定排名第一的中标候选人为中标人 《招标投标法实施条例》第五十五条
14	无须向行政监督部门提交书面报告	依法必须进行招标的项目，招标人应当自确定中标人之日起15日内，向有关行政监督部门提交招标投标情况的书面报告 《招标投标法实施条例》第四十七条

3. 强制招标项目可以不招标的情形

对于一些属于强制招标范围，但根据项目性质特点，客观上不可能或不适宜采用招标方式的项目，可以不进行招标。

根据《招标投标法》及其实施条例，工程建设项目满足以下情形的，可以不进行招标。

（1）涉及国家安全、国家秘密、抢险救灾或者属于利用扶贫资金实行以工代赈、需要使用农民工等特殊情况，不适宜进行招标的项目，按照国家有关规定可以不进行招标。

对于涉及国家安全和国家秘密的项目，由于与国家的安全和利益紧密相关，如国防、军事、尖端科技等对国家安全产生重大影响的项目，或者属于国家秘密，在一定时间内仅限一定范围内人员知晓的事项，招标投标的公开原则与这类项目的保密要求存在冲突，因此，除一部分可以采用邀请招标形式邀请符合保密规定的投标单位参与的项目，其他均不适宜采用招标方式。

对于抢险救灾项目，由于需要在短时间内采取快速行动，排除险情，在时间和程序上都不适用于常规的招标方式。需注意的是，不适宜招标的抢险救灾项目需要同时满足以下两个条件：一是在紧急情况下实施，不能满足招标所需时间；二是不立即实施将会造成人民群众生命财产损失。

使用扶贫资金的项目是指政府使用财政预算资金用于支持贫困地区，加快经济社会发展，改善贫困人民生活的项目，这类项目采取使用受赈济者劳动力取代直接发放赈济资金等形式，因此需组织项目所在地的农民工参与工程建设，所以不适宜采用招标方式。但对于技术复杂、投资规模大的工程，特别是按规定必须具备相关资质才能承包施工的桥梁、隧道等工程，可以通过招标选择具有相应资质的施工承包单位，将组织工程所在地农民为工程施工提供劳务并获取报酬作为招标的基本条件。

（2）需要采用不可替代的专利或者专有技术。该类项目如需满足不适宜招标的情形，应当具备三个条件。一是项目功能的客观定位，而不是招标人的主观喜好决定必须采用该专利或专有技术。二是该专利或专有技术具有不可替代性，不能采用其他可替代的技术方案。三是项目使用的专利和专有技术无法由其他单位分别实施或提供，专利或专业技术所具备的独占性决定了需要采用这类技术的项目，无法找到足够的潜在投标人以营造充分竞争的环境。

（3）采购人依法能够自行建设、生产或者提供。如该项目采购人可自行建设、生产或提供，则无须采用招标方式择选，节约交易成本和采购成本。但采购人的母公司、子公司或其他具有管理或利害关系的主体能够承担的，则不属于能够自行提供的范围。此外，对于依照法律、法规规定采购人不能自己同时承担的工作事项，采购人仍应进行招标。

（4）已通过招标方式选定的特许经营项目投资人依法能够自行建设、生产或者提供。特许经营项目，是指政府将公共基础设施和公用事业的特许经营权出让给投资人并签订特许经营协议，由其组建项目公司负责投资、建设、运营的项目。该类项目的投资人如果本身是经过招标方式选定的,且具备自行建设工程、生产货物或提供服务的资格和能力,则可不进行招标。

(5)需要向原中标人采购工程、货物或者服务,否则将影响施工或者功能配套要求。对于已采用招标方式选定中标人并进行合同履约,因客观原因需要向原中标人追加新的需求或变更需求,否则影响施工或功能的,可以向原中标人直接采购,这是为了确保项目功能的一致性。例如,原生产设备需进行维保维修,或更换零件设备等。

(6)国家规定的其他特殊情形。政府采购项目和机电产品国际招标项目满足其所适用的法律规范规定的条件的,可不进行招标。

三、精选问答

Q:企业集团规定的招标投标范围和国家规定的不同,企业的规定有效吗?

A:我国现行法律法规对必须招标项目的范围和规模标准有明确的规定,实践中有的企业出于自身管理需要在内部实行更为严格的标准,规定了部分非依法必须招标的项目应当采取招标方式进行,企业的该种扩大招标项目范围的规定在企业内部是有效的。但是,如果企业的规定相比国家法律规定是缩小了必须招标项目或合同的范围,依法应当招标而不招标,则因违反法律规定而无效。

例如,《必须招标的工程项目规定》对依法必须进行招标的工程建设项目的招标限额做了新的调整,将施工的招标限额提高到400万元人民币,将重要设备、材料等货物采购的招标限额提高到200万元人民币,将勘察、设计、监理等服务采购的招标限额提高到100万元人民币,比3号令提高了1倍。同时,取消了"单项合同估算价低于上述规定的标准,但项目总投资在3000万元人民币以上"的规定。如果企业自行规定公司范围内施工单项合同估算价达到100万元就必须进行招标,则该项规定在内部是有效的。如果企业规定达到500万元才需要招标,则该规定因违反国家法规而无效。

第二节 招标的方式

一、法律法规规章摘要

《招标投标法》

第十条 招标分为公开招标和邀请招标。

公开招标,是指招标人以招标公告的方式邀请不特定的法人或者其他组织投标。

邀请招标,是指招标人以投标邀请书的方式邀请特定的法人或者其他组织投标。

第十一条 国务院发展计划部门确定的国家重点项目和省、自治区、直辖市人民政府确定的地方重点项目不适宜公开招标的,经国务院发展计划部门或者省、自治区、直辖市人民政府批准，可以进行邀请招标。

第十六条　招标人采用公开招标方式的，应当发布招标公告。依法必须进行招标的项目的招标公告，应当通过国家指定的报刊、信息网络或者其他媒介发布。

第十七条　招标人采用邀请招标方式的，应当向三个以上具备承担招标项目的能力、资信良好的特定的法人或者其他组织发出投标邀请书。投标邀请书应当载明本法第十六条第二款规定的事项。

《招标投标法实施条例》

第八条　国有资金占控股或者主导地位的依法必须进行招标的项目，应当公开招标；但有下列情形之一的，可以邀请招标：

（一）技术复杂、有特殊要求或者受自然环境限制，只有少量潜在投标人可供选择；

（二）采用公开招标方式的费用占项目合同金额的比例过大。

有前款第二项所列情形，属于本条例第七条规定的项目，由项目审批、核准部门在审批、核准项目时作出认定；其他项目由招标人申请有关行政监督部门作出认定。

第十五条　公开招标的项目，应当依照招标投标法和本条例的规定发布招标公告、编制招标文件。

二、业务实践

招标方式分为公开招标和邀请招标两种。两者的区别如表2-2所示。

表2-2　公开招标与邀请招标的区别

	公开招标	邀请招标
招标邀请形式	招标公告	投标邀请书
竞争程度	完全开放	限制开放
适用条件	市场竞争充分，潜在投标人多；预期效益大于交易成本	潜在投标人较少；采用公开招标费用过高
优势	公开程度高，竞争性强，利于实现公平竞争；择优率高，可供选择的投标人范围大	招标工作量和费用相对减少，时间较短，效率较高；确保中标人基本符合预期

1. 公开招标

公开招标指招标人通过公开媒介，以发布招标公告的形式邀请所有不特定的法人或其他组织参与投标。

公开招标属于非限制性竞争，所谓非限制性竞争，即不限制竞争范围、人数等，任何看到招标公告的潜在投标人均可以按照招标公告的要求获取招标文件，并参与投标竞争。

这是一种最能体现招标投标优胜劣汰和"三公"原则，充分体现招标信息公开性、招标程序规范性、投标竞争公平性的方式。

是否发布招标公告，是判断一个项目是否公开招标的充要条件。依法必须进行招标的项目，应当在国家指定的媒介上发布招标公告，这是为了确保有足够的潜在投标人了解项目信息，促进项目充分竞争。自愿招标的项目，可以自行选择招标公告的发布媒体。另外，招标人应当在招标公告中载明招标人的名称和地址、招标项目的性质、数量、实施地点和时间以及获取招标文件的办法等事项。

根据《招标投标法》及其实施条例规定，依法应当公开招标的项目主要有：①国务院发展计划部门确定的国家重点项目和省、自治区、直辖市人民政府确定的地方重点项目；②国有资金占控股或者主导地位的依法必须进行招标的项目；③其他法律法规中规定应当依法公开招标的项目。例如，《政府采购法》中，将公开招标作为政府采购的主要方式。这类依法应当公开招标的项目，在不满足公开招标条件时，方可采用邀请方式进行招标。

拓展阅读：想了解更多延伸知识吗？
扫描二维码即可阅读哦！

2. 邀请招标

邀请招标指招标人以投标邀请书的方式邀请特定的法人或其他组织参与投标，属于限制性竞争招标。

招标人采用邀请招标方式的，应当向3个以上具备承担招标项目的能力、资信良好的特定的法人或者其他组织发出投标邀请书。由于邀请招标大大缩小了竞争范围，为了实现有效竞争，要求招标人应当在发出投标邀请时确保潜在投标人具备相应的条件与能力，避免因投标人资质能力不足导致项目流标。

依法应当公开招标的项目不适宜采用公开招标的，可以采用邀请招标方式。此处的"不适宜"主要体现为两点：一是技术复杂、有特殊要求或者受自然环境限制，只有少量潜在投标人可供选择。在这种情况下，招标项目缺乏形成充分竞争的条件，因此采用公开招标方式也无法吸引足够的潜在投标人前来参加。二是采用公开招标方式的费用占项目合同金额的比例过大；招标采购本质是实现采购的"物有所值"，如果采用公开招标方式所耗费的成本过高，甚至高于原本节约的成本，那么其价值也就无从体现。

邀请招标可以根据项目实际需求和市场情况，有针对性地从潜在投标人中邀请资质能力符合要求，且有意愿参与项目的投标人竞标，有利于平衡投标人的竞争实力，同时减少了招标公告和资格审查的时间及工作量，可以节约成本，提升招标效率。但与公开招标相比，邀请招标因竞争开放程度较弱，可能会失去理想的中标人，达不到满意的竞争效果。

第三节 招标的组织形式

一、法律法规规章摘要

《招标投标法》

第十二条 招标人有权自行选择招标代理机构，委托其办理招标事宜。任何单位和个人不得以任何方式为招标人指定招标代理机构。

招标人具有编制招标文件和组织评标能力的，可以自行办理招标事宜。任何单位和个人不得强制其委托招标代理机构办理招标事宜。依法必须进行招标的项目，招标人自行办理招标事宜的，应当向有关行政监督部门备案。

《招标投标法实施条例》

第十条 招标投标法第十二条第二款规定的招标人具有编制招标文件和组织评标能力，是指招标人具有与招标项目规模和复杂程度相适应的技术、经济等方面的专业人员。

二、业务实践

招标的组织形式有自行招标和委托招标两种。

1. 自行招标

自行招标是指招标人自行办理招标事宜，完成编制和发布招标文件，组织开标、评标等工作。法律赋予招标人自由选择组织形式的权利，招标人如选择自行办理招标事宜，任何单位和个人不得强制其委托招标代理机构办理招标事宜，但招标人应当具有编制招标文件和组织评标的能力，具体体现为招标人具有相应的专业人员。

同时，为了确保招标投标活动的效率与合法合规性，对于依法必须进行招标的项目，招标人自行办理招标事宜的，需要向有关行政监督部门备案。

2. 委托招标

招标人不具备自行招标能力，或不愿意自行办理招标事宜的，可以委托给招标代理机构。法律规定，招标人有权自行选择招标代理机构，任何单位和个人不能以任何方式为招标人指定招标代理机构。委托招标的项目，招标代理机构可以在委托范围内以招标人的名义组织招标活动，并收取代理服务费。

三、精选问答

Q：招标人选择招标代理机构时，是否需要进行招标？

A：我国法律对依法必须进行招标的项目当中的勘察、设计和监理等服务，有关于必须通过招标方式进行采购的规定，但对招标代理等服务类的采购并未明确要求。一般来说，招标人之所以委托招标代理机构开展招标活动，往往是因为其自身不具备编制招标文件和组织评标的能力，因此要求其以招标方式选择招标代理机构显然既不现实也无必要。所以，招标人在选择招标代理机构时，并非必须通过招标方式。通常招标人通过比选、竞争性磋商或直接委托的方式选择招标代理机构，当然也可以自愿通过招标方式选择招标代理机构。

第四节 招标的其他分类与形式

一、一般招标与两阶段招标

1. 法律法规规章摘要

《招标投标法实施条例》

第三十条 对技术复杂或者无法精确拟定技术规格的项目，招标人可以分两阶段进行招标。

第一阶段，投标人按照招标公告或者投标邀请书的要求提交不带报价的技术建议，招标人根据投标人提交的技术建议确定技术标准和要求，编制招标文件。

第二阶段，招标人向在第一阶段提交技术建议的投标人提供招标文件，投标人按照招标文件的要求提交包括最终技术方案和投标报价的投标文件。

招标人要求投标人提交投标保证金的，应当在第二阶段提出。

2. 业务实践

根据招标需求的形成方式，招标活动可以分为一般招标和两阶段招标。

（1）一般招标。指招标人一次完成编制发售招标文件、投标人投标、开标、评标及定标的全流程工作。

（2）两阶段招标。指对于技术复杂或无法精确拟定规格的项目，招标人通过两次招标程序，确定最终的中标人。其中，第一阶段，由招标人通过招标公告或投标邀请书，征集投标人的商务和技术方案，投标人根据招标需求提交不带报价的技术建议后，招标人再根据投标人的技术建议确定标的物的技术规格和标准，编制招标文件。第二阶段，招标人向第一阶段提交了技术方案的投标人发出投标邀请，投标人根据招标文件编制包含投标报价的投标文件，并根据招标文件约定的评标标准和定标原则由招标人确定最终的中标人。由于第二阶段才是合同要约邀请的形成阶段，因此招标人仅能在第二阶段要求投标人递交投标保证金。

需明确的是，两阶段招标是指通过两个阶段完成一次招标投标活动，第一阶段为招标文件的形成阶段，目的在于明确招标项目的需求，帮助招标人编制满足采购需求的招标文件，第二阶段才是向投标人提出要约邀请、接收投标文件、发出中标通知书、订立合同的过程。在第一阶段招标文件的编制过程中，招标人也应当避免技术要求中含有限制或排斥其他投标人的条款。

3. 精选问答

Q：两阶段招标第一阶段有4家，到第二阶段只有2家，能否让未参加第一阶段的潜在投标人参与投标？

A：两阶段招标是指针对技术复杂或者可能需要运用先进生产工艺技术、技术实施方案的项目，导致招标人难以精确拟定技术规格和描述招标项目的实施要求，可以将招标活动分为两个阶段进行。第一阶段，招标人向3家以上的潜在投标人征求技术方案建议，并通过充分公开的沟通研究，结合技术建议确定招标项目的具体技术要求和标准，编制正式的招标文件；第二阶段，潜在投标人按照招标文件的要求准备投标文件，正式投标，一旦招标文件确认下来投标人就应当按照要求投标，不得再就招标文件的商务、技术要求进行谈判。

回到这个问题：未参加第一阶段招标的潜在投标人能否直接参加第二阶段的正式招标？答案是不可以。根据有关法规的规定，招标人根据各家的建议汇总、取舍后编制正式的招标文件，发给提供方案建议的潜在投标人，所以未参与第一阶段投标的人不能获取招标文件。如果到第二阶段明确参与投标的只有两家，这时可提前结束当前项目的招标，分析是不是招标文件中含有不合理条款，并修改招标文件后重新招标。在重新招标时，可接受所有潜在投标人参加投标。

需要说明的是，第一阶段招标人在采纳各家技术建议时注意不要采用不合理的技术标准和投标资格，否则很可能构成歧视、排斥潜在投标人，违背招标投标公正、公平原则。招标技术方案既要充分满足项目的技术特点和实际需求，又要保证能有至少3家以上的潜在投标人参与投标。

二、框架协议（集中招标）采购

1. 业务实践

框架协议（集中招标）采购多适用于企业或政府进行集中采购，是集中采购的组织形式之一。根据《招标采购代理规范（2016年版）》对于框架协议（集中招标）采购的定义，其是指一定时期内采购频次高的标的物，招标人集合一定时期内的采购需求，按照确定供应商、确定份额、确定单价的方式进行招标，形成某一特定份额的一个或多个中标人。

在实施框架协议（集中招标）采购时，招标人通过招标方式择选供应商，招标时应明确每一标段（包）的份额分配比例，合理预估采购数量，并明确设定采购数量上限或上限比例。评标结束后，招标人根据招标文件中约定的定标原则确定中标人，并与一个或多个中标供应商签订协议，协议中一般约定有效期内合同标的物的单价、规格、服务标准等，不约定或者大致约定采购数量或者合同总价，各采购需求单位在实际需求发生时，再根据采购框架协议与中标人签订并履行具体的采购合同。

由于协议签订的有效期通常较长，因此，对于市场价格波动较大的货物，协议中可以确定一个价格调整指数，按照调整后的价格执行具体合同。

拓展阅读：想了解更多延伸知识吗？
扫描二维码即可阅读哦！

2. 精选问答

Q：我们公司每年有大量同类型采购，可否采用框架协议集中招标的方式？必要条件有哪些？

A：框架协议集中招标主要适合于企业集团或政府采购招标人采用集中一次组织招标，为下属多个实施主体在一定时期内因零星、应急或重复需要分批次采购规格、型号、技术标准与要求相同的货物或同一类型的服务。

根据其特性，必要条件一般包括：
(1) 标的物的型号规格标准及（技术或服务）要求相对统一；
(2) 一定时期内批量需要或存在重复招标情形；
(3) 一定时期内价格稳定，或存在相对合理的价格调整方法。

值得注意的是，框架协议集中招标这一提法，在招标投标法律法规中未出现过，在使用时应注意具体的程序不能违反招标投标法律法规的相关规定，尤其注意不能歧视、排斥潜在投标人。

第五节 招标的程序

一、编制招标方案

招标方案是组织招标投标活动开展的总体规划和重要依据。在开始组织招标活动前，招标人应当根据项目的经济、技术特征和标的物质量、服务、价格、功能等需求拟定招标方案，其中包括项目的基本情况、已落实的招标条件、招标范围、拟采用的招标组织形式和招标方式等。

二、组织资格预审

对于采用预审方式对投标人资格进行审查的项目，在开展招标程序前，应当先组织进行资格预审。资格预审的程序与招标程序较类似，招标人或其委托的招标代理机构应当基于项目特点设定合理的资格条件，并编制、发布资格预审公告及资格预审文件。潜在资格预审申请人根据资格预审文件编制资格预审申请文件，并在截止时间前递交。招标人应当组织资格审查委员会对资格预审申请文件进行审查，根据资格预审文件中约定的方式确定通过审查的资格预审申请人。

通过资格预审的申请人方可获取招标文件。

三、编制和发售招标文件

招标方案确定后，招标人或其委托的招标代理机构应当基于招标方案，结合项目需求和市场状况编制招标文件。招标文件的内容应当符合法律法规要求，对依法必须进行招标的项目，其招标文件应当采用有关部门发布的标准文本。招标公告和投标邀请书作为招标文件的一部分，待招标文件编制完成后，由招标人发布到公共媒介或定向发给潜在投标人，潜在投标人可以按照招标公告或投标邀请书中规定的方式获取招标文件。

采用资格预审的，招标人应当向通过资格预审的申请人发出投标邀请书。

四、踏勘现场和投标预备会

对于受地理、水文、气候、交通等现场条件和周边环境影响较大的项目，招标人可以根据需要组织潜在投标人踏勘现场，潜在投标人依据考察情况自行分析和确定投标策略与方案。在此过程中，招标人应当注意避免泄露潜在投标人的名称、数量等可能影响公平竞争的信息。另外，招标人也不得将是否参加现场踏勘作为否决投标的条件。

在一些项目中，招标人也会根据需要组织召开投标预备会。投标预备会的主要目的在于解答潜在投标人关于招标项目、招标文件等疑问，潜在投标人应当在规定的时间前以书面形式将问题送达招标人，以便招标人在会议期间澄清。

五、编制和递交投标文件

投标人在获取招标文件后，可以根据招标文件制定投标策略，编制投标文件。投标文件的内容、格式等应当满足招标文件的要求。投标文件编制完成后，投标人应在投标截止时间前将密封或加密完成的投标文件递交到指定地点。投标截止时间前，投标人可以撤回、补充或修改投标文件。

六、开标

招标人应当按照约定的开标时间及地点组织开标仪式,开标时间与投标截止时间为同一时间。采用线下方式进行开标的,投标人可自行选择是否参与现场开标;通过电子招标投标交易平台进行网上开标的,投标人必须参与开标。

投标人不足3家的,不得开标;依法必须进行招标的项目,招标人应当按照法律法规要求重新招标。

开标时,由投标人或其推举的投标人代表检查投标文件的密封情况,经确认无误后,由工作人员当众拆封,宣读投标人名称、报价以及其他主要内容。

投标截止时间前收到的所有投标文件,开标时都应当当众拆封并宣读。

七、评标

评标前,招标人应当依法组建评标委员会。依法必须进行招标的项目,评标委员会为5人以上单数,由技术、经济方面的专家与招标人代表组成,专家人数不少于成员总人数的2/3。

评标委员会应当按照招标文件规定的评标标准和评标办法对投标文件进行评审。评标完成后,评标委员会应当出具书面的评标报告,并向招标人推荐合格的中标候选人。招标人也可以授权评标委员会直接确定中标人。

八、确定中标人

依法必须进行招标的项目,招标人应当在收到评标报告后的3日内在指定媒介公示中标候选人,投标人或其他利害关系人对评标结果有异议的,应当在公示期内向招标人提出。

中标人的投标应当最大限度地满足招标文件的要求,或者能够满足招标文件的实质性要求,且经评审的投标价格最低,但低于成本价的除外。对于国有资金占控股或主导地位的依法必须进行招标的项目,应当确定排名第一的中标候选人为中标人。

依法必须进行招标的项目发布中标结果公示,应当载明中标人名称。采用电子招标投标的依法必须进行招标的项目,其中标结果应当在电子招标投标交易平台公布。

如果中标候选人的经营、财务状况发生较大变化或存在违法行为,招标人认为影响履约能力的,应当在中标通知书发出前组织原评标委员会按招标文件的评标方法重新审查确认。

中标人确定后,招标人应当向其发出中标通知书。

九、签订中标合同

在发出中标通知书后30日内,招标人和中标人应当根据招标文件和中标人的投标文件订立合同，需注意的是，合同的标的、价款、质量、履行期限等主要条款应当与招标文件和中标人的投标文件的内容一致。招标人和中标人不能再订立背离合同实质性内容的其他协议，如通过重新谈判修改合同总价等。

第六节 案例与习题

一、案例

某国家重点建设项目，投资估算约 8000 万元人民币，项目前期审批手续已完成，核准的招标方式为公开招标，设计单位完成的设计图纸内容和深度满足施工要求，招标人委托某招标代理公司代理招标。该招标代理公司着手编制招标方案并按时间先后拟定招标程序如下：

（1）签订委托协议；
（2）编制资格预审文件；
（3）在工程所在市的晚报上发布资格预审公告；
（4）发售资格预审文件；
（5）从招标人提供的专家名单中随机抽取评标专家；
（6）组织对资格预审申请人进行资格审查，并通知其资格审查结果；
（7）向通过资格预审的申请人发售招标文件，同时要求其提交投标报价 30% 的投标保证金；
（8）分两批组织购买招标文件的潜在投标人进行现场踏勘；
（9）接受投标文件，组织开标会议；
（10）组织评标委员会评标，出具评标报告；
（11）退还未中标人投标保证金；
（12）招标人与中标人签订合同；
（13）发出中标通知书；
（14）招标人定标，并开始与排名第一的中标候选人进行合同价格谈判。

问题：
指出上述招标程序的不妥之处，逐一说明理由。

二、练习

1. 选择题

（1）下列招标项目中（   ）不适用于《招标投标法》。

A. 某公立大学实验室的实验器材（估算价 200 万元）

B. 体育场馆的座椅（估算价 300 万元）

C. 监狱的监视设施（估算价 110 万元）

D. 水电站的水轮发电机组（估算价 9000 万元）

（2）在招标项目中，必须经历的步骤是（　　）。

A. 组建资格评审委员会　　　　　B. 确定中标人

C. 评标结果公示　　　　　　　　D. 对项目现场进行踏勘

（3）下列情形中（　　）不属于《招标投标法》等相关法律法规规定的可以不招标的范畴。

A. 某集团新建大楼，其本身具有工程总承包资质

B. 某企业在原有 OA 信息系统基础上扩展新功能

C. 政府投资 1000 万元的水电站机组扩容施工设计项目

D. 某公立医院申请到 500 万元财政拨款从国外进口一台特制的癌细胞靶向治疗设备用于研究和实验

（4）根据《招标投标法》的规定，下列关于招标方式的表述中不正确的是（　　）。

A. 招标分为公开招标和邀请招标

B. 重点项目都应当公开招标

C. 项目技术复杂，但有多数潜在投标人可供选择的，招标人可申请邀请招标

D. 邀请招标的招标人一般选择不少于 3 家的承包商，向其发出投标邀请书，邀请其参加投标竞争

（5）根据《招标投标法实施条例》规定，（　　）可以根据实际需要建立统一规范的招标投标交易场所。

A. 区级以上地方人民政府　　　　B. 县级以上地方人民政府

C. 地方发展改革部门　　　　　　D. 设区的市级以上地方人民政府

2. 问答题

（1）请分析自行招标与委托招标的利弊。

（2）请简述招标必经的基本流程。

第三章　招标方案

◇ **引导案例**

A 校拟建设一间教学用采购实验室，该实验室室内面积 200 平方米，需最多容纳 50 名学生同时使用，预计 3 个月后投入使用。A 校计划利用采购实验室开设电子采购课程（知识讲解与软件实操）、采购谈判课程（知识讲解与模拟演练）。

实验室已完成基础装潢工作，需进行实验室设备及系统采购。

采购清单如下：

序号	名称	数量
1	高性能台式计算机一体机	50 台
2	彩色激光打印机	2 台
3	教学用触摸一体机	1 台
4	电脑桌	50 张
5	办公椅	50 把
6	电子招标采购系统（教学用）	1 套

思考：如果根据上述需求开展采购工作，你如何进行方案策划？

◇ **案例解析**

货物采购的招标方案策划主要包括确定采取的招标组织形式、招标方式和分包内容，设定投标人资格和招标货物关键技术参数，安排招标工作进度等。

（1）招标组织形式。对于招标人具备相关专业力量和条件、可自行开展招标工作的可以自行组织招标。招标人不具备自行招标条件的可委托招标代理机构开展招标工作。

（2）招标方式。对于标准化较高、市场竞争充分的货物可采用公开招标方式。对于有较高技术要求、市场上只有少量供应商能满足需要的可视情况采用邀请招标等方式。

（3）合理分包。在综合考虑标的物的技术特点、分包金额、竞争程度、交货时间等因素的基础上，应尽量提高同一个包的标的物金额，以提升投标人参与项目的积极性。

(4) 设定投标人资格和关键技术参数。应根据不同货物的特点，结合招标项目的实际要求设定投标人资格和关键技术参数，对于国家有强制性规定的货物应当遵守强制性规定。

(5) 制定进度计划。应结合招标所需时间、货物运输、安装时间和预计使用时间制定进度计划。

◇ **案例涉及主要知识点**

招标方案的主要内容

◇ **学习导航**

- 掌握招标方案的基本内容与编制要点
- 掌握不同类型标的物的招标需求
- 了解政府和社会资本合作项目招标的概念

◇ **教学建议**

- 备课要点：招标方案的内容、各类项目招标方案的特点、政府和社会资本合作项目招标的概念与要点
- 教授方法：案例、讲授、实证、启发式
- 拓展知识领域：政府和社会资本合作项目招标的应用领域

第一节 招标方案的基本概念

招标方案是招标工作的总体计划。招标方案的制定应当密切结合项目范围、进度、成本以及质量等管理目标。同时，招标方案的优化应当体现项目管理目标渐进明晰的特点，在项目实施过程中不断加以完善。

招标方案的制定过程可以分为初步招标方案和招标方案两个阶段。初步招标方案在项目立项阶段的可行性研究过程中形成，初步招标方案根据法律规定需要报送项目投资主管部门审批或者核准的应当先履行审批或者核准手续；招标方案作为指导招标工作的具体计划应当在招标采购启动前编制完成。

一、招标方案的基本内容

1. 法律法规规章摘要

《招标投标法》

第九条 招标项目按照国家有关规定需要履行项目审批手续的，应当先履行审批手

续，取得批准。

招标人应当有进行招标项目的相应资金或者资金来源已经落实，并应当在招标文件中如实载明。

第十条 招标分为公开招标和邀请招标。

公开招标，是指招标人以招标公告的方式邀请不特定的法人或者其他组织投标。

邀请招标，是指招标人以投标邀请书的方式邀请特定的法人或者其他组织投标。

第十一条 国务院发展计划部门确定的国家重点项目和省、自治区、直辖市人民政府确定的地方重点项目不适宜公开招标的，经国务院发展计划部门或者省、自治区、直辖市人民政府批准，可以进行邀请招标。

第十二条 招标人有权自行选择招标代理机构，委托其办理招标事宜。任何单位和个人不得以任何方式为招标人指定招标代理机构。

招标人具有编制招标文件和组织评标能力的，可以自行办理招标事宜。任何单位和个人不得强制其委托招标代理机构办理招标事宜。依法必须进行招标的项目，招标人自行办理招标事宜的，应当向有关行政监督部门备案。

《招标投标法实施条例》

第七条 按照国家有关规定需要履行项目审批、核准手续的依法必须进行招标的项目，其招标范围、招标方式、招标组织形式应当报项目审批、核准部门审批、核准。项目审批、核准部门应当及时将审批、核准确定的招标范围、招标方式、招标组织形式通报有关行政监督部门。

第八条 国有资金占控股或者主导地位的依法必须进行招标的项目，应当公开招标；但有下列情形之一的，可以邀请招标：

（一）技术复杂、有特殊要求或者受自然环境限制，只有少量潜在投标人可供选择；

（二）采用公开招标方式的费用占项目合同金额的比例过大。

有前款第二项所列情形，属于本条例第七条规定的项目，由项目审批、核准部门在审批、核准项目时作出认定；其他项目由招标人申请有关行政监督部门作出认定。

第九条 除招标投标法第六十六条规定的可以不进行招标的特殊情况外，有下列情形之一的，可以不进行招标：

（一）需要采用不可替代的专利或者专有技术；

（二）采购人依法能够自行建设、生产或者提供；

（三）已通过招标方式选定的特许经营项目投资人依法能够自行建设、生产或者提供；

（四）需要向原中标人采购工程、货物或者服务，否则将影响施工或者功能配套要求；

（五）国家规定的其他特殊情形。

招标人为适用前款规定弄虚作假的，属于招标投标法第四条规定的规避招标。

第十条 招标投标法第十二条第二款规定的招标人具有编制招标文件和组织评标能力，是指招标人具有与招标项目规模和复杂程度相适应的技术、经济等方面的专业人员。

《工程建设项目申报材料报告增加招标内容和核准招标事项暂行规定》（国家计委令

第 9 号)

第三条 本规定第二条包括的工程建设项目,必须在报送的项目可行性研究报告或者资金申请报告、项目申请报告中增加有关招标的内容。

第四条 增加的招标内容包括:

(一) 建设项目的勘察、设计、施工、监理以及重要设备、材料等采购活动的具体招标范围 (全部或者部分招标);

(二) 建设项目的勘察、设计、施工、监理以及重要设备、材料等采购活动拟采用的招标组织形式 (委托招标或者自行招标);拟自行招标的,还应按照《工程建设项目自行招标试行办法》(国家发展计划委员会令第 5 号)规定报送书面材料;

(三) 建设项目的勘察、设计、施工、监理以及重要设备、材料等采购活动拟采用的招标方式 (公开招标或者邀请招标);国家发展改革委确定的国家重点项目和省、自治区、直辖市人民政府确定的地方重点项目,拟采用邀请招标的,应对采用邀请招标的理由作出说明。

(四) 其他有关内容。

报送招标内容时应附招标基本情况表。

第六条 经项目审批、核准部门审批、核准,工程建设项目因特殊情况可以在报送可行性研究报告前先行开展招标活动,但应在报送的可行性研究报告或者资金申请报告,项目申请报告中予以说明。项目审批、核准部门认定先行开展的招标活动中有违背法律、法规的情形的,应要求其纠正。

第七条 在项目可行性研究报告或者资金申请报告、项目申请报告中增加的招标内容,作为附件与可行性研究报告或者资金申请报告、项目申请报告一同报送。

第八条 项目审批、核准部门应依据法律、法规规定的权限,对项目建设单位拟定的招标范围、招标组织形式、招标方式等内容提出是否予以审批、核准的意见。

第九条 审批、核准招标事项,按以下分工办理:

(一) 应报送国家发展改革委审批和国家发展改革委核报国务院审批的建设项目,由国家发展改革委审批;

(二) 应报送国务院行业主管部门审批的建设项目,由国务院行业主管部门审批;

(三) 应报送地方人民政府发展计划部门审批和地方人民政府发展计划部门核报地方人民政府审批的建设项目,由地方人民政府发展计划部门审批;

(四) 按照规定应报送国家发展改革委核准的建设项目,由国家发展改革委核准;

(五) 按照规定应报送地方人民政府发展改革部门核准的建设项目,由地方人民政府发展改革部门核准。

第十条 使用国际金融组织或者外国政府资金的建设项目,资金提供方对建设项目报送招标内容有规定的,从其规定。

第十一条 项目建设单位在招标活动中对审批、核准的招标范围、招标组织形式、招标方式等作出改变的,应向原审批、核准部门重新办理有关核准手续。

第十三条 项目建设单位在报送招标内容中弄虚作假,或者在招标活动中违背项目审批、核准部门核准事项,由项目审批、核准部门和有关行政监督部门依法处罚。

2. 业务实践

（1）初步招标方案。包括招标范围、招标方式、招标组织形式等内容。

对于依法必须进行招标的工程建设项目，国家规定的初步招标方案内容如表3-1所示。需审批或者核准的项目，在项目可行性研究报告或者资金申请报告、项目申请报告中增加的招标内容，可以将表3-1作为附件与可行性研究报告或者资金申请报告、项目申请报告一同报送。

表3-1 招标基本情况表

	招标范围		招标组织形式		招标方式		不采用招标方式	招标估算金额（万元）	备注
	全部招标	部分招标	自行招标	委托招标	公开招标	邀请招标			
勘察									
设计									
建筑工程									
安装工程									
监理									
设备									
重要材料									
其他									

情况说明：

建设单位盖章
年 月 日

注：情况说明在表内填写不下，可另附页。

项目投资主管部门应依据法律、法规规定的权限，对项目建设单位拟定的初步招标方案内容提出是否予以审批、核准的意见。项目审批、核准部门对招标事项审批、核准意见格式如表3-2所示。

（2）招标方案。方案编制依据包括相关法律法规，招标项目的经济、技术、管理特征需求，市场调研成果等。

招标方案一般包括下列具体内容：①项目概况；②招标范围及标段划分；③招标进度计划；④招标成本计划；⑤招标质量计划；⑥招标组织方式；⑦招标方式；⑧资格审查方式；⑨承包商或供应商资格条件、评标办法；⑩合同类型和合同要素；⑪招标人力资源计划；⑫招标风险管理计划；⑬招标沟通管理计划；⑭其他事项。

表 3-2 审批部门核准意见

	招标范围		招标组织形式		招标方式		不采用招标方式
	全部招标	部分招标	自行招标	委托招标	公开招标	邀请招标	
勘察							
设计							
建筑工程							
安装工程							
监理							
设备							
重要材料							
其他							

审批部门核准意见说明：

审批部门盖章

年 月 日

注：审批部门在空格注明"核准"或者"不予核准"。

3. 专题分析

招标项目的批准与招标方案的核准。这是依法必须进行招标的项目实施招标的重要前提条件。招标人及招标代理机构必须结合 2004 年我国投资体制改革的背景情况来准确理解和把握这一前提条件。

《关于我委办理工程建设项目审批（核准）时核准招标内容的意见》（发改办法规〔2005〕824号）指出，随着《中华人民共和国行政许可法》（主席令第7号）和《国务院关于投资体制改革的决定》（国发〔2004〕20号）的颁布实施，招标内容的核准需要作相应的调整，主要体现在：原国家计委9号令中只原则性地规定依法必须进行招标的项目属于需要核准招标内容的范围，目前需要进一步区分为政府投资项目和企业投资项目，对政府投资项目继续实行审批制，对企业投资项目改为核准制或备案制，这样，对招标内容的核准就需要根据管理方式的改变相应调整。

《国务院关于投资体制改革的决定》规定，深化投资体制改革的目标是：改革政府对企业投资的管理制度，按照"谁投资、谁决策、谁受益、谁承担风险"的原则，落实企业投资自主权。对于企业不使用政府投资建设的项目一律不再实行审批制，区别不同情况实行核准制和备案制。其中，政府仅对重大项目和限制类项目从维护社会公共利益角度进行核准，其他项目无论规模大小均改为备案制，项目的市场前景、经济效益、资金来源和产品技术方案等均由企业自主决策、自担风险，并依法办理环境保护、土地使用、资源利用、安全生产、城市规划等许可手续和减免税确认手续。对于企业使用政府补助、转贷、贴息投资建设的项目，政府只审批资金申请报告。《企业投资项目核准和备案管理办法》（国家发展和改革委员会令 2017 年第 2 号）规定，对关系国家安全、涉及全国重大生产力布局、战略性资源开发和重大公共利益等项目，实行核准管理。其他项目实行备案管理。

4. 精选问答

Q：依法必须进行招标的项目，建设单位是否需要将初步招标方案报送招标投标行政监督部门审批或者核准？

A：不需要。

项目审批、核准部门是国家投资主管部门。建设单位将初步招标方案报送投资主管部门后，投资主管部门应当及时将审批、核准确定的招标范围、招标方式、招标组织形式通报招标投标行政监督部门。

二、编制招标方案的准备工作

1. 收集项目资料

招标人应当及时收集项目前期工作完成资料和文件，包括相关法律规范、组织过程资产、立项批复资料、项目管理计划、项目进度计划、成本估算、资源需求、初步招标方案核准意见等。

2. 确定招标范围

招标人根据国家公布的依法必须进行招标的项目范围和规模标准，结合自制或外购分析，确定依法必须进行招标的范围以及自愿招标的范围。

3. 确定项目管理模式和合同类型

招标人结合招标项目的经济、技术和管理需求特征，确定适合的项目管理模式，并进行合同规划，选择适当的合同类型。

4. 进行外部市场调研

招标人进行前期市场调研，分析市场竞争态势、供应商及产品信息、价格信息等，为确定招标方式和招标组织方式提供基础信息。

5. 进行内部需求分析

招标人建立规范的采购需求收集、评估和审核体系，对内部采购需求进行收集和评审，保证采购需求的合理性和正当性。

三、招标方案与项目管理

1. 业务实践

采购管理是项目管理的十大知识领域之一，而规划采购管理是采购管理的首要过程；

招标采购是项目采购的主要方式，因此，招标方案是规划采购管理的主要内容。

（1）项目采购管理与项目管理。根据美国项目管理协会《项目管理知识体系（PMBOK）指南》，项目管理知识体系由十大知识领域（项目整合管理、项目范围管理、项目时间管理、项目成本管理、项目质量管理、项目人力资源管理、项目沟通管理、项目风险管理、项目采购管理、项目干系人管理）以及五大过程组（启动过程组、规划过程组、执行过程组、监控过程组、收尾过程组）交织而成的47个项目管理过程组成，具体如表3-3所示。

表3-3 项目管理过程组与知识领域

知识领域	项目管理过程组				
	启动过程组	规划过程组	执行过程组	监控过程组	收尾过程组
项目整合管理	制定项目章程	制定项目管理计划	指导与管理项目工作	监控项目工作；实施整体变更控制	结束项目或阶段
项目范围管理		规划范围管理；收集需求；定义范围；创建工作分解结构		确认范围；控制范围	
项目时间管理		规划进度管理；定义活动；排列活动顺序；估算活动资源；估算活动持续时间；制定进度计划		控制进度	
项目成本管理		规划成本管理；估算成本；制定预算		控制成本	
项目质量管理		规划质量管理	实施质量保证	控制质量	
项目人力资源管理		规划人力资源管理	组建项目团队；建设项目团队；管理项目团队		
项目沟通管理		规划沟通管理	管理沟通	控制沟通	
项目风险管理		规划风险管理；识别风险；实施定性风险分析；实施定量风险分析；规划风险应对		控制风险	
项目采购管理		规划采购管理	实施采购	控制采购	结束采购
项目干系人管理	识别干系人	规划干系人管理	管理干系人参与	控制干系人参与	

采购管理的目的是为整体项目管理服务，与项目范围、进度、成本、质量等项目管理的直接目标相互作用和影响，其输出成果应当是项目管理总体成果的一部分，并与整体项目管理目标相一致。根据经验数据统计，项目采购成本通常占项目整体投资的70%以上。因此，项目采购管理对项目管理具有重大影响。

（2）规划采购管理与项目采购管理。项目采购管理包括规划采购管理、实施采购、控制采购以及结束采购四个过程。其中，规划采购管理是项目采购管理的首要过程，其目的是编制采购工作的总体计划，用于指导实施具体采购工作。

（3）招标方案与规划采购管理。招标采购是项目采购的主要方式。招标采购可以分为依法进行的招标采购和自愿进行的招标采购两种情况。强制招标制度是我国招标投标法规范工程建设项目采购的核心制度，属于国务院规定的依法必须进行招标项目范围和规模标准的项目，应当依法进行招标；对于非依法必须进行招标的项目，建设单位在市场具备充分竞争的前提下也可以自愿进行招标。

由于招标采购是项目采购的主要方式，招标方案就成为规划采购管理的主要内容。

按照项目管理的基本理论，招标方案的形成也应当经过启动、规划、执行、监控和收尾这五个标准过程组不断循环、逐渐完善，符合PDCA动态循环管理原则以及项目管理目标渐进明晰的基本规律。

2. 专题分析

项目采购管理包括规划采购管理、实施采购、控制采购和结束采购四个标准过程。

规划采购管理是策划采购方案、选择采购方法和识别潜在供应商的过程。规划采购过程中需要决定采购标的、采购数量、采购质量标准、如何采购以及采购时间等。

规划采购过程的输入包括项目管理计划、进度计划、成本计划、资源需求、采购需求、干系人识别、风险识别以及市场条件和采购人的采购政策和经验；使用的工具与技术包括合同规划、专家判断、市场调研和专题会议等；输出的成果包括：采购管理计划（含招标方案）、合同分解结构、采购标的和数量、采购文件、供应商选择标准以及采购变更需求等。

第二节 各类项目招标方案的特点

一、工程施工项目的招标需求

1. 法律法规规章摘要

《工程建设项目施工招标投标办法》（国家计委等七部委令第30号）

第八条 依法必须进行招标的工程建设项目，应当具备下列条件才能进行施工招标：

（一）招标人已经依法成立；
（二）初步设计及概算应当履行审批手续的，已经批准；
（三）有相应资金或资金来源已经落实；
（四）有招标所需的设计图纸及技术资料。

第十一条　有下列情形之一的，可以邀请招标：
（一）项目技术复杂或有特殊要求，或者受自然地域环境限制，只有少量潜在投标人可供选择；
（二）涉及国家安全、国家秘密或者抢险救灾，适宜招标但不宜公开招标；
（三）采用公开招标方式的费用占项目合同金额的比例过大。

有前款第二项所列情形，属于本办法第十条规定的项目，由项目审批、核准部门在审批、核准项目时作出认定；其他项目由招标人申请有关行政监督部门作出认定。

全部使用国有资金投资或者国有资金投资占控股或者主导地位的并需要审批的工程建设项目的邀请招标，应当经项目审批部门批准，但项目审批部门只审批立项的，由有关行政监督部门审批。

第十二条　依法必须进行施工招标的工程建设项目有下列情形之一的，可以不进行施工招标：
（一）涉及国家安全、国家秘密、抢险救灾或者属于利用扶贫资金实行以工代赈需要使用农民工等特殊情况，不适宜进行招标；
（二）施工主要技术采用不可替代的专利或者专有技术；
（三）已通过招标方式选定的特许经营项目投资人依法能够自行建设；
（四）采购人依法能够自行建设；
（五）在建工程追加的附属小型工程或者主体加层工程，原中标人仍具备承包能力，并且其他人承担将影响施工或者功能配套要求；
（六）国家规定的其他情形。

2. 业务实践

招标人应当围绕工程施工招标项目的范围、进度、成本和质量目标，密切结合施工项目的经济、技术和管理特征需求（包括项目功能、资金来源、管理和承包方式、工程内部构造和外部条件、工程的专业和规模等）编制招标方案。依法必须进行招标的项目需要事先履行审批、核准手续的，编制施工招标方案应当在投资主管部门审批、核准后的初步招标方案基础上进行。

工程施工项目招标方案内容一般包括项目概况；招标范围、组织方式和招标方式；标段划分；招标进度、成本、质量要求和目标；投标人资格条件；评标办法；合同要素；招标人员安排、工作责任分解；风险识别和应对方案；等等。

（1）项目概况。包括施工招标项目名称、项目（审批、核准或备案）批复文号、资金来源、业主、招标人、施工招标项目的建设地点、规模、工程范围、计划工期、质量标准、环保和安全等基本要求。

（2）初步招标方案。包括招标范围、招标组织形式和招标方式等。依法必须进行招标的工程建设项目,初步招标方案应当在项目可行性研究阶段完成,需要投资主管部门依法审批或者核准的应当以经审批或者核准的初步招标方案为准。其中,招标组织形式分为委托招标和自行招标两种形式,招标人具备自行招标专业能力的可以选择自行招标;招标方式分公开招标和邀请招标两种方式,依法必须进行招标的项目,原则上应采用公开招标方式;符合法定的邀请招标适用情形的可以采用邀请招标方式。

(3)招标标段划分。这是招标项目范围管理的重要步骤,也是招标方案的核心内容。招标人进行施工项目招标标段划分应当主要考虑以下因素:

1)相关法律法规规定。招标人应当充分了解《招标投标法》关于将必须进行招标的项目化整为零或者以其他任何方式规避招标的禁止性规定,在标段划分时不得违反法律强制性规定。

2)项目管理模式。工程建设项目的基本管理模式包括设计—招标—施工(DBB)模式、建造管理(CM)模式、管理成本(MC)模式、设计—采购—建造总承包(EPC)模式等。招标人应当根据项目行业特点、建设单位工程管理专业能力等因素综合考虑施工项目标段划分方式。如石化建设项目一般采用EPC工程总承包管理模式,施工招标采用施工总承包模式时,可以发挥施工总承包的规模优势,有效地吸引实力较强的总承包商参加投标;又如高速公路建设项目采用传统DBB管理模式时,采用多个平行施工承包模式,将一条公路建设项目的路基、路面工程分成若干可以独立、平行施工的标段,分别发包给若干个施工承包人承担,虽然增加了施工协调管理的工作量,但可以有效地分散工程风险。

3)专业技术因素。专业技术因素是标段划分的重要依据。招标人应当综合考虑分部分项工程的技术关联性、计量关联性以及施工界面划分的合理性等因素科学划分标段,按工程施工总体进度顺序确定工程招标顺序。一般的规律是:施工准备工程在前,主体工程在后;制约工期关键线路的工程在前,施工时间比较短的工程在后;土建工程在前,设备安装在后;结构工程在先,装饰工程在后;制约后续的工程在前,紧前的工程在后。

4)市场竞争态势。合同标段的工期、规模和数量与承包人的规模大小和资质等级直接相关。为保证承包人充分参与投标竞争,招标人划分标段时应设定合理的工期,并保证标段具有一定规模。

(4)招标进度计划。招标人应当根据工程施工进度计划,包括总工期、开工日期、阶段目标工期、竣工日期以及各阶段工作计划等,结合招标投标法定时限要求、招标投标活动流程顺序(含招标准备、招标、投标、开标、评标、定标和签订中标合同等)以及可投入资源情况,使用甘特图或网络图等项目进度管理工具,制定招标进度计划。

(5)招标成本计划。招标人应当依据施工招标项目的投资估算、设计概算以及施工图预算,编制工程量清单和招标控制价,招标控制价即作为最高投标限价,可以有效地控制工程造价。此外,招标人还应当制定招标代理服务费等招标活动本身的直接费用计划。

(6)招标标的质量计划。招标人应当根据施工项目的功能要求以及国家有关法规和设计、施工质量验收标准规范,设定工程质量等级目标和保证体系的要求。

(7)投标人资格条件、资格审查方式和评标办法。招标人应当根据施工招标项目的工程范围、功能、标准规模、技术要求、管理模式等,结合国家有关施工承包专业资质标准规定，合理设定投标人资质条件。

对于技术复杂的大型施工项目或者承包人数量较多的施工项目，为保证投标和评标工作质量，资格审查可以采用资格预审方式；一般施工项目资格审查可以采用资格后审方式。

工程施工招标的评标办法通常采用综合评估法。

（8）招标人力资源计划。招标人应当根据施工项目招标工作范围和工作量测算，组建招标项目工作团队，配备专业招标工作人员，并进行工作责任分解。

（9）招标合同类型和合同要素。招标人应当依据施工项目的合同规划和标段划分成果，结合项目管理模式特点，合理设定招标合同类型和合同主要条件。

按照计价方式划分，施工合同可以分为单价合同、总价合同和其他价格形式合同。

（10）其他。还包括项目干系人的沟通计划、风险识别和应对措施计划等。施工招标的风险应对通常采用风险转移措施，如要求投标人提交投标保证金，中标人提交履约保证金、质量保证金以及购买工程保险等。

二、货物采购项目的招标需求

1. 法律法规规章摘要

《招标投标法实施条例》

第二条 招标投标法第三条所称工程建设项目，是指工程以及与工程建设有关的货物、服务。

前款……所称与工程建设有关的货物，是指构成工程不可分割的组成部分，且为实现工程基本功能所必需的设备、材料等。

《工程建设项目货物招标投标办法》（国家发展改革委等七部委令第27号）

第八条 依法必须招标的工程建设项目，应当具备下列条件才能进行货物招标：

（一）招标人已经依法成立；

（二）按照国家有关规定应当履行项目审批、核准或者备案手续的，已经审批、核准或者备案；

（三）有相应资金或者资金来源已经落实；

（四）能够提出货物的使用与技术要求。

第十一条 依法应当公开招标的项目，有下列情形之一的，可以邀请招标：

（一）技术复杂、有特殊要求或者受自然环境限制，只有少量潜在投标人可供选择；

（二）采用公开招标方式的费用占项目合同金额的比例过大；

（三）涉及国家安全、国家秘密或者抢险救灾，适宜招标但不宜公开招标。

有前款第二项所列情形，属于按照国家有关规定需要履行项目审批、核准手续的依法必须进行招标的项目，由项目审批、核准部门认定；其他项目由招标人申请有关行政监督部门作出认定。

《机电产品国际招标投标实施办法（试行）》（商务部令2014年第1号）

第九条　招标人应当在所招标项目确立、资金到位或资金来源落实并具备招标所需的技术资料和其他条件后开展国际招标活动。

第十一条　招标人采用委托招标的，有权自行选择招标机构为其办理招标事宜。任何单位和个人不得以任何方式为招标人指定招标机构。

招标人自行办理招标事宜的，应当具有与招标项目规模和复杂程度相适应的技术、经济等方面专业人员，具备编制国际招标文件（中、英文）和组织评标的能力。依法必须进行招标的项目，招标人自行办理招标事宜的，应当向相应主管部门备案。

2. 业务实践

招标人应当围绕货物招标项目的范围、进度、成本和质量目标，密切结合货物招标项目的经济、技术和管理特征需求（包括货物使用功能、技术规格、质量标准、检验标准、资金来源、交易条件和习惯、售后服务等）编制招标方案。依法必须进行招标的项目需要事先履行审批、核准手续的，编制货物招标方案应当在投资主管部门审批、核准后的初步招标方案基础上进行。

货物招标方案内容包括项目概况；供货范围、组织方式和招标方式；标包划分；招标进度、成本、质量要求和目标；投标人资格条件、资格审查方式和评标办法；合同类型和合同要素；招标人员安排、工作责任分解；风险识别和应对方案等。

（1）项目概况。包括货物招标项目名称、项目（审批、核准或备案）批复文号、资金来源、业主、招标人、供货范围、货物技术规格和型号、质量标准、检验标准、交付地点和交付方式、交货期、付款条件，节能、环保和安全等基本要求。

（2）初步招标方案。包括招标范围、招标组织形式和招标方式等。初步招标方案应当在项目可行性研究阶段完成，需要投资主管部门依法审批或者核准的应当以经审批或者核准的初步招标方案为准。其中，招标组织形式分为委托招标和自行招标两种形式，招标人具备自行招标专业能力的可以选择自行招标；招标方式分公开招标和邀请招标两种方式，依法必须进行招标的项目，原则上应采用公开招标方式，符合法定的邀请招标适用情形的，可以采用邀请招标方式。

（3）招标标包划分。这是招标项目范围管理的重要步骤，也是招标方案的核心内容。招标人进行货物项目招标，标包划分应当主要考虑以下因素：

1）相关法律法规规定。招标人应当充分了解《招标投标法》关于将必须进行招标的项目化整为零或者以其他任何方式规避招标的禁止性规定，在标包划分时不得违反法律强制性规定。根据《招标投标法实施条例》的相关规定，依法必须进行招标的工程建设有关的货物，即构成工程不可分割的组成部分，且为实现工程基本功能所必需的设备、材料等达到必须招标的规模标准的都应采用招标方式采购。

2）采购模式。货物采购可以分为建设期一次性项目货物采购和生产运营期重复性货物采购两种类型。一次性项目货物采购通常根据项目采购需求和专业分类进行分散招标，以保证项目管理的灵活性，并满足项目建设的一次性采购需求；生产运营期货物采购通常按照货物类型分批次进行集中招标采购，以提高采购效率并降低采购成本。集中招标采购的组织模式可以划分为批次集中招标采购、集中资格预审招标采购以及协议集中招标采购三种，招标人可以根据具体情况选择适用。

3）专业技术因素。这是货物标包划分的重要依据。招标人应当充分考虑货物的功能区分和专业特征需求等技术因素，原则上不同技术专业的设备或材料应当划分为不同标包进行招标采购。按技术专业进行货物标包划分的优越性在于可以广泛地吸引专业货物制造商充分参加投标竞争，保证招标工作的质量，并有效降低代理投标成本。

4）货物的交货期。对于交货期间隔较短的同类货物采购，招标人通常可以合并为1个标包集中进行招标以降低采购成本；但对于交货期间隔较长（如超过1年）的同类货物采购，基于货物市场价格波动的考虑，招标人应当划分不同标包分别进行招标，以避免投标人将过高的风险溢价转嫁给招标人。

5）货物数量与供应商的履约能力。为保证承包人充分参与投标竞争，招标人划分货物标包应当保证合同具有一定规模和吸引力。但是，划分标包合同规模也不宜过大，避免供应商的生产规模和供货能力达不到招标要求。

(4) 招标进度计划。招标人应当以项目总体进度计划为基础编制货物招标进度计划。对于在项目进度网络图中关键路径上的货物招标，招标人应当作为编制招标进度计划的重中之重。招标人应当充分考虑订单排产、生产周期、交付、物流、检验、安装、调试、试运行等时间，并与项目土建工程、安装工程等密切衔接，结合招标投标法定时限要求、招标投标活动流程顺序（含招标准备、招标、投标、开标、评标、定标和签订中标合同等）以及可投入资源情况，使用甘特图或网络图等项目进度管理工具，制定货物招标进度计划。

(5) 招标成本计划。招标人应当依据投资估算（含设备购置费）编制招标成本计划，投资估算应当包含货物运抵项目现场的综合成本。招标人可以设置最高投标限价以控制货物招标成本。此外，招标人还应当制定招标代理服务费等招标活动本身的直接费用计划。

(6) 招标标的质量计划。招标人应当根据货物的功能要求以及国家有关法规和质量检验标准规范，设定货物质量标准和保证体系的要求。

(7) 投标人资格条件、资格审查方式和评标办法。招标人应当根据国家有关法规对货物生产企业的生产许可要求以及招标货物的强制认证要求、业绩要求等，合理设定投标人资格条件。

货物招标资格审查一般采用资格后审方式。

对于通用技术、性能标准或者招标人对其技术、性能没有特殊要求的货物，通常采用经评审的最低投标价法；对于技术、工艺复杂以及招标人有特殊要求的货物或者非标设备，评标办法应当采用综合评估法。

(8) 招标人力资源计划。招标人应当根据货物招标工作范围和工作量测算，组建招标项目工作团队，配备专业招标工作人员，并进行工作责任分解。

(9) 招标合同类型和合同要素。货物采购合同采用总价合同。对于国际货物采购合同，招标人应当根据项目具体情况考虑采用适合的国际贸易术语、结算方式和结算币种、争议解决方式以及适用法律等主要交易条件。

(10) 其他。还包括项目干系人的沟通计划、风险识别和应对措施计划等。货物招标的风险应对通常采用风险转移措施，如要求投标人提交投标保证金，中标人提供履约保证金等。

三、服务采购项目的招标需求

1. 法律法规规章摘要

《招标投标法实施条例》

第二条　招标投标法第三条所称工程建设项目，是指工程以及与工程建设有关的货物、服务。

前款……所称与工程建设有关的服务，是指为完成工程所需的勘察、设计、监理等服务。

《工程建设项目勘察设计招标投标办法》（国家发展改革委等八部委令第2号）

第七条　招标人可以依据工程建设项目的不同特点，实行勘察设计一次性总体招标；也可以在保证项目完整性、连续性的前提下，按照技术要求实行分段或分项招标。

招标人不得利用前款规定限制或者排斥潜在投标人或者投标。依法必须进行招标的项目的招标人不得利用前款规定规避招标。

第八条　依法必须招标的工程建设项目，招标人可以对项目的勘察、设计、施工以及与工程建设有关的重要设备、材料的采购，实行总承包招标。

第九条　依法必须进行勘察设计招标的工程建设项目，在招标时应当具备下列条件：

（一）招标人已经依法成立；

（二）按照国家有关规定需要履行项目审批、核准或者备案手续的，已经审批、核准或者备案；

（三）勘察设计有相应资金或者资金来源已经落实；

（四）所必需的勘察设计基础资料已经收集完成；

（五）法律法规规定的其他条件。

第十条　工程建设项目勘察设计招标分为公开招标和邀请招标。

国有资金投资占控股或者主导地位的工程建设项目，以及国务院发展和改革部门确定的国家重点项目和省、自治区、直辖市人民政府确定的地方重点项目，除符合本办法第十一条规定条件并依法获得批准外，应当公开招标。

第十一条　依法必须进行公开招标的项目，在下列情况下可以进行邀请招标：

（一）技术复杂、有特殊要求或者受自然环境限制，只有少量潜在投标人可供选择；

（二）采用公开招标方式的费用占项目合同金额的比例过大。

有前款第二项所列情形，属于按照国家有关规定需要履行项目审批、核准手续的项目，由项目审批、核准部门在审批、核准项目时作出认定；其他项目由招标人申请有关行政监督部门作出认定。招标人采用邀请招标方式的，应保证有三个以上具备承担招标项目勘察设计的能力，并具有相应资质的特定法人或者其他组织参加投标。

2. 业务实践

服务招标项目交付的成果是无形的服务，而非有形的产品。招标人应当围绕服务招标项目的范围、进度、成本和质量目标，密切结合服务招标项目的经济、技术和管理特征需求[包括服务任务大纲（TOR）、管理要求、服务团队和人员要求、服务期限、质量标准、验收标准、资金来源、知识产权管理等]编制招标方案。依法必须进行招标的项目需要事先履行审批、核准手续的，编制服务招标方案应当在投资主管部门审批、核准后的初步招标方案基础上进行。

服务招标方案内容包括项目概况；服务范围、组织方式和招标方式；标包划分；招标进度、成本、质量要求和目标；投标人资格条件、资格审查方式和评标办法；合同类型和合同要素；招标人员安排、工作责任分解；风险识别和应对方案等。

（1）项目概况。包括服务招标项目名称、项目（审批、核准或备案）批复文号、资金来源、业主、招标人、服务范围、任务大纲（TOR）、质量标准、验收标准、服务期限、付款条件、知识产权等基本要求。

（2）初步招标方案。包括招标范围、招标组织形式和招标方式等。依法必须进行招标的工程建设项目，工程所需的勘察、设计、监理等服务属于依法必须进行招标的范围。初步招标方案应当在项目可行性研究阶段完成，需要投资主管部门依法审批或者核准的，应当以经审批或者核准的初步招标方案为准。其中，招标组织形式分为委托招标和自行招标两种形式，招标人具备自行招标专业能力的，可以选择自行招标；招标方式分公开招标和邀请招标两种方式，依法必须进行招标的服务项目，原则上应采用公开招标方式，符合法定的邀请招标适用情形的，可以采用邀请招标方式。

（3）招标标包划分。这是招标项目范围管理的重要步骤，也是招标方案的核心内容。招标人进行服务项目招标，标包划分应当主要考虑以下因素：

1）相关法律法规规定。招标人应当充分了解《招标投标法》关于将必须进行招标的项目化整为零或者以其他任何方式规避招标的禁止性规定，在标段划分时不得违反法律强制性规定。根据《招标投标法实施条例》的相关规定，依法必须进行招标的工程所需的勘察、设计、监理等服务属于依法必须进行招标的范围，达到必须招标的规模标准的都应采用招标方式采购。

2）专业技术因素。专业技术因素是服务标包划分的主要依据。招标人应当充分考虑服务的专业类别和特征需求等技术因素，原则上不同技术专业的服务应当划分为不同标包进行招标采购。例如，同一建设工程项目的工程勘察服务和工程设计服务属于不同专业类型，应当依专业划分为不同的标包进行招标。按技术专业进行服务包件划分的必要性在于保证服务的专业性，吸引专业服务承包商充分参加投标竞争，从而保证服务质量。

3）服务期限。对于较长期限的标准化的服务项目采购，招标人可以对服务供应商进行动态管理，依据供应商绩效考核情况，实施分期分包招标，实现供应商优胜劣汰，从而降低风险、保证服务质量。

4）供应商的履约能力。为保证服务供应商充分参与投标竞争，招标人划分服务标包应当保证服务合同具有一定规模和吸引力。但是，划分服务标包合同规模也不宜过大，避免供应商的人员和履约能力达不到招标要求。

（4）招标进度计划。招标人应当以项目总体进度计划为基础编制服务招标进度计划。对于在项目进度网络图中关键路径上的服务招标，招标人应当作为编制招标进度计划的重中之重。招标人应当充分考虑服务成果和服务期限要求，并与项目总体工程进度密切衔接，结合招标投标法定时限要求、招标投标活动流程顺序（含招标准备、招标、投标、开标、评标、定标和签订中标合同等）以及可投入资源情况，使用甘特图或网络图等项目进度管理工具，制定服务招标进度计划。

（5）招标成本计划。招标人应当依据服务费用投资估算编制招标成本计划，成本计划一般包含人员的酬金、可报销费用和不可预计费用。招标人可以设置最高投标限价以控制服务招标成本。此外，招标人还应当制定招标代理服务费等招标活动本身的直接费用计划。

（6）招标质量计划。招标人应当编制任务大纲（TOR）以明确服务成果要求以及验收标准。

（7）投标人资格条件、资格审查方式和评标办法。招标人应当根据国家有关法规对服务供应商的资质要求以及人员的执业资格要求，合理设定投标人资格条件。例如，对于工程设计服务招标，根据《建设工程勘察设计管理条例》（国务院令第293号）的相关规定，建设工程设计单位应在其资质等级许可范围内承揽工程设计服务；此外，工程设计项目负责人一般应当具有注册结构工程师、注册土木工程师等执业资格。

服务招标资格审查一般采用资格后审方式。

服务项目的质量是服务招标的核心目标，服务报价通常不被视为服务招标评审的重要因素，因此，服务招标评标办法通常不采用经评审的最低投标价法，而采用综合评估法，重点评价投标人的服务团队及人员能力、服务业绩和服务方案等。

（8）招标人力资源计划。招标人应当根据服务招标工作范围和工作量测算，组建招标项目工作团队，配备专业招标工作人员，并进行工作责任分解。

（9）招标合同类型和合同要素。服务采购合同可以依服务项目的不同采用总价合同、以时间为基础的合同、百分比合同以及成本加酬金合同等不同合同类型。

（10）其他。还包括项目干系人的沟通计划、风险识别和应对措施计划等。服务招标的风险应对通常采用风险转移措施，如要求投标人提交投标保证金等。

四、工程勘察、设计、监理项目的招标需求

工程勘察、设计及监理属于工程建设项目依法必须进行招标的服务项目，也是工程建设项目最常见的服务招标类型。

工程勘察、设计合同属于建设工程合同，工程监理合同属于委托合同。招标人在编制招标方案时应充分考虑工程勘察、设计及监理项目的专业性质和特征需求。

1. 工程勘察招标方案特点

工程勘察项目的服务内容比较单一，从专业性质和管理需求角度考虑，可以由同一个

勘察单位承担项目的全部勘察工作，不再划分标包。

工程勘察单位应在其资质等级许可范围内承揽工程勘察服务。

工程勘察费用采用实物工作量计算，包括实物工作收费、技术工作收费两部分。通常发包人承担工作量风险，勘察人承担价格风险。技术简单、规模较小的工程勘察服务，勘察合同一般采用固定总价方式，由勘察人一并承担工作量和价格风险。

2. 工程设计招标方案特点

按设计深度划分，工程设计一般分为初步设计和施工图设计。招标人可以将初步设计和施工图设计分别委托不同的设计单位承包，也可以由同一设计单位承包。对于由不同行业构成的同一个工程项目，为发挥不同行业的设计专业优势，可以将设计任务按行业划分标包招标，也可以接受不同行业的设计单位组成联合体共同投标。

工程设计单位应在其资质等级许可范围内承揽工程勘察服务。

工程设计合同依据设计服务范围内的投资总额采用总价合同类型。

工程设计投标应对设计方案评审合格的未中标人进行适当的经济补偿，以鼓励投标人积极参加设计投标。发包人如拟采用未中标人的设计方案，应当征得对方同意并支付合理费用。

3. 工程监理招标方案特点

招标人可以按工程建设项目规模和技术复杂性划分，对于中小型或技术单一的项目，可将全部监理工作作为一个招标标包；对于大型或技术复杂的项目，按照专业不同，可将设计监理划分为一个标包，再按施工标段组合对施工监理划分标包，但工程监理标包范围不能小于施工标段划分的范围，不允许一个施工标包由两个以上监理单位同时监理。

工程监理单位应在其资质等级许可范围内承揽工程监理服务。

工程监理合同依据监理服务范围内的投资总额采用总价合同类型。

第三节　政府和社会资本合作项目招标方案

一、政府和社会资本合作项目的概念

政府和社会资本合作，即PPP（Public Private Partnership），是指政府为增强公共产品和服务的供给能力，提高公共产品和服务供给的效率和质量，通过特许经营、购买服务、股权合作等方式，与社会资本建立的利益共享、风险分担及长期合作的关系。

我国定义PPP中的Public为政府方，是指提出PPP项目的县级以上人民政府及其授权实施机构；Private为社会资本方，是指政府方依法通过竞争方式选择的承担PPP项目投资、建设、运营等工作的法人或其他组织。社会资本方可以是一家企业，也可以是多家

企业组成的联合体。

社会资本方通常会专门针对PPP项目成立项目公司,即特殊目的公司(Special Purpose Vehicle,SPV),与政府方签订PPP项目合同,并负责完成PPP项目。项目公司由社会资本方单独设立,或者由社会资本方与政府出资人代表共同出资设立。

政府方和社会资本方在签订PPP项目合同后形成长期合作伙伴关系,在合作期限内合作运营政府特许项目,共享经营利益、共担运营风险。社会资本方依法取得合理的投资回报,政府方不承担投资者或项目公司的偿债责任。

PPP模式主要适用于政府负有提供责任又适宜市场化运作的公共服务、基础设施类项目。燃气、供电、供水、供热、污水及垃圾处理等市政设施,公路、铁路、机场、城市轨道交通等交通设施,医疗、旅游、教育培训、健康养老等公共服务项目,以及水利、资源环境和生态保护等项目均可推行PPP模式。

二、特许经营项目融资招标

1. 法律法规规章摘要

《基础设施和公用事业特许经营管理办法》(国家发展改革委等六部委令第25号)

第三条 本办法所称基础设施和公用事业特许经营,是指政府采用竞争方式依法授权中华人民共和国境内外的法人或者其他组织,通过协议明确权利义务和风险分担,约定其在一定期限和范围内投资建设运营基础设施和公用事业并获得收益,提供公共产品或者公共服务。

第四条 基础设施和公用事业特许经营应当坚持公开、公平、公正,保护各方信赖利益,并遵循以下原则:

(一)发挥社会资本融资、专业、技术和管理优势,提高公共服务质量效率;

(二)转变政府职能,强化政府与社会资本协商合作;

(三)保护社会资本合法权益,保证特许经营持续性和稳定性;

(四)兼顾经营性和公益性平衡,维护公共利益。

第五条 基础设施和公用事业特许经营可以采取以下方式:

(一)在一定期限内,政府授予特许经营者投资新建或改扩建、运营基础设施和公用事业,期限届满移交政府;

(二)在一定期限内,政府授予特许经营者投资新建或改扩建、拥有并运营基础设施和公用事业,期限届满移交政府;

(三)特许经营者投资新建或改扩建基础设施和公用事业并移交政府后,由政府授予其在一定期限内运营;

(四)国家规定的其他方式。

第六条 基础设施和公用事业特许经营期限应当根据行业特点、所提供公共产品或服务需求、项目生命周期、投资回收期等综合因素确定,最长不超过30年。

对于投资规模大、回报周期长的基础设施和公用事业特许经营项目(以下简称特许经营项目）可以由政府或者其授权部门与特许经营者根据项目实际情况，约定超过前款规定的特许经营期限。

《政府和社会资本合作项目政府采购管理办法》（财库〔2014〕215号）

第一条 为了规范政府和社会资本合作项目政府采购（以下简称PPP项目采购）行为，维护国家利益、社会公共利益和政府采购当事人的合法权益，依据《中华人民共和国政府采购法》（以下简称政府采购法）和有关法律、行政法规、部门规章，制定本办法。

第二条 本办法所称PPP项目采购，是指政府为达成权利义务平衡、物有所值的PPP项目合同，遵循公开、公平、公正和诚实信用原则，按照相关法规要求完成PPP项目识别和准备等前期工作后，依法选择社会资本合作者的过程。PPP项目实施机构（采购人）在项目实施过程中选择合作社会资本（供应商），适用本办法。

第三条 PPP项目实施机构可以委托政府采购代理机构办理PPP项目采购事宜。PPP项目咨询服务机构从事PPP项目采购业务的，应当按照政府采购代理机构管理的有关要求及时进行网上登记。

第四条 PPP项目采购方式包括公开招标、邀请招标、竞争性谈判、竞争性磋商和单一来源采购。项目实施机构应当根据PPP项目的采购需求特点，依法选择适当的采购方式。公开招标主要适用于采购需求中核心边界条件和技术经济参数明确、完整、符合国家法律法规及政府采购政策，且采购过程中不作更改的项目。

第五条 PPP项目采购应当实行资格预审。项目实施机构应当根据项目需要准备资格预审文件，发布资格预审公告，邀请社会资本和与其合作的金融机构参与资格预审，验证项目能否获得社会资本响应和实现充分竞争。

2. 业务实践

PPP项目社会资本方招标方案内容一般包括项目概况、招标组织方式、采购方式、项目边界条件、社会资本方资格条件、资格审查方式、评标办法、项目合同要素、招标人力资源计划；风险识别和应对方案等。

（1）项目概况。包括PPP项目名称、项目地点、项目批复文号、项目建设规模及内容以及项目实施方案的主要内容。

（2）招标组织方式。PPP项目社会资本方招标工作比较复杂，对承担招标工作的人员要求较高。因此，为保证PPP项目前期咨询工作与招标代理服务的顺利衔接，并保证招标采购的质量和效率，采购人一般应委托专业招标代理机构实施招标工作。招标代理机构应具有类似项目业绩以及编制招标文件、组织评标的能力。

（3）采购方式。

1）PPP项目社会资本方的招标方式包括公开招标和邀请招标。

公开招标适用于项目边界条件清晰、市场竞争充分、有较多潜在投标人的PPP项目。公开招标可以充分体现公开、公平和公正原则，应当成为采购人优先选用的招标方式。

邀请招标适用于具有特殊性，只能向有限范围的潜在投资人采购的PPP项目，或者采用公开招标方式的费用占项目总投资比例过大的项目。采用邀请招标方式应当事先经过项目主管部门批准。

除招标方式外，PPP 项目社会资本方的选择方式还包括竞争性谈判、竞争性磋商和单一来源采购等。采购人应根据 PPP 项目采购需求特点，依法选择适当的采购方式。

2）采购需求不明确的 PPP 项目社会资本方招标可以采用两阶段招标组织形式。

对于无法完全确定项目产出和绩效考核标准，或者可能存在多种技术方案的 PPP 项目，采购人可以采用两阶段招标方式选择社会资本方。第一阶段为征求技术建议阶段，要求投标人提交技术方案建议，采购人据此优化完善技术方案；第二阶段为投标报价阶段，要求投标人提交包括最终技术方案和报价的投标文件，采购人依法组织评标工作，并确定中标人。

（4）项目边界条件。包括项目运作方式、合作范围和期限、交易结构、风险分配、政府承诺、投资回报及付费机制、绩效考核标准、退出机制等。

（5）社会资本方资格条件。社会资本方原则上应当具有相应投资能力、管理经验、专业水平、融资实力并且信用状况良好。采购人应当根据项目实际需要综合考虑专业资质、技术能力、财务实力和管理经验等因素，合理设置社会资本方的资格条件。

（6）资格审查方式。根据《政府和社会资本合作项目政府采购管理办法》的有关规定，PPP 项目社会资本方招标的资格审查应当采用资格预审方式。

（7）评标办法。PPP 项目一般投资规模大、合作期限长，需求比较复杂，因此社会资本方招标的评标办法应当选择综合评估法。

综合评估法的评审要素和权重一般为：

投标人报价 20%～30%，投标人实力和信誉 10%～20%，财务模型 10%～20%，技术方案 20%～30%，法律方案 5%～10%。

（8）项目合同要素。包括：①项目名称和建设内容；②合作方式、范围和期限；③项目公司（SPV）设立要求；④项目产品或服务要求；⑤项目设施产权以及维护、更新安排；⑥项目绩效评估机制和标准；⑦投融资方式和期限；⑧收益回报和付费机制；⑨履约担保；⑩风险分配方案；⑪政府承诺和保障机制；⑫应急预案；⑬项目资产移交方式和要求；⑭合同变更、提前终止和补偿；⑮违约责任；⑯争议解决；⑰其他事项。

（9）招标人力资源计划。招标服务团队应当满足 PPP 项目招标工作需要的专业配置，招标项目经理应当具有咨询师或相应专业水平以及类似项目的招标业绩，并具有较强的沟通和协调能力。

（10）其他。还包括项目干系人的沟通计划、风险识别和应对措施计划等。社会资本方招标的风险应对通常采用风险转移措施，如要求投标人提交投标保证金，中标人提交履约保证金、购买工程保险等。

拓展阅读：想了解更多延伸知识吗？
扫描二维码即可阅读哦！

3. 专题分析

政府和社会资本合作的常见模式及模式选择如下。

(1) 政府和社会资本合作的常见模式。

1) BOT。Build-Operate-Transfer，即建设—经营—转让模式，是指社会资本方负责项目融资、建设、运营，运营期满后，社会资本方将该项目移交给政府方。BOT 是最为常见的、典型的 PPP 项目模式。

2) TOT。Transfer-Operate-Transfer，即转让—经营—转让模式，是指政府方将拥有的项目设施转让给社会资本方运营，社会资本方需要支付转让款，运营期满后再将项目设施无偿移交给政府方。TOT 是 BOT 的衍生模式，是针对已建成的特许经营项目的融资运作模式。

3) ROT。Renovate-Operate-Transfer，即重整—经营—移交模式，是指社会资本方在获得经营权的基础上，对旧的基础设施进行改造更新，在此基础上由社会资本方经营约定年限后再转让给政府。ROT 与 TOT 的主要区别是 PPP 项目是否需要修复更新。

4) BOOT。Build-Own-Operate-Transfer，即建设—拥有—运营—转让模式，是指社会资本方负责项目融资、建设、拥有、运营，运营期满后，社会资本方将该项目移交给政府方。

5) BOO。Build-Own-Operate，即建设—拥有—运营模式，是指社会资本方负责项目融资、建设、拥有，并永久运营。

6) BTO。Build-Transfer-Operate，即建设—移交—经营模式，是指社会资本方负责项目融资及建设，完工后将项目所有权移交给政府方，政府方将其经营权授予该社会资本方。

7) O&M。Operate-Maintain，即运营—维护模式，是指政府部门委托社会资本方负责项目运营、维修和养护。

(2) 政府和社会资本合作模式选择。

1) 经营性项目。对于具有明确的收费基础，并且经营收费能够完全覆盖投资成本的项目，可通过政府授予特许经营权，采用建设—运营—移交（BOT）、建设—拥有—运营—移交（BOOT）等模式推进。要依法放开相关项目的建设、运营市场，积极推动自然垄断行业逐步实行特许经营。

2) 准经营性项目。对于经营收费不足以覆盖投资成本、需政府补贴部分资金或资源的项目，可通过政府授予特许经营权附加部分补贴或直接投资参股等措施，采用建设—运营—移交（BOT）、建设—拥有—运营（BOO）等模式推进。要建立投资、补贴与价格的协同机制，为投资者获得合理回报积极创造条件。

3) 非经营性项目。对于缺乏使用者付费基础、主要依靠政府付费回收投资成本的项目，可通过政府购买服务，采用建设—拥有—运营（BOO）、委托运营等市场化模式推进。要合理确定购买内容，把有限的资金用在刀刃上，切实提高资金使用效益。

4. 精选问答

Q：PPP 项目社会资本方招标应具备哪些前提条件？

A：PPP 项目社会资本方招标前应当具备的前提条件包括：

(1) 项目已立项。PPP 项目已完成项目必要性和可行性研究论证，并经过政府投资主管部门的审批、核准或备案。

（2）项目"两评一案"已经政府审批。PPP项目的实施方案、物有所值评价报告、财政承受能力论证报告已经县级以上人民政府批复。

（3）项目已按规定入库。采购人已按国家有关规定将项目纳入国家发展改革委PPP项目库和财政部PPP综合信息平台管理库。如项目未能及时入库，会影响项目投资和政府财政资金的落实，并且无法享受PPP相关优惠政策。

第四节 案例与习题

一、案例

某高校于2019年利用外国政府贷款采购教学设备，采购总预算4000万美元，编制招标计划主要考虑的因素为：根据教学设备的专业分类，结合潜在投标人的供货能力并保证一定的采购合同规模，本招标项目总共分为17个招标标包。本次招标委托专业招标代理机构承办，采用国际公开招标方式（进行）。所采购的教学设备为通用设备，评标方法选择最低评标价法，资格审查采用资格后审方式。招标进度计划以满足学校教学安排为目标。

具体招标计划内容如表3-4所示。

问题：

请根据上述内容画出招标项目进度图。

二、练习

1. 选择题

（1）招标方案应当根据招标项目的进展而不断更新完善，这体现了招标项目的（　　）特点。

A. 一次性　　　　　　　　B. 唯一性

C. 渐进明晰　　　　　　　D. 风险性

（2）编制招标方案的划分标段/标包工作属于招标项目的（　　）范畴。

A. 范围管理　　　　　　　B. 进度管理

C. 成本管理　　　　　　　D. 质量管理

（3）根据我国投资管理相关法规，核准类的企业投资工程建设项目，其初步招标方案应当包含在所申报的（　　）中。

表3-4 某高校利用外国政府贷款项目教学设备招标计划

标包号/包名称	招标估算价格			招标组织方式	招标方式	评标方法	资格审查	招标计划进度表			
	外币估算（万美元）	国内配套资金费用（百万元人民币）	总费用（百万美元）					招标	评标	签订合同	
1/现代教育技术设备	215.49	0	215.49	委托招标	国际公开招标	最低评标价法	资格后审	2019年4月7日	2019年6月7日	2019年7月9日	
2/现代教育技术设备	197.76	0	197.76	委托招标	国际公开招标	最低评标价法	资格后审	2019年4月7日	2019年6月7日	2019年7月9日	
3/计算机设备	268.96	0	268.96	委托招标	国际公开招标	最低评标价法	资格后审	2019年4月7日	2019年6月7日	2019年7月9日	
4/计算机设备	291.31	0	291.31	委托招标	国际公开招标	最低评标价法	资格后审	2019年4月7日	2019年6月7日	2019年7月9日	
5/计算机设备	286.44	0	286.44	委托招标	国际公开招标	最低评标价法	资格后审	2019年4月7日	2019年6月7日	2019年7月9日	
6/物理化学设备	123.67	0	123.67	委托招标	国际公开招标	最低评标价法	资格后审	2019年4月7日	2019年6月7日	2019年7月9日	
7/机械与建筑学、力学设备	339.87	0	339.87	委托招标	国际公开招标	最低评标价法	资格后审	2019年4月7日	2019年6月7日	2019年7月9日	
8/电工电子及自动化设备	161.93	0	161.93	委托招标	国际公开招标	最低评标价法	资格后审	2019年4月7日	2019年6月7日	2019年7月9日	
9/电工电子及自动化设备	191.21	0	191.21	委托招标	国际公开招标	最低评标价法	资格后审	2019年4月7日	2019年6月7日	2019年7月9日	
10/环境科学、生物学与高分子科学设备	180.97	0	180.97	委托招标	国际公开招标	最低评标价法	资格后审	2019年4月7日	2019年6月7日	2019年7月9日	
11/医学、人体学、生命科学与体育学设备	215.42	0	215.42	委托招标	国际公开招标	最低评标价法	资格后审	2019年4月7日	2019年6月7日	2019年7月9日	
12/医学、人体学、生命科学与体育学设备	268.64	0	268.64	委托招标	国际公开招标	最低评标价法	资格后审	2019年4月7日	2019年6月7日	2019年7月9日	
13/分析、测试仪器设备	253.91	0	253.91	委托招标	国际公开招标	最低评标价法	资格后审	2019年4月7日	2019年6月7日	2019年7月9日	
14/分析、测试仪器设备	291.16	0	291.16	委托招标	国际公开招标	最低评标价法	资格后审	2019年4月7日	2019年6月7日	2019年7月9日	
15/分析、测试仪器设备	291.07	0	291.07	委托招标	国际公开招标	最低评标价法	资格后审	2019年4月7日	2019年6月7日	2019年7月9日	
16/分析、测试仪器设备	281.58	0	281.58	委托招标	国际公开招标	最低评标价法	资格后审	2019年4月7日	2019年6月7日	2019年7月9日	
17/其他仪器设备	130.41	0	130.41	委托招标	国际公开招标	最低评标价法	资格后审	2019年4月7日	2019年6月7日	2019年7月9日	
总计	3989.80	0	3989.80								

A. 项目建议书 B. 可行性研究报告
C. 项目申请报告 D. 项目资金申请报告

（4）招标人根据实际情况需要变更已核准的项目招标方式的，应当报送（   ）重新核准。

A. 投资主管部门 B. 行政监督部门
C. 财政部门 D. 公共资源交易中心

（5）下列不属于初步招标方案内容的是（   ）。

A. 招标方式 B. 招标范围
C. 招标组织形式 D. 招标控制价

2. 问答题

（1）工程建设项目建设期与运营期的物资采购招标方案有何异同？

（2）工程、货物和服务三类标的物的招标方案有何差异？

（3）编制项目招标方案时，划分标段/标包应当主要考虑哪些因素？

（4）招标进度计划与项目整体进度计划有何关联？

（5）政府与社会资本合作（PPP）项目选择社会资本适宜采用何种采购方式？

第四章 资格审查

◇ 引导案例

2018年8月5日,江西省住建厅发文明确,各级建设行政主管部门不得在建设工程招标投标活动中存在以下行为:

一、各级建设行政主管部门不得把要求外地建设类企业在本地设立分公司、子公司、生产基地等作为招投标的前置条件。

二、各级建设行政主管部门不得以建立"预选承包商库"等名单、签订战略合作协议、企业类型、企业注册地等要求变相设置的准入条件或设置不合理评分项,限制、排斥潜在投标人参加建设项目投标。

三、各级建设行政主管部门不得抬高门槛,排斥潜在投标人;不得要求企业法定代表人到场参与招投标活动;不得将特定区域、特定行业的信用评价或业绩作为投标的加分条件,变相限制、排斥市场主体参与公平竞争。

四、已建立建筑市场信用管理体系的地区,建设行政主管部门要做好建筑市场信用管理体系的管理工作,不得以任何理由拒绝投标企业纳入本地区建筑市场信用管理体系。

上述规定除了重申2018年3月住建部发布的《关于开展建筑企业跨省承揽业务监督管理专项检查的通知》的要求,明令禁止地方建设工程招投标领域存在"要求外地企业在本地区注册设立独立子公司或分公司;将资质资格等级作为外地企业进入本地区承揽业务的条件;以本地区承揽工程业绩、本地区获奖情况作为企业进入本地市场条件"等妨碍企业自主经营、公平竞争的行为外,还将特定的信用评价等同视为限制投标企业公平竞争的要素,值得关注。

◇ 案例解析

在"放管服"改革的逐步深化下,由行政部门审核认定的企业资质渐渐被取消,取而代之的是对企业信用的日益重视。

在国务院印发的《社会信用体系建设规划纲要(2014~2020年)》中也提出,国家鼓励市场主体运用基本信用信息和第三方信用评价结果,并将其作为投标人资格审查、评标、定标和合同签订的重要依据。

据此，许多地方在招标投标活动中以信用评价作为资格条件或者投标的加分条件已成常态。在政策倡导下，许多行业协会、第三方机构也开始建立相关的信用评级机制，为内部会员提供或对外开展信用评级服务。

毫无疑问，推动市场主体信用建设有助于规范市场经济秩序，营造良好的营商环境，在信息不对称的招标投标竞争机制中，能够帮助招标人寻找到更加优质、可信赖的供应商。

然而，当前招标投标领域信用建设不完善，评价标准不统一，许多招标文件中要求投标人出具的信用状况证明各不相同，有的是银行资信证明，有的是特定行业协会出具的信用评级证书，还有的要求出具指定第三方评价机构给出的信用评级报告，投标人为参与项目投标，需要开具各种信用评价证明，一方面，造成投标成本增加；另一方面，一些设置不合理的信用评价条款有意或无意中成为了阻碍竞争的歧视性条款，备受诟病。

江西省住建厅在通知中明确要求，不得将特定地区或行业的信用评价作为投标的加分条件，是提醒人们重视信用评价的滥用和误用问题，以防信用评价成为妨碍竞争的替罪羊。

思考：如何在招标投标活动中合理运用信用信息？

资料来源：易招标学苑（经整理）。

◇ **案例涉及主要知识点**

资格条件的设置、哪些资格条件的设置涉嫌歧视或排斥潜在投标人

◇ **学习导航**

- 掌握资格审查的定义与作用
- 掌握资格审查的方式与程序
- 思考资格条件应如何设置

◇ **教学建议**

- 备课要点：资格审查的定义、方法和程序，不同标的物的资格条件设置
- 教授方法：案例、讲授、实证、启发式
- 拓展知识领域：哪些资格条件的设置可能排斥或限制潜在投标人

第一节 资格审查的基本概念

一、资格审查的定义

1. 法律法规规章摘要

《招标投标法》

第十八条 招标人可以根据招标项目本身的要求，在招标公告或者投标邀请书中，要

求潜在投标人提供有关资质证明文件和业绩情况,并对潜在投标人进行资格审查;国家对投标人的资格条件有规定的,依照其规定。

招标人不得以不合理的条件限制或者排斥潜在投标人,不得对潜在投标人实行歧视待遇。

《招标投标法实施条例》

第三十二条 招标人不得以不合理的条件限制、排斥潜在投标人或者投标人。

招标人有下列行为之一的,属于以不合理条件限制、排斥潜在投标人或者投标人:

(一)就同一招标项目向潜在投标人或者投标人提供有差别的项目信息;

(二)设定的资格、技术、商务条件与招标项目的具体特点和实际需要不相适应或者与合同履行无关;

(三)依法必须进行招标的项目以特定行政区域或者特定行业的业绩、奖项作为加分条件或者中标条件;

(四)对潜在投标人或者投标人采取不同的资格审查或者评标标准;

(五)限定或者指定特定的专利、商标、品牌、原产地或者供应商;

(六)依法必须进行招标的项目非法限定潜在投标人或者投标人的所有制形式或者组织形式;

(七)以其他不合理条件限制、排斥潜在投标人或者投标人。

2. 业务实践

资格审查是指招标人对资格预审申请人或投标人的经营资格、专业资质、财务状况、技术能力、管理能力、业绩、信誉等方面评估审查,以判定其是否具有参与项目投标和履行合同的资格及能力的活动。

资格审查既是招标人的权利,也是招标项目的必要程序。招标人可根据招标项目类型和特点设置不同的审查条件,并通过资格预审公告、资格预审文件、招标公告、招标文件等形式告知资格预审申请人或潜在投标人。通过设置合理的资格审查条件,招标人可筛选出部分符合需求的资格预审申请人或投标人,但招标人不得以不合理的条件限制或排斥潜在投标人。

资格预审参与人包括招标人、潜在投标人、资格审查委员会。招标人可以根据招标项目本身的要求,在资格预审公告中要求潜在投标人提供有关资质证明文件和业绩情况,并对潜在投标人进行资格审查。国有资金占控股或者主导地位的依法必须进行招标的项目,招标人应当组建资格审查委员会审查资格预审申请文件。

资格后审的参与人是评标委员会和投标人。开标后,招标人委托评标委员会按照法律规定和招标文件确定的评标标准和方法,客观、公正地对投标人的资格进行审查。

二、资格审查的方法

1. 资格预审

资格预审,是指在招标文件发售前,招标人委托资格审查委员会对获取资格预审文件并提交资格预审申请文件的潜在投标人进行资格审查，合格后方能参与招标投标活动的一种方法。资格预审可帮助招标人初步确定投标人名单，缩短评标时间，提高评标科学性，适合技术难度较大或潜在投标人较多的项目。

招标人使用资格预审的方法进行审查时，是通过发布资格预审公告和资格预审文件，向不特定的潜在投标人发出投标邀请。招标人应在资格预审文件中明确招标项目的所有资格审查条件、资格审查的标准和方法，并合理确定提交资格预审申请文件的时间。资格预审的方法包括有限数量制和合格制。资格预审通常采用合格制，潜在投标人满足资格预审要求即可通过审查。当潜在投标人数量过多时，可选择有限数量制，以打分的方式对潜在投标人进行排名，控制通过资格预审的潜在投标人数量。

2. 资格后审

资格后审是指在评标阶段，招标人委托评标委员会按照招标文件规定的标准和方法，对投标人进行相应资格审查，合格后方能参与后续评审的一种审查方法。资格后审是评标工作的一个重要组成部分。

资格后审的方法是合格制，评标委员会对投标人进行资格审查，对资格后审不合格的投标人，评标委员会应否决其投标。

第二节 资格审查的程序

一、资格预审

1. 法律法规规章摘要

《招标投标法实施条例》

第十五条 公开招标的项目，应当依照招标投标法和本条例的规定发布招标公告、编制招标文件。

招标人采用资格预审办法对潜在投标人进行资格审查的，应当发布资格预审公告、编制资格预审文件。

依法必须进行招标的项目的资格预审公告和招标公告，应当在国务院发展改革部门依法指定的媒介发布。在不同媒介发布的同一招标项目的资格预审公告或者招标公告的内容应当一致。指定媒介发布依法必须进行招标的项目的境内资格预审公告、招标公告，不得收取费用。

编制依法必须进行招标的项目的资格预审文件和招标文件，应当使用国务院发展改革部门会同有关行政监督部门制定的标准文本。

第十六条 招标人应当按照资格预审公告、招标公告或者投标邀请书规定的时间、地点发售资格预审文件或者招标文件。资格预审文件或者招标文件的发售期不得少于5日。

招标人发售资格预审文件、招标文件收取的费用应当限于补偿印刷、邮寄的成本支出，不得以营利为目的。

第十七条　招标人应当合理确定提交资格预审申请文件的时间。依法必须进行招标的项目提交资格预审申请文件的时间，自资格预审文件停止发售之日起不得少于5日。

第十八条　资格预审应当按照资格预审文件载明的标准和方法进行。

国有资金占控股或者主导地位的依法必须进行招标的项目，招标人应当组建资格审查委员会审查资格预审申请文件。资格审查委员会及其成员应当遵守招标投标法和本条例有关评标委员会及其成员的规定。

第十九条　资格预审结束后，招标人应当及时向资格预审申请人发出资格预审结果通知书。未通过资格预审的申请人不具有投标资格。

通过资格预审的申请人少于3个的，应当重新招标。

第二十一条　招标人可以对已发出的资格预审文件或者招标文件进行必要的澄清或者修改。澄清或者修改的内容可能影响资格预审申请文件或者投标文件编制的，招标人应当在提交资格预审申请文件截止时间至少3日前，或者投标截止时间至少15日前，以书面形式通知所有获取资格预审文件或者招标文件的潜在投标人；不足3日或者15日的，招标人应当顺延提交资格预审申请文件或者投标文件的截止时间。

第二十二条　潜在投标人或者其他利害关系人对资格预审文件有异议的，应当在提交资格预审申请文件截止时间2日前提出；对招标文件有异议的，应当在投标截止时间10日前提出。招标人应当自收到异议之日起3日内作出答复；作出答复前，应当暂停招标投标活动。

第二十三条　招标人编制的资格预审文件、招标文件的内容违反法律、行政法规的强制性规定，违反公开、公平、公正和诚实信用原则，影响资格预审结果或者潜在投标人投标的，依法必须进行招标的项目的招标人应当在修改资格预审文件或者招标文件后重新招标。

第三十一条　招标人终止招标的，应当及时发布公告，或者以书面形式通知被邀请的或者已经获取资格预审文件、招标文件的潜在投标人。已经发售资格预审文件、招标文件或者已经收取投标保证金的，招标人应当及时退还所收取的资格预审文件、招标文件的费用，以及所收取的投标保证金及银行同期存款利息。

第三十六条　未通过资格预审的申请人提交的投标文件，以及逾期送达或者不按照招标文件要求密封的投标文件，招标人应当拒收。

招标人应当如实记载投标文件的送达时间和密封情况，并存档备查。

第三十七条　招标人应当在资格预审公告、招标公告或者投标邀请书中载明是否接受联合体投标。

招标人接受联合体投标并进行资格预审的，联合体应当在提交资格预审申请文件前组成。资格预审后联合体增减、更换成员的，其投标无效。

联合体各方在同一招标项目中以自己名义单独投标或者参加其他联合体投标的，相关投标均无效。

2. 业务实践

（1）编制资格预审文件。招标项目由招标人根据项目情况自行决定资格预审文件的格式内容，对依法必须进行招标的项目进行资格预审时，招标人应使用国务院发展改革部门会同有关行政监督部门制定的标准文本，并根据招标项目特点编制资格预审文件。

（2）编制、发布资格预审公告。工程项目资格预审公告主要包括招标条件、资金来源、项目概况、招标范围、资格要求、资格预审方法、资格预审文件的获取、发布公告的媒介、招标人联系方式和递交资格预审申请文件的截止时间和地点等内容。而货物或服务项目的资格预审公告应包括规模数量、技术规格、交货/服务方式等内容，在资格条件设置上也和工程项目有所区别。

资格预审文件应明确潜在投标人获取文件的地点；采用邮寄方式的，招标人应在公告中明确告知在收到相应邮寄费用后的寄送日期；采用电子招标投标的，潜在投标人从指定电子招标投标交易平台获取文件。

对于需进行资格预审的公开招标项目，招标人应当发布资格预审公告，依法必须进行招标的项目应当在国家指定的发布媒介上发布。

（3）资格预审文件的澄清、修改。招标人可以对已发出的资格预审文件进行修改，若其修改的内容将影响资格预审申请文件的编制，招标人应当在提交资格预审申请文件截止时间至少3日前通知潜在投标人，不足3日的应当顺延。

已获取资格预审文件的潜在投标人对文件有异议的，应当在提交资格预审文件截止时间2日前提出，招标人在收到异议起3日内回复，作出答复前应当暂停招标投标活动。

（4）编制、提交资格预审申请文件。资格预审文件发售期不得少于5日。依法必须进行招标的项目中，资格预审文件中规定的资格预审申请文件截止时间，自资格预审文件停止发售之日起不得少于5日，也就是说，在依法必须进行招标的项目中，潜在投标人编制资格预审文件的时间至少为5日。

潜在投标人获取资格预审文件后，应仔细研究资格预审文件内容，对含义不清楚、内容不明确、有错误遗漏的事项，可向招标人提出澄清要求。潜在投标人需按照资格预审文件的要求编制、签署、装订和密封资格预审申请文件，并在规定时间前完成资格预审申请文件的递交。向电子招标投标交易平台递交的文件，应当在资格预审申请文件递交截止时间前完成文件的传输递交。

电子模式下提交的资格预审申请文件是数据电文形式，潜在投标人使用投标文件编制工具或办公软件编制电子资格预审申请文件，递交前需进行加密。

（5）组建资格审查委员会。在国有资金占控股或主导地位的依法必须进行招标的项目中，招标人应依法组建资格审查委员会，资格审查委员会成员总数为5人以上单数，其中技术、经济等专家应不少于总人数的2/3。

（6）资格预审评审。招标人或资格审查委员会按照资格预审文件载明的标准和方法，对资格预审申请文件进行审查，资格预审方法有合格制和有限数量制两种。委员会确定通过的潜在投标人名单后，应提交书面审查报告。如果通过资格评审的潜在投标人不足3人，招标人可以重新组织资格预审或直接发布招标公告。

（7）向通过资格预审的潜在投标人进行确认。招标人向通过资格预审的潜在投标人发出投标邀请书，潜在投标人向招标人确认是否参加投标。招标人还应向未通过资格预审的潜在投标人发出结果通知，但招标人不应公布通过资格预审的潜在投标人名单。

3. 精选问答

（1）Q：资格预审的项目能否规定投标人通过资格预审后必须参加投标，防止出现通过资格预审的有3家而开标时不足3家的情况而导致招标周期的延长？

A：不可以。

招标投标本质是一种市场主体的经营行为，潜在投标人有权自主决定是否参与投标。

资格预审主要适用于潜在投标人数量众多的项目，用来调控有权正式参与投标的投标人数量。这就要求招标人在编制资格预审文件时首先要做出判断，其次要合理设置通过资格预审的数量，以保证项目的合理充分的竞争性。

招标人有义务将资格预审结果通知资格预审申请人，通过资格预审的申请人根据招标项目以及正式招标文件决定是否参与投标。而未通过资格预审的申请人则丧失投标的权利，也就是说通过资格预审获得的是投标的权利，而非义务，通过资格预审的申请人不必须参加投标。

（2）Q：评标时发现投标人提交的投标业绩数量与资格预审时提交的资格预审业绩数量不一致可以否决其投标吗？

A：如果招标文件没有明确约定"投标业绩必须与资格预审业绩一致"则不可以否决其投标。因为，资格预审的业绩是用来评判潜在投标人是否可以通过资格预审的，只要潜在投标人通过了资格预审，获得了正式投标的资格，正式准备投标文件时提供的业绩可以与预审材料不同，这个不同不仅包括数量上的不同，也包括内容上的不同。正式投标文件中的业绩是用来评标的，评标委员会对业绩的评标应当以正式投标文件业绩为准，不能由于业绩数量增加或者替换了更好的业绩而否决其投标。

同时，投标人也需要注意：在资格预审环节提供过业绩证明材料并且通过资格预审，并不意味着在正式投标时就可以不用再提供业绩证明材料了。因为评标委员会评审的对象是投标文件而非资格预审申请文件，即便招标文件没有约定业绩作为资格条件，但投标文件里没有业绩，其业绩得分也只能是0分。

二、资格后审

1. 业务实践

资格后审是评标工作的一个重要部分，在初步评审阶段由评标委员会进行评审。评标委员会审查投标文件应遵守相关法律法规，对比招标文件的资格要求，对投标文件进行合格性审查。

资格后审的内容包括营业执照、安全生产许可证、资质等级、财务要求、业绩要求、联合体投标、制造商授权、关联关系等。资格后审与预审相同的是，投标文件中任何一项评审不合格即视为资格审查不合格。

资格预审和资格后审的区别主要存在于审查时间、评审人、评审对象方面，各有优缺点，具体情况如表4-1所示。

表4-1 资格预审和资格后审的区别

	资格预审	资格后审
审查时间	在发售招标文件之前	开标后的评标阶段
评审人	招标人/资格审查委员会	评标委员会
评审对象	资格预审申请文件	投标文件中的资格审查文件部分
审查方法	合格制或有限数量制	合格制
优点	减少评标工作量、评标时间和费用，分步缓解矛盾，提高评标质量，降低投标的社会成本	避免招标投标双方资格预审的环节和费用，缩短招标投标过程，有利于增强投标的竞争性，预防串标
缺点	延长招标过程，增加招标投标双方预审的费用	增加投标的社会成本和评标工作，投标盲目和轻视，矛盾集中，评标和定标困难
适用范围	大型、技术复杂，或潜在投标人数量较多的项目	小型、技术简单，投标文件编制费用较少或潜在投标人数量不多的项目

2. 精选问答

（1）Q：评标过程中，投标人某项投标资质被行政部门从甲级降为乙级，评标应该如何处理？

A：投标人在递交投标文件后其资质等级由甲级被降低为乙级，评标委员会在评标时应当依据其现有资质等级进行评价：按照法律或招标文件规定投标人必须具备甲级资质的，应将该投标人的投标予以否决；乙级资质亦符合法律和招标文件资质要求的，可按照招标文件规定的评标办法评审。

如果评标时未对上述情况做出处理，而招标人认为可能影响其履约能力的，有权在发出中标通知书前，组织原评标委员会要求中标候选人提供新的书面材料，并按照招标文件规定的标准和条件审查，目的是确保中标人具备履约能力。

（2）Q：已经设置资格预审程序的项目，评标委员会还需要对投标人资格进行再次审查吗？

A：资格预审和资格后审都是资格审查的方式，已进行资格预审的，开标后一般不再组织资格后审。已经通过资格预审的投标人就意味着其资格条件符合招标文件要求，评审中不需要重新组织资格审查，以缩短评标时间，提高评标效率。当然，如果投标人资格情况发生变化，投标人应书面告知招标人，评标委员会按照规定的资格条件标准对该投标人重新审查。

第三节 资格条件的设置

一、设置资格条件的注意事项

招标人在设置资格条件时应注意国家对于投标资格的限定要求、特定行业的许可制度和项目的实际需要,常见的注意事项如下:

(1) 投标人的资格条件应该准确、清晰、无歧义,避免提出概念含糊、模棱两可、无法衡量的要求。

(2) 法律规定与招标人有利害关系可能影响公正的法人、其他组织或个人不得参加投标;单位负责人为同一人或存在控股、管理关系的不同单位,不得参加同一标段投标或未划分标段的同一招标项目投标。

(3) 工程建设项目货物招标中,法定代表人为同一人的两个或两个以上的母公司、全资子公司及其控股公司,都不得在同一货物招标项目同时投标;一个制造商同一品牌、同一型号的货物仅能委托一个代理商参加投标。

(4) 资格预审文件或招标文件中设定的资格条件,如申请人/投标人资质、业绩、信誉等,应符合招标项目的实际特点和履约要求。

(5) 在选取国家机关、行业协会或第三方颁发的资格作为资格条件时,如行政许可证、市场准入证、批准文号、信用信誉证明、产品检测认证证书等,招标人应注意不要歧视和排斥潜在投标人。

(6) 招标人可根据实际需要,选择国际公认的标准作为资格条件,如 ISO9001、FDA(食品与药物管理)认证、CE(安全合格标志)认证等。

二、工程施工投标资格

1. 投标人资质条件

工程施工项目中的投标人应具有工程施工资质和等级标准,而招标人应根据相关法律法规、行业标准和项目特点,合理设定投标人资格审查条件。以下是建筑业企业资质序列:

(1) 施工总承包资质。具备资质的企业可承接施工总承包工程;对施工总承包工程中的各项专业工程可全部自行施工,也可将其中的专业工程和劳务作业分包给有相应资质的企业。

施工总承包资质共划分为建筑工程、公路工程、水利水电工程等 12 个类别,其中通信工程和机电工程分为一级、二级、三级三个等级,其余 10 个类别划分为特级、一级、二级、三级四个等级。

（2）专业承包资质。具备资质的企业可承接施工总承包企业依法分包的专业工程和发包单位依法发包的专业工程；可对承接的工程全部自行施工，也可将劳务作业依法分包给有相应资质的企业。

专业承包资质共划分为 36 个类别。

（3）施工劳务资质。具备资质的企业可承接施工总承包资质企业或专业承包资质企业依法分包的劳务作业。

施工劳务资质不划分类别和等级。

2. 投标人类似项目业绩

工程施工项目资格审查中要求的投标人类似项目业绩，是指投标人承接过的与本招标项目在规模、功能、结构、质量等方面相同或类似的项目业绩。在设置业绩条件时，招标人应注意不得以不合理的条件限制、排斥潜在投标人，如以特定的行政区域或特定行业项目作为资格审查业绩项。

3. 投标人财务状况

对投标人财务状况的审查一般审查其会计报表，如资产负债表、利润表和现金流量表，分析判断其可用资金、获利能力、偿债能力等财务指标，其目的是保证投标人处于正常的经营状态，能够为招标项目提供足够的流动资金。

4. 投标人信誉

投标人信誉主要分析投标人的履约信用，包括银行资信和市场信誉。银行资信证明、违法犯罪记录、有关行政处罚等信息都是可证明投标人信誉的材料。另外，招标人可以选取部分企业奖项作为投标人信誉证明，如重合同守信用企业奖，但选取时应谨慎，避免使用特定行政区域或特定行业的奖项，否则可能涉嫌歧视或排斥潜在投标人。

在电子采购中，电子招标投标交易平台可与国家企业信用信息公示系统、企查查、天眼查等网站对接，自动查询投标人信用信息，为资格审查带来便利。

三、货物投标资格

1. 投标人资格条件

在货物招标投标项目中，投标人资格条件的表现形式为国家强制性要求和招标文件自设要求。国家强制性要求是国家根据相关法律政策对企业设置的行政许可，如行业准入许可、资质证书等；招标文件自设要求是招标人根据项目实际情况自行设置的条件。以下是招标投标中常用的投标人资格条件：

（1）国家强制要求。

1）安全生产许可证，针对生产烟花爆竹、危险化学品、民用爆破器材企业的安全生产许可制度。

2）生产许可证，针对工业产品、特种设备、医疗器械、药品等关系国家秘密、人体健康、财产安全、通信安全产品的生产许可制度。

3）经营许可证，针对医疗器械、药品经营企业的经营许可制度。

4）其他资质证书，例如针对信息行业，常用"涉及秘密的计算机系统集成资质"等。

（2）招标人自设要求。

1）管理体系第三方认证。货物招标投标中常用 ISO9001 质量管理体系认证、ISO14001 环境管理体系认证等。

2）类似项目业绩、财务状况、投标人信誉等指标。货物招标项目同工程施工项目投标资格中的指标作用一致。

2. 货物标准要求

招标文件对货物标准的要求同样分为国家强制要求和招标人自设要求两类。国家强制要求一般有强制认证、注册备案、批准文号等；招标人自设要求一般为第三方检测认证。常用的货物标准要求如下：

（1）国家强制要求。

1）强制认证，针对涉及人体健康、环境保护、公共安全、检验检疫等方面的强制认证制度。

2）医疗器械注册证、备案证。

3）药品批准文号。

4）计量证书，针对涉及计量器具制造的企业。企业进行计量器具的生产、销售，必须经计量行政部门审批通过并颁发计量证书。

（2）招标人自设要求。

1）第三方产品检验。对于复杂的仪器、设备、信息系统等，招标人可要求投标人提供第三方机构的产品检验证书，以保证其质量。

2）第三方产品认证。例如，电子招标投标交易平台在正式上线之前，应通过检测认证，保证其可用性、安全性等，检测认证证书由国家认可的第三方机构颁发。

四、服务投标资格

工程建设中的服务项目常指工程勘察、工程设计、工程监理等项目，非工程建设的服务项目有信息化系统实施、顾问咨询、法律服务和物业服务等项目，与工程施工和货物投标项目类似，其资格条件也包含投标人资质、项目组成员能力要求、技术要求、投标人信誉等方面。

1. 投标人资质

（1）工程勘察资质。工程勘察资质分为工程勘察综合资质、工程勘察劳务资质、工程勘察专业资质三类。其中，工程勘察综合资质只设甲级；工程勘察劳务资质不分等级；工程勘察专业资质有甲、乙或甲、乙、丙两种分级方式，具体分级情况依照国家规定。

（2）工程设计资质。依据《工程设计资质标准》，工程设计资质分为工程设计综合资质、工程设计行业资质、工程设计专业资质和工程设计专项资质。工程设计综合资质只设甲级，工程设计行业资质和工程设计专业资质设甲、乙两级，工程设计专项资质根据需要设置等级。

（3）工程监理企业资质。工程监理企业资质分为综合资质、专业资质和事务所资质。综合资质只设甲级，事务所资质不分等级，专业资质原则上分为甲、乙、丙三级。

（4）非工程建设服务项目资质。非工程建设项目一般无专项资质条件，招标人一般会根据项目特点以质量管理体系 ISO9001、软件著作权、类似项目业绩、未被列入失信被执行人等条件作为投标人资格。

2. 招标人自设要求

（1）类似项目业绩、财务状况、投标人信誉等。工程勘察、设计、监理招标项目同工程施工项目投标资格中的指标作用一致。

（2）项目组成员能力。在服务项目中，招标人一般通过对项目团队成员的数量、专业、工作年限、职称、项目资历与业绩等方面的要求，保证合格申请人或投标人的质量。

（3）技术装备。在工程勘察项目中，投标人需要配备勘察所需的机械设备、精密仪器。

第四节　案例与习题

一、案例

某地一预算为 600 万元的政府投资工程施工项目采用招标方式择选承包商，其中资格审查方式为资格预审。招标人在中国政府采购网和当地影响力最大的报刊上发布了资格预审公告。公告中规定资格预审申请文件的递交截至 9 月 4 日上午 9:00，递交地点在当地某宾馆 901 房间。此外，资格预审文件中还要求申请人同时递交 3 份纸质文件和 1 份以 U 盘形式单独密封的电子版文件。

9 月 4 日上午 8:30，招标人如期在 901 房间接收资格预审申请文件。由于申请人过多，到 9:00 时，仍有 3 家企业在 901 房间排队递交申请文件，未在申请文件递交签字表上签字。此时，又有 1 家企业联系招标人，称因路上堵车，已经到达酒店门口，并于 9:02 到达 901 房间。经现场协商，全体已递交文件的申请人和招标人均同意接收 4 家企业的资格预审申请文件。

资格预审申请文件递交时间截止后，招标人组建了资格预审委员会。其中招标人代表

2人，代理机构代表1人，从政府评标专家库中抽取的专家4人。

由于时间紧张，招标人没有认真检查最后1家申请人的文件密封情况。在拆封标书的过程中发现，该企业将纸质文件和U盘密封在同一个包装袋内。经资格审查委员会判定，该申请人递交的文件不符合资格预审文件的要求，为无效资格预审申请文件。

同时，资格预审委员会在对资格预审申请文件进行初步审查的时候，发现有1家申请人使用的施工资质为其子公司资质，还有1家联合体申请人的其中1个成员又单独提交了1份资格预审申请文件，审查委员会认为这3家申请人不符合法律规定，不能通过初步审查。

在详细审查中，资格预审委员会发现有1家申请人未提供资格预审文件要求的承诺函，为确保在拆封标书过程中未遗漏文件，于是要求申请人在规定时间内澄清有无提交承诺函。在规定的时间内，该申请人递交了澄清文件，澄清内容为该承诺函内容，资格审查委员会经过审查，承认该澄清文件有效。

问题：
在该项目资格审查的程序中，存在哪些不妥之处？

二、练习

1. 选择题

（1）某工程施工招标，由评标委员会负责资格审查，这种资格审查方法属于(　　)。
A. 资格后审并实施合格性评审
B. 资格后审并实施有限数量评审
C. 资格预审有限数量制
D. 资格预审合格制

（2）资格预审采用有限数量制方法评审的，当通过详细审查的申请人没有达到资格预审申请文件规定的数量但不少于3个的，(　　)。
A. 均通过资格预审，不再进行评审
B. 均通过资格预审，不再进行排序
C. 均通过资格预审，不再进行评分
D. 招标人应当重新组织资格预审或者采用资格后审方式直接招标

（3）根据《招标投标法》，关于合格投标人的资格和条件，下列说法正确的是(　　)。
A. 合格投标人只能是法人和其他组织
B. 法人购买招标文件后即成为投标人
C. 国家对不同行业及不同主体的投标人资格条件的规定相同
D. 合格投标人除符合国家规定的资格条件外，还应结合具体项目的特别要求

（4）下列关于资格预审的说法正确的是（　　)。
A. 采用资格预审的项目，招标人必须组建资格审查委员会审查资格预审申请文件

B. 资格审查委员会可以要求申请人对资格预审申请文件中含义不明确的内容进行口头澄清

C. 申请人在资格预审申请文件中的建造师执业资格证书彩色复印件不清晰，资格审查委员会可以要求申请人递交该证原件进行核验

D. 申请人在资格预审申请文件中的营业执照过期，资格审查委员会可以要求申请人递交更新的营业执照副本原件并以此依据进行评审

（5）（　　）在进行资格预审时必须组建资格审查委员会。

A. 依法必须进行招标的项目

B. 国有资金占控股或主导地位的依法必须进行招标的项目

C. 凡设置资格预审环节的项目

D. 国有资金占控股或主导地位的公开招标项目

2. 问答题

（1）请简述资格预审所采用的两种筛选方式。

（2）资格预审与资格后审的区别体现在哪些方面？

第五章 招 标

◇ 引导案例

20××年5月,某市政府采购中心受采购人的委托,就采购人所需服务器及存储备份设备进行公开招标。5月4日,该市政府采购中心发布招标公告,并同时发售招标文件。5月27日上午9:30,开评标活动如期进行,共有A、B、C、D 4家公司参与投标。这4家公司的投标报价分别为:A公司354万元、B公司312万元、C公司375万元、D公司360.5万元。经过评标委员会评审,C公司中标。该市政府采购中心于5月30日发布了中标公告。

由于C公司投标报价高出B公司投标报价63万元,B公司对评标结果不服,提出质疑。B公司质疑称:此次采购的中标价格高于市场平均价,评标委员会没有严格按照招标文件规定的评分标准和各投标公司的投标文件响应情况进行比较打分。政府采购中心答复称:本项目采用综合评分法进行评审,价格不是唯一的决定因素,C公司因综合实力较强,故综合评分最高,评标委员会严格按照招标文件规定的评分标准和各投标公司的投标文件响应情况进行比较打分,C公司中标完全合法合规。B公司对政府采购中心的质疑答复不满意,又向财政部门提出了投诉。

◇ 案例解析

本案争议的焦点是,评标委员会是否严格按照招标文件规定的评分标准和各投标人的投标文件响应情况进行了比较打分。因此,财政部门调取了本项目的招标文件、投标文件、评标材料和质疑材料等。调查发现:根据招标文件,此项目采用综合评分法进行评审,技术、商务、价格所占的分值权重分别是30%、30%、40%。其中技术分的评审因素包括指标响应程度、品牌数量、产品可靠性、品牌知名度及市场占有率。商务标的评审因素包括商务响应程度、投标人信誉度、投标人实力、售后服务。每项评标因素按优、良、一般分为三档,并分别设定了分值范围。但招标文件并没有规定上述各评审因素的评标标准,即没有明确的打分标准。在评标过程中,由于没有详细的评标标准,评标打分表显示,各评委打分出入很大。

本案产生的根源在于,采购人和采购代理机构编制的招标文件不够清晰准确,尤其是评标标准规定模糊。招标文件是政府采购活动中十分重要的文件，招标文件中的评标标准更是重中之重，它直接影响评标委员会能否客观、准确地对投标人做出评价，进而选择出最满足招标文件要求的投标人。因此，采购人和采购代理机构在编制招标文件时应认真、细致，对招标文件中评标标准的设置应该清楚、准确、详细，以便评标委员会能够按照统一明确的标准对投标人进行评价。本案中，由于招标文件中只对各评审因素按优、良、一般分为三档，并分别设定了分值范围，但并没有量化上述各评审因素的评标标准，即没有明确的打分标准，导致了在评标过程中各评委按照自己的主观理解进行打分，同一评分项的分值差距很大，最终造成投诉事项的发生。

资料来源：易招标学苑（经整理）。

◇ **案例涉及主要知识点**

评标办法的设置要求

◇ **学习导航**

- 掌握招标文件的内容构成
- 掌握招标公告的发布、招标文件的发出，招标文件的澄清、修改
- 思考低价优先原则对于择选中标人的利弊

◇ **教学建议**

- 备课要点：招标文件的构成、招标文件的编制、招标公告的发布方式与渠道、招标文件的澄清与修改
- 教授方法：案例、讲授、实证、启发式
- 拓展知识领域：关于低价中标的思考

第一节 招标文件

一、概述

招标文件是招标人为开展招标投标活动，向潜在投标人发出的要约邀请。招标文件中阐述了招标项目的需求概况、技术要求、招标投标活动的开展规则、合同条件等。对招标投标参与各方均具有法律约束力。

招标文件通常由以下几部分构成：

第一章　招标公告/投标邀请书
第二章　投标人须知
第三章　评标办法

第四章 合同条款
第五章 技术标准及要求
第六章 投标文件格式
第七章 工程量清单（适用于施工项目）
第八章 图纸（如有）

二、招标公告/投标邀请书

1. 法律法规规章摘要

《招标投标法》
第十六条 招标人采用公开招标方式的，应当发布招标公告。依法必须进行招标的项目的招标公告，应当通过国家指定的报刊、信息网络或者其他媒介发布。

招标公告应当载明招标人的名称和地址、招标项目的性质、数量、实施地点和时间以及获取招标文件的办法等事项。

第十七条 招标人采用邀请招标方式的，应当向三个以上具备承担招标项目的能力、资信良好的特定的法人或者其他组织发出投标邀请书。投标邀请书应当载明本法第十六条第二款规定的事项。

第十八条 招标人可以根据招标项目本身的要求，在招标公告或者投标邀请书中，要求潜在投标人提供有关资质证明文件和业绩情况，并对潜在投标人进行资格审查；国家对投标人的资格条件有规定的，依照其规定。

招标人不得以不合理的条件限制或者排斥潜在投标人，不得对潜在投标人实行歧视待遇。

《招标投标法实施条例》
第十五条 公开招标的项目，应当依照招标投标法和本条例的规定发布招标公告、编制招标文件。

招标人采用资格预审办法对潜在投标人进行资格审查的，应当发布资格预审公告、编制资格预审文件。

依法必须进行招标的项目的资格预审公告和招标公告，应当在国务院发展改革部门依法指定的媒介发布。在不同媒介发布的同一招标项目的资格预审公告或者招标公告的内容应当一致。指定媒介发布依法必须进行招标的项目的境内资格预审公告、招标公告，不得收取费用。

第三十七条 招标人应当在资格预审公告、招标公告或者投标邀请书中载明是否接受联合体投标。

招标人接受联合体投标并进行资格预审的，联合体应当在提交资格预审申请文件前组成。资格预审后联合体增减、更换成员的，其投标无效。

联合体各方在同一招标项目中以自己名义单独投标或者参加其他联合体投标的，相关投标均无效。

《招标公告和公示信息发布管理办法》(国家发展改革委令第10号)

第三条 依法必须进行招标的项目的招标公告和公示信息,除依法需要保密或者涉及商业秘密的内容外,应当按照公益服务、公开透明、高效便捷、集中共享的原则,依法向社会公开。

第五条 依法必须进行招标的项目的资格预审公告和招标公告,应当载明以下内容:

(一)招标项目名称、内容、范围、规模、资金来源;

(二)投标资格能力要求,以及是否接受联合体投标;

(三)获取资格预审文件或招标文件的时间、方式;

(四)递交资格预审文件或投标文件的截止时间、方式;

(五)招标人及其招标代理机构的名称、地址、联系人及联系方式;

(六)采用电子招标投标方式的,潜在投标人访问电子招标投标交易平台的网址和方法;

(七)其他依法应当载明的内容。

第八条 依法必须进行招标的项目的招标公告和公示信息应当在"中国招标投标公共服务平台"或者项目所在地省级电子招标投标公共服务平台(以下统一简称"发布媒介")发布。

第十条 拟发布的招标公告和公示信息文本应当由招标人或其招标代理机构盖章,并由主要负责人或其授权的项目负责人签名。采用数据电文形式的,应当按规定进行电子签名。

招标人或其招标代理机构发布招标公告和公示信息,应当遵守招标投标法律法规关于时限的规定。

2. 业务实践

招标公告或投标邀请书是招标文件的一部分,通常出现在招标文件的第一章,其主要阐述项目概况和招标投标活动开展的关键信息。

(1)招标公告。采用公开招标方式进行的项目,招标人应当在公开的媒介上发布招标公告,吸引潜在投标人前来获取招标文件。依法必须进行招标的项目的招标公告,应当采用国家发展改革委会同有关部门编制的标准文本,并在指定的发布媒介公布,招标公告通常包含如下内容:

1)招标项目名称、内容、范围、规模、资金来源。这部分内容是对项目基本概况的介绍,便于潜在投标人了解项目的主要标的物与实施范围。

①项目的名称,通常以"招标人名称+标的物+采购方式"进行命名。例如,某地疾控中心对一批破伤风免疫球蛋白进行招标采购,项目名称为某疾病预防控制中心破伤风免疫球蛋白招标项目。规范的项目名称有助于帮助潜在投标人快速检索和理解招标公告。

②项目内容、范围,主要介绍项目的基本情况,如果是建筑物的扩建、改建施工项目则包含该项目的地理位置、水文、交通等施工条件,施工面积和该建筑物的结构、质量要求、工期等;如果是货物招标则包含货物的品名、包装、规格、数量、技术要求及标准等

主要内容；如果是服务招标则是对服务标的物的详细描述及完成时间等。

③项目规模，通常是指招标人计划投入的总预算。

④项目资金，包括资金性质、出资比例、资金落实情况等，是必须落实的招标条件之一。资金性质通常分为财政性资金、企业自筹资金等，是判断招标项目是受招标投标法体系约束还是政府采购法体系约束的条件之一。此外，明确资金来源在于保障该项目的实施具备相应的资金条件，也有助于帮助潜在投标人判断招标项目的风险，调动投标积极性。

2）投标资格能力要求以及是否接受联合体投标。

①投标资格能力要求，是指为满足该项目要求，投标人必须具备的资质条件，潜在投标人可以据此判断是否有参与本项目投标的能力。同时，招标公告中也会明确是否接受联合体投标。

资格能力要求的设置详见资格审查章节。

②联合体投标，是指市场主体为了承揽不适于自己单独承包的项目而与其他主体联合，以一个投标人的身份去投标的行为。《招标投标法》规定组成联合体的市场主体只能是法人和其他组织，而《政府采购法》第二十四条第一款规定自然人、法人和其他组织均可组成联合体。法律赋予招标人是否接受联合体投标的权利，但招标人不得强制投标人组成联合体共同投标。

投标人组成联合体进行投标的，应当在投标文件中附联合体协议书，其中明确联合体各方的分工与责任等；联合体各方均应当具备承担招标项目的相应能力，国家有关规定或招标文件中对投标人资格条件有规定的，联合体各方成员应当具备规定的相应资格条件。当联合体成员中存在多个同一专业的单位成员时，按照资质较低的单位确定资质等级。

联合体中标的，联合体各方应当共同与招标人签订合同，就中标项目向招标人承担连带责任。招标人不得强制投标人组成联合体共同投标，不得限制投标人之间的竞争。

联合体各方在同一招标项目中以自己名义单独投标或者参加其他联合体投标的，相关投标均无效。

3）获取招标文件的时间、方式。招标公告和投标邀请书中会明确潜在投标人获取招标文件的时间和方式，根据《招标投标法实施条例》规定，招标文件的发售期不得少于5日。在纸质模式下，潜在投标人可以通过现场购买或邮寄的方式获取招标文件；在电子招标投标模式下，潜在投标人登录电子招标投标交易平台购买或直接下载电子招标文件。

4）递交投标文件的截止时间、方式。招标公告和投标邀请书中也会明确递交投标文件的截止时间及方式，以确保潜在投标人能够判断是否有充足的时间编制投标文件、参与招标项目竞争。依法必须进行招标的项目，自招标文件开始发出之日起至投标人提交投标文件截止之日止，最短不得少于20日。其他招标项目，招标人应当按照项目特点确定合理的编制时间。

在纸质模式下，通常需要注明递交投标文件的时间、地点及开标相关事项；在电子招标投标模式下，投标人登录电子招标投标交易平台在线递交电子投标文件，招标公告中需注明递交时间、方式及参与开标事项等。

5）招标人及其招标代理机构的名称、地址、联系人及联系方式。招标公告和投标邀请书中应当注明招标人及其招标代理机构的名称、地址、联系人及联系方式，一是标注公告出处来源，二是便于潜在投标人就获取标书、参与投标等事宜联系招标人或招标代理机构。

6）采用电子招标投标方式的，潜在投标人访问电子招标投标交易平台的网址和方法。在电子招标投标模式下，潜在投标人须在该项目所在的电子招标投标交易平台进行注册、登记，方可获取招标文件。因此，招标公告或投标邀请书中应当注明访问电子招标投标交易平台的网址和方法，以及获取招标文件的具体方式。

7）其他依法应当载明的内容。此外，招标公告中还应注明公告发布的媒介、招标文件售价等信息。

（2）投标邀请书。投标邀请书适用于邀请招标项目或者采用资格预审方式的项目。投标邀请书可代替资格预审合格通知书发送给特定的潜在投标人。投标邀请书和招标公告的内容基本相同，但因其无须在公共媒介发布，因此不存在发布媒介等内容。通常，投标邀请书中会附确认回执，潜在投标人收到投标邀请书后决定参与该项目投标的，可填写回执并发送给招标人或招标代理机构，确认参与项目并索要招标文件。

三、投标人须知

1. 法律法规规章摘要

《招标投标法》

第十九条　招标人应当根据招标项目的特点和需要编制招标文件。招标文件应当包括招标项目的技术要求、对投标人资格审查的标准、投标报价要求和评标标准等所有实质性要求和条件以及拟签订合同的主要条款。

国家对招标项目的技术、标准有规定的，招标人应当按照其规定在招标文件中提出相应要求。招标项目需要划分标段、确定工期的，招标人应当合理划分标段、确定工期，并在招标文件中载明。

第二十条　招标文件不得要求或者标明特定的生产供应者以及含有倾向或者排斥潜在投标人的其他内容。

第三十条　投标人根据招标文件载明的项目实际情况，拟在中标后将中标项目的部分非主体、非关键性工作进行分包的，应当在投标文件中载明。

2. 业务实践

投标人须知的主要作用是告知投标人招标投标活动的开展规则以及投标人的权利义务与责任，其中包含招标项目概况、费用承担、语言文字、分包，招标文件和投标文件的组成，投标文件的编制、密封与包装、递交，开标、评标和定标程序，异议、投诉等。为了便于投标人快速获取关键信息，通常将投标人须知中的重要内容和数据摘录出来，形成投标人须知前附表。同时，招标文件中应约定投标人须知前附表与正文内容不一致的，以前附表为准。

（1）投标人不得存在的有关情形。为维护招标投标活动的公平竞争，确保投标人具备合同履约能力，除约定投标人资格条件外，投标人须知中还会列明投标人不得存在的有关情形。投标人存在这些情形的，将会被否决投标。

在《标准设备采购招标文件》（2017年版）中，关于投标人不得存在的有关情形如下：

1）与招标人存在利害关系且可能影响招标公正性；
2）与本招标项目的其他投标人为同一个单位负责人；
3）与本招标项目的其他投标人存在控股、管理关系；
4）与本招标项目其他投标人代理同一个制造商同一品牌同一型号的设备投标；
5）为本招标项目提供过设计、编制技术规范和其他文件的咨询服务；
6）为本工程项目的相关监理人，或者与本工程项目的相关监理人存在隶属关系或者其他利害关系；
7）为本招标项目的代建人；
8）为本招标项目的招标代理机构；
9）与本招标项目的监理人或代建人或招标代理机构同为一个法定代表人；
10）与本招标项目的监理人或代建人或招标代理机构存在控股或参股关系；
11）被依法暂停或者取消投标资格；
12）被责令停产停业、暂扣或者吊销许可证、暂扣或者吊销执照；
13）进入清算程序，或被宣告破产，或其他丧失履约能力的情形；
14）在最近三年内发生重大产品质量问题（以相关行业主管部门的行政处罚决定或司法机关出具的有关法律文书为准）；
15）被工商行政管理机关在全国企业信用信息公示系统中列入严重违法失信企业名单；
16）被最高人民法院在"信用中国"网站（www.creditchina.gov.cn）或各级信用信息共享平台中列入失信被执行人名单；
17）在近三年内投标人或其法定代表人、拟委任的项目负责人有行贿犯罪行为的（以检察机关职务犯罪预防部门出具的查询结果为准）；①
18）法律法规或投标人须知前附表规定的其他情形。

（2）分包。投标人须知中需明确本招标项目是否允许分包。允许分包的，招标文件中应当明确可以分包的工作内容、分包经过的程序等，投标人可以据此将非关键性、非主体工作分包给他人，但必须在投标文件中载明相关内容。招标文件不允许分包的，投标人不能分包给他人。招标项目不允许转包。

（3）投标有效期。招标投标设定的投标有效期是指为保证招标人有足够的时间在开标后完成评标、定标、合同签订等工作而要求投标人提交的投标文件在一定时间内保持有效的期限。投标有效期从投标人提交投标文件截止之日起计算。

投标有效期一方面起到了约束投标人在投标有效期内不能随意更改和撤销投标的作用，也就是说，在投标有效期截止前，投标人必须对自己提交的投标文件承担相应法律责

---

① 自2018年8月1日起，全国检察机关停止开展行贿犯罪档案查询工作，并统一关闭行贿犯罪档案查询系统。

任。另一方面也促使招标人加快评标、定标和签约过程，从而保证投标人的投标不至于由于招标人无限期拖延而增加投标人的风险。因为投标人的报价考虑了一定时期内的物价波动风险，一旦超过投标人考虑的时间段，风险将大大增加。由此来看，投标有效期对招标人和投标人双方都起到了保护和约束的作用。

**拓展阅读：想了解更多延伸知识吗？
扫描二维码即可阅读哦！**

（4）投标保证金。投标保证金是招标人在招标文件中载明、要求投标人出具的，以一定金额表示的投标责任担保。一般情况下，投标人应当在招标文件规定的截止时间前向招标人递交投标保证金，相关凭证应随投标文件递交。递交投标保证金的目的是约束投标人，防止因投标人随意撤销投标文件，或中标后不递交履约保证金、不签订合同等行为给招标人造成损失。

投标保证金的金额应符合法规政策和招标文件规定。《招标投标法实施条例》规定，招标人在招标文件中要求投标人提交投标保证金的，投标保证金不得超过招标项目估算价的2%。招标文件对递交的投标保证金金额有规定的，不得低于招标文件规定的金额。

投标保证金常见的形式有现金、银行本票、银行汇票、支票和银行保函等，也可以是招标文件中确定的其他合法担保形式。依法必须进行招标的项目，境内投标人以现金或支票的形式递交的投标保证金，应当从投标人的基本账户转出。

此外，部分省市区已经在推行与投标保证金有相同效力、更能减轻投标人资金压力的保险保函，它是保险机构向招标人提供的保证投标人履行投标阶段（至订立合同为止）法定义务的保险，投保人为投标人，被保险人为招标人。

（5）费用。主要是约定投标人在投标过程中产生的费用由谁承担。通常，招标文件中会明确，投标人自行承担准备和参加投标活动发生的费用，无论投标过程和结果如何，招标代理机构和招标人在任何情况下均无义务和责任承担这些费用。

招标投标活动结束后，如招标文件中约定由中标人承担招标代理服务费，则中标人应当按照招标文件中约定的标准向招标代理机构缴纳招标代理服务费。

（6）保密。因招标文件和投标文件中均涉及招标投标活动当事人的详细情况，如投标企业的财务状况、盈利能力、技术能力等，则招标文件中通常约定参与招标投标活动的各方应对招标文件和投标文件中的商业和技术等秘密保密，否则应承担相应的法律责任。

（7）语言和计量单位。招标文件中会约定招标投标活动当事人的往来文件采用的语言，国内招标的项目一般约定招标投标文件使用的语言文字为中文，其中专用术语使用外文的应附有中文注释。机电产品国际招标的项目，招标文件一般为中、英文版本，其中约定，对同一内容中英文表述不一致的，以中文为准。

（8）投标货币。指投标过程中所使用的货币，主要涉及购买招标文件、图纸押金、投标报价和招标代理服务费等环节。国内招标的项目一般以人民币作为指定币种，招标文件等均以人民币进行标价，投标报价币种为人民币。

机电产品国际招标项目除可以用人民币缴纳招标文件、投标保证金、代理服务费等费用外，还可以接受美元等外国货币。其中，常用的投标报价币种有美元、欧元、日元、英镑等。

（9）备选投标方案。对于可以采用多种技术实现方式的项目，招标人可以在文件中规定接受备选投标方案，以对比、择选最优的技术和报价方案。

招标文件允许投标人提交备选投标方案的，投标人可以随投标文件一起提交备选投标方案，但只有中标人的备选投标方案可予以考虑。如果评标委员会认为投标人的备选投标方案优于其按照招标文件编制的投标方案的，招标人可以接受备选投标方案。

拓展阅读：想了解更多延伸知识吗？
扫描二维码即可阅读哦！

（10）最高投标限价。最高投标限价是指招标人在招标文件中明确表示能够接受的投标人最高限度的投标报价，高于最高投标限价的投标报价将被否决。招标人也可以在招标文件中明确最高投标限价的计算方法，但不得规定最低投标限价。

（11）标底。这是招标人组织专业人员为准备招标的工程或其他标的物计算出的一个合理的基本价格，标底的设置能够帮助招标人分析不合理报价或低于成本的报价。

招标人可以自行确定是否编制标底，但一个招标项目只能有一个标底，标底在公布前必须保密。为保证招标项目的公正性，接受委托编制标底的中介机构不得参加受托编制标底项目的投标，也不得为该项目的投标人编制投标文件或者提供咨询。

标底应当在开标时公布，但仅能作为评标的参考，招标文件不得规定以接近标底为中标条件，也不得规定投标报价超出标底上下浮动范围作为否决投标的条件。

（12）价格调整与修正原则。为了避免投标报价的算术性错误、缺漏项导致投标价格的比较出现偏差，投标人须知中会规定本项目评标过程中关于投标报价的调整与修正原则。一般招标项目通常只对投标报价的算术性错误、缺漏项进行修正，常用方式如下：

1）算术性错误的修正原则。评标委员会在初审时将检查其报价是否有算术错误，对价格的算术错误按下述原则修正。

①如果总价与分项价不符，以分项价为准修正总价；

②如果单价与分项价不符，以单价为准修正分项价；

③如果以文字表示的数值与以数字表示的数值不一致，以文字为准修正数字；

④如果分项价格单价有明显的小数点错位时，则应以合价为准，改正单价。

2）缺漏项的修正原则。

①若投标人报价存在缺漏项，缺漏项部分按其他投标人报价中该项价格的最高值进行调整；如有缺量，则按该投标人所报单价进行数量和价格调整。调整后的价格作为投标人的评标价，供评标使用。

②但如果该投标人综合得分为第一，且为中标候选人时，其中标价仍为投标价，且视缺漏项的内容已含在投标总价中，合同结算时一律不予支付。

③投标报价如果存在多报项，评标价格不予核减。

3. 精选问答

Q：招标文件要求提交投标保证金，若开标前招标人决定不予收取，这种情况需要澄清吗？澄清是否影响开标时间？

A：投标保证金是投标人提交给招标人对其投标义务进行担保的保证金，因为要保证投标人能够按照招标程序履行投标人义务，一旦出现法定情形，招标人可以不退还其投标保证金。例如：①投标人在投标有效期内擅自修改或者撤销投标文件；②中标人签约时改变投标文件的实质性内容或者单方放弃中标；③投标人用违法手段围标、串标或者挂靠、出借资质等方式骗取中标的，不但中标无效，而且还可以依约定不退还其投标保证金。

收取投标人保证金是法律赋予招标人的权利，招标人也可以放弃该权利不收取投标保证金，但这样的后果就是无法直接从经济角度制约投标人的违法、违约行为，一旦出现法定情形，招标人也只能通过追偿的形式向该投标人主张经济损失。

如果招标文件本来约定了收取不超过项目结算价2%的投标保证金，招标人又要对已发出的招标文件内容进行修改免收投标保证金，需要在规定时间内发布澄清或补遗文件。由于免收投标保证金的修改不影响投标人编制投标文件，因此不会影响原定的开标时间。

四、合同条款及格式

1. 法律法规规章摘要

详见"评标办法"。

2. 业务实践

合同条款及格式是招标文件的重要组成部分，中标人在获取中标通知书后，应当与招标人按照招标文件中给定的模板和投标文件的响应内容签订合同。

不同的标的物类型，合同条款差异较大。以设备采购合同为例，内容主要包括三部分：一是通用格式的合同条款，主要包含合同的术语，合同文件的组成，合同的生效与变更，包装、运输与交付，付款条件，保密与知识产权，违约责任等；二是针对该项目的专用合同条款；三是随附合同的技术标准与要求、交付物清单以及中标通知书等相关附件。

五、评标办法

1. 法律法规规章摘要

《招标投标法》

第四十条　评标委员会应当按照招标文件确定的评标标准和方法，对投标文件进行评审和比较；设有标底的，应当参考标底。评标委员会完成评标后，应当向招标人提出书面评标报告，并推荐合格的中标候选人。

招标人根据评标委员会提出的书面评标报告和推荐的中标候选人确定中标人。招标人也可以授权评标委员会直接确定中标人。国务院对特定招标项目的评标有特别规定的，从其规定。

第四十一条　中标人的投标应当符合下列条件之一：

（一）能够最大限度地满足招标文件中规定的各项综合评价标准；

（二）能够满足招标文件的实质性要求，并且经评审的投标价格最低；但是投标价格低于成本的除外。

2. 业务实践

评标办法是招标文件的必备内容，是衡量投标人能否满足招标文件要求的唯一准则。根据法律规定，评标时，评标委员会应当按照招标文件确定的评标标准和方法，对投标文件进行评审和比较；未在招标文件中规定的评标标准和方法，不得作为评标的依据。

招标文件中列出的评标办法通常包含以下内容：①评标方法，是指评标工作中，对投标文件进行比较和评审的方法。常用的评标方法主要有综合评估法、经评审的最低投标价法等。②评审因素，是指商务、技术、价格等评价投标人提交的投标方案是否满足招标文件要求，或能够横向对比投标方案优越性的因素。③评审标准，包括各评审项的分值构成及具体评价标准，价格计算方式等。④评标程序，是指评标委员会完成评标工作的程序与步骤，一般包含初步评审、详细评审、投标文件澄清的有关规定、评标结果的确定等。

（1）常用的评标方法。《招标投标法》规定，中标人的投标应当符合两个条件：一是能够最大限度地满足招标文件中规定的各项综合评价标准；二是能够满足招标文件的实质性要求，并且经评审的投标价格最低，但是投标价格低于成本的除外。基于这一原则，评标方法主要可分为两类：一是综合评估法；二是经评审的最低投标价法。其他如合理低价法等均是由经评审的最低投标价法衍生而来。

1）综合评估法。指在投标文件满足招标文件实质性要求的基础上，按照各项因素综合评价由高至低的顺序，择选中标候选人的评标方法。采用综合评估法的项目应当将各项因素折算为统一的标准（分数、比例系数等），以便进行比较。

评标时，评标委员会首先审查投标文件是否实质性响应招标文件，然后对投标文件的商务、技术和价格方案进行统一的评价或打分，综合评价最优的投标人为排名第一的中标候选人。

政府采购中的综合评分法即属于综合评估法的一种，以分数作为评审因素的量化指标，选择综合得分最高的有效投标为排名第一的中标候选人；机电产品国际招标采用的综合评价法也属于此类，除使用分数、等级作为衡量标准外，对于商务或技术中偏离招标文件要求的评审项，还可以通过事先约定的调整系数，对投标报价进行加价调整，调整后的最低价格成为价格评价的最高评价值。

综合评估法旨在对所有评审因素进行综合考量，对于商务因素重要，或者技术、服务需求较为复杂的招标项目，不适合用经评审的最低投标价法的，可以采用综合评估法作为评标方法。

机电产品国际招标中所使用的最低评标价法实际上属于综合评估法的一种特殊类型，是指"在商务、技术条款均实质性满足招标文件要求时，评标价格最低者为排名第一的中标候选人"。在投标文件满足实质性要求的基础上，对投标方案存在的供货范围偏离、一般商务或技术条款偏离以及不同贸易条件下包含的运输费、保险费、税费等，按招标文件约定的偏离系数进行价格调整并计算评标价格，以评标价格高低作为投标人排名的最终依据，但对于投标总价中包含的招标文件要求以外的产品或服务，评标时则不予核减。

2）经评审的最低投标价法。指投标文件满足招标文件全部实质性要求，并且经评审的投标价格最低的投标人为排名第一的中标候选人的评标方法，多适用于技术、服务标准统一的货物或服务招标项目。

经评审的最低投标价法以价格为主要评审因素，评标委员会审查投标文件是否满足招标文件的全部实质性条款，对于满足实质性要求的投标，按照招标文件的评标价格调整方法对各投标报价进行必要的增减调整，以便统一价格要素比较的口径，调整后的价格即为最终的评标价格，该价格最低的投标人为第一中标候选人，但投标报价低于成本的除外。

不同类型的项目，其价格调整因素、方式也各不相同，通常可以分为两类：一是对投标报价的算术性错误进行修正；二是对投标范围的偏差、投标缺漏项、交货期或付款条件导致的资金价值差异进行增减。

此外，《政府采购货物与服务招标投标管理办法》（财政部令第87号）规定，最低评标价法，是指投标文件满足招标文件全部实质性要求，且投标报价最低的投标人为中标候选人的评标方法。在使用该办法的政府采购项目评标时，除审查投标文件是否实质性响应招标文件外，在价格评审中，仅考虑对投标报价的算术性修正和因落实政府采购政策执行的价格扣除，除此之外不对任何其他因素进行价格调整，因此也属于经评审的最低投标价法的一种。

拓展阅读：想了解更多延伸知识吗？
扫描二维码即可阅读哦！

3）其他评标方法。除了上述两种常用的评标方法以外，还有全生命周期成本计算法、投票法、排序法等，这些方法本质上仍属于经评审的最低投标价法或综合评估法的一种。

①全生命周期成本计算法适用于工程或货物项目，是指在投标文件满足招标文件实质性要求的基础上，将标的物的建设、采购、安装、调试、维修、维护以及报废的全生命周期产生的成本费用折算为评标时的现值后进行比较，这一方法可以反映采购标的的总体拥有成本，适用于后期生产使用成本高，对采购决策起关键性作用的项目。

②投票法，是指评标委员会以一人一票的方式，对实质性响应招标文件要求的投标方案进行投票，以票数高低对投标人进行排序的评标方法。

③排序法，是指评标委员会成员对实质性响应招标文件要求的投标方案，按方案的优劣程度进行排序，并按照招标文件规定的赋分方式对每个方案进行赋分，以分数高低作为

最终排名依据的评标方法。投票法和排序法依赖于评标委员会的主观判断，难以对投标方案进行量化操作，优点是操作简单、方便，多适用于概念性方案、设计方案等招标。

（2）主要评审因素。

1）商务因素。包含投标人资质、业绩、信用信誉、财务状况、行业标准、服务承诺等内容。

①投标人资质。投标人为完成该项目必须具备的相应能力或条件。国家按行业设立有关资质，并设置资质等级，向满足该资质要求的组织颁发相应等级的资质证书。

招标文件中通常要求投标人在投标文件中附资质证书或证明。

②业绩。投标人已完成和正在进行的同类项目业绩。项目业绩是对投标人实际完成项目能力的证明，也反映了投标人的经验积累程度与市场认可度。此外，要求投标人提供正在进行的项目业绩，还能了解投标人剩余资源的调用能力。

招标文件中通常要求投标人提供一定时间内已完成的同类项目业绩和正在开展的项目业绩，可以通过合同关键页、验收报告等文件证明。

③信用信誉。投标人及其主要项目负责人的社会信用评价和履约信誉。对投标人及项目负责人信用信誉的考察旨在掌握投标人的信用信息，判断投标人可信任的程度，评估项目履约风险，防范中标后的失信行为。

招标文件通常要求在评标时通过国家企业信用信息公示系统、信用中国等特定网站查验投标人是否存在不良信用记录、违法违规记录等。

④财务状况。投标人的财务状况是投标人履约能力的重要体现，由于合同款项通常采用分批付款的方式，因此投标人为确保供货需先垫付大量资金，而健康的财务状况与运转良好的现金流能够保障投标人在未来一段时间内具备合同交付的能力。

企业的年度财务报表和审计报告是其财务状况的有力证明，可以通过财务报表中的经营活动现金流、年利润增长率、资产负债率等财务指标来考察其盈利能力和履约能力。

⑤行业标准。投标人是否遵循有关行业标准，能否为招标人提供满足其需求和法规要求的产品或服务。例如，国际通用的 ISO9001 质量管理体系认证、ISO14001 环境管理体系认证等。此外，还有一些针对特定行业和项目需求的标准化要求，如评价 IT 服务水平的 CMMI 认证、ISO20000 认证等。

招标文件可以要求投标人提供特定的认证证书作为加分项。

⑥服务承诺。投标人针对招标文件关于售后服务、培训、人员配备等要求承诺的事项，在投标文件中提供承诺。

2）技术因素。主要考察投标人的技术能力，包括为本项目提供的技术方案、人员配置等。不同类型的项目，其主要考察的技术因素也不相同。

①工程施工招标项目。施工项目主要考察的技术因素有两点，分别是施工组织设计和项目管理机构。

A. 施工组织设计，主要对施工方案与技术措施、质量管理体系与措施、安全管理体系与措施、环境保护管理体系与措施、工程进度计划、资源配备计划等要素的合理性、科学性、可行性进行评价。

投标人应当在施工组织设计方案中说明施工方法、工程质量、安全生产、文明施工、环境保护、冬雨季施工、工程进度和技术组织等主要措施，招标文件通常要求投标人以图表形式阐明项目的施工总平面、进度计划以及拟投入主要施工设备、劳动力等。

B. 项目管理机构，主要考察项目经理任职资格与业绩、项目其他主要人员的专业资格与业绩等。

投标人需按招标文件要求填写项目经理简历表、项目管理机构组成表等。

②货物招标项目。其标的物类型可以细分为材料、设备、配件等，不同的标的物所考察的技术因素各不相同，主要包含如下内容：

A. 产品性能。产品的性能决定了产品是否能发挥预期作用，产品的主要性能指标通常是招标文件的实质性条款。评标时应当考虑产品性能是否满足招标文件的实质性要求，采用综合评估法的项目还需要横向对比不同投标产品的性能高低，便于对性能指标打分。

B. 生产工艺。货物的生产工艺或生产过程中所使用的技术影响产品的性能与功能，工艺优良的货物通常在质量、性能方面有突出表现。

C. 技术服务。主要是指卖方所提供的货物的运输、安装、培训及售后等服务是否科学、合理、安全，能够有效保障货物正常投入使用。根据货物的特性，部分技术服务指标应当列为实质性指标，在投标方案满足实质性要求的基础上，对不同方案进行横向比较。

D. 其他因素。除上述常用的技术因素外，应当根据标的物的特性考虑设置一些专用的技术指标，以满足采购的实际需求。例如，对于设备类采购，还需要考虑设备的先进性、成熟性，零配件的供应能力，设备使用寿命和折旧成本等；对于材料类采购，应当考虑供应的及时性等。

③服务招标项目。除工程建设项目中所包含的设计、勘察、监理服务外，服务类招标项目还有IT服务、财会类服务、生产相关的维保服务、日常办公所需的物业绿化服务等。

相比于施工或者货物的采购，服务类项目通常被认为是更加困难的。服务具有无形性、易逝性，因此很难像货物一样制定准确的规格，也难以衡量其在多大程度上满足规格的要求，特别是对于设计类项目而言，设计师提供的样稿也许满足了客户提出的所有明确需求，但仍然不是客户心中最理想的。服务由人提供，因此随着人员和所处环境的变化，每次所提供的服务都有可能不同，在评估质量时就难以使用标准化的要求。

基于上述服务的特性，服务类招标在设置技术评标标准时通常会考虑如下因素：

A. 工作范围、目标和内容。评标时需要评估投标方案中明确的服务范围、目标和具体内容，以便双方在服务提供的基本要素上达成一致，避免后期实施时因双方理解不同产生争议。

B. 机构设置和岗位职责。提供服务的人员决定最终服务的质量，因此有必要对团队人员配置、岗位职责的合理性、稳定性和科学性进行详细的考量和评价，确保服务团队的组建满足项目要求。

C. 工作程序、方法和制度。合理科学的工作程序、方法和制度是服务质量的重要保障，投标方案中需要明确开展工作的程序、所使用的方法以及确保项目进展顺利的沟通机制、风险防控机制、质量管理机制等，评标时应当对此进行考量。

D. 服务时间、进度安排。服务时间通常是招标文件的实质性条款，一些对交付提前期有所要求的项目，评标条款中可以考虑对缩短交付时间的投标方案给予更高的分数，但应当确保质量。

E. 重难点分析及建议。招标文件可以要求投标方案对服务项目进行重难点分析,并提出合理化建议,以此评估投标人的专业能力以及对本项目的理解是否到位。评标时可以横向对比投标人的方案优劣。

F. 其他因素。不同的服务类项目应当根据其特点设置不同的技术指标。例如,IT 类服务,部分会产生定制化软件等交付物,因此技术指标中还应当包含交付物的规格要求。服务类交付物更多以性能规格作为评估因素,即最终的交付物应当实现何种功能。

3) 价格因素。在绝大部分招标项目中,价格是不可缺少的评审因素。需注意的是,价格需在统一的标准上进行比较,因此评标时会根据价格调整的原则对投标报价进行调整,调整后的报价称为评标价格。价格评审实质上是对评标价格进行比较。

价格评审的方法有两种,在最低评标价法中,是按照价格的高低程度进行排序,评标价格最低即排名第一;在综合评估法中,是给予价格因素一个固定权重,使用特定的价格计算公式,为各投标人的评标价格赋分,价格计算公式决定了评标价格所得的分数。

价格分数的计算通常出现在使用综合评估法的项目中,评标办法中应当明确价格分数计算的方法和公式,其中主要涉及三个要素,分别是有效报价范围、评标基准价和价格计算公式。

①有效报价范围。指进入评标基准价计算的投标报价范围,这一设置是为了避免投标人的过高报价或无效报价对价格计算造成干扰。通常有以下几种判断方式:

A. 无效报价:投标报价高于招标控制价的为无效报价。

B. 过高报价:最高价高于次高价 X% 为无效报价。

C. 报价全部有效:所有投标人报价均为有效。

不在有效报价范围内的投标报价视为无效报价,一般不参与基准价的计算,但参与价格计算得分。此外,评标方法中也可以约定无效报价的价格得分为 0。

②评标基准价。在综合评估法中,通常以评标价格与评标基准价的偏差率为计分依据,评标基准价的取值基于全部有效投标报价计算得出。评标基准价的计算方式通常有以下几种:

A. 有效投标家数超过 N 家时,去掉最高 X 家、最低 Y 家,取平均值下浮 M% 为基准价,低于 N 时取全部有效投标单位报价平均值为基准价。

B. 最低价:最低有效投标报价为基准价。

C. 平均价:所有有效报价的平均值为基准价。

D. 下浮价:所有有效投标报价的平均值下浮 X% 为基准价。

E. 二次平均价:当投标家数超过 N 家时,取二次平均价(低于一次平均价的报价的平均值)为基准价。

③价格计算公式。常用的价格计算公式通常有以下几种:

A. 两段直线斜率法(基准价最高分):以基准值为最高分,报价每高于基准报价 1% 时扣 E 分,报价每低于基准报价 1% 扣 F 分,最低扣至 Y 分(见图 5 - 1)。

B. 曲线斜率法:以有效最低价为基准价,基准价得最高分 F_{max},价格得分 = (最低投标价/投标价) × 最高分(见图 5 - 2)。

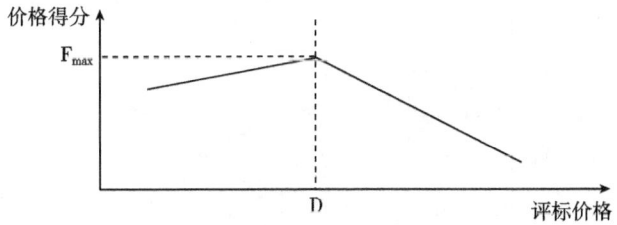

图 5-1　两段直线斜率法（基准价最高分）示意图

注：E、F、Y 均为自定义。

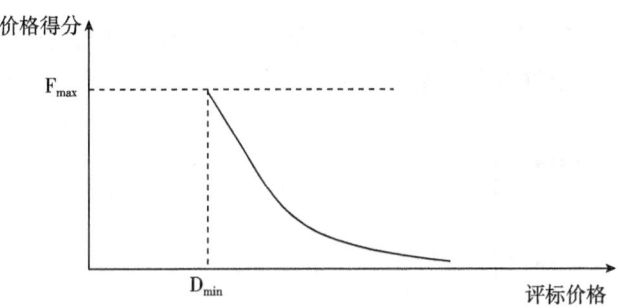

图 5-2　曲线斜率法示意图

注：最低价得最高分。

C. 直线斜率法：以有效最低价为基准价，基准价得最高分 F_{max}，报价每高于最低报价 1% 时扣 E 分，最低扣至 Y 分（见图 5-3）。

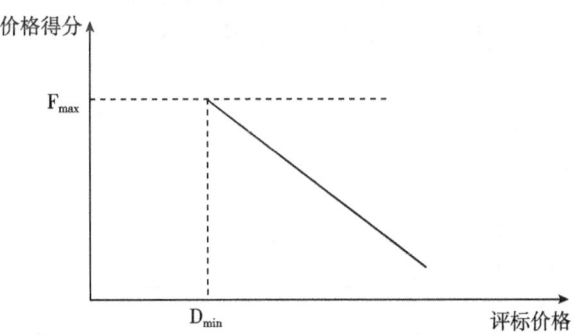

图 5-3　直线斜率法示意图

注：E、Y 自定义。

D. 线性插值法：以有效最低价得最高分 F_{max}，最高价得最低分 F_{min}，中间报价中间值按比例内插法①进行计算（见图 5-4）。

---

① 比例内插法即直线插入法，设 $A(i_1, b_1)$，$B(i_2, b_2)$ 为两点，点 $P(i, b)$ 在上述两点确定的直线上，则 $(b-b_1)/(i-i_1) = (b_2-b_1)/(i_2-i_1)$。

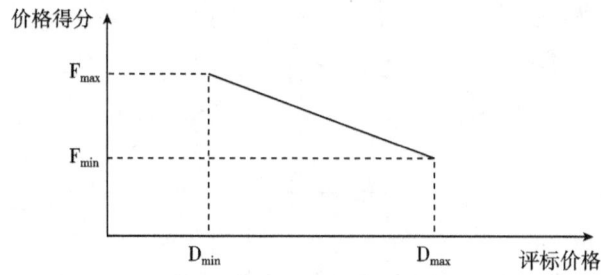

图 5 - 4　线性插值法示意图

E. 两段直线斜率法（低价最高分）：以基准值得基准分（$F_{max} - K$）分，报价每高于基准价1%时扣 E 分，报价每低于基准价时加 F 分，加满为止（见图5 - 5）。

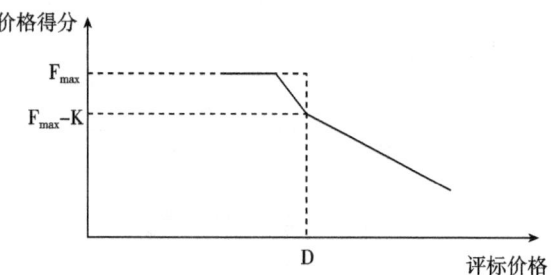

图 5 - 5　两段直线斜率法（低价最高分）示意图

注：K、E、F 自定义。

F. 区间直线法：以基准价为最高分，根据报价与基准价偏离率所处的区间得固定分，在基准价 X% ~ Y%（含）范围内的得 F 分（见图5 - 6）。

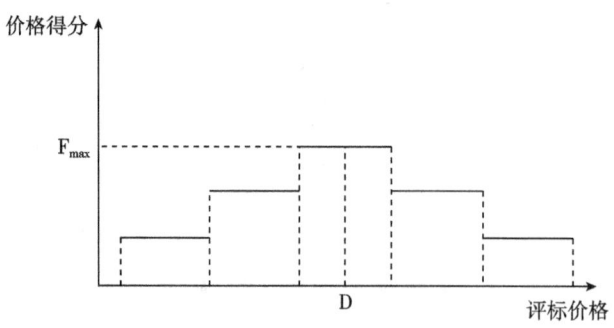

图 5 - 6　区间直线法示意图

注：F、X、Y 自定义。

G. 区间斜率法：以基准价为最高分，根据报价与基准价偏离率所处的区间按不同斜率计算得分，在基准价范围内小于 X% 的每偏离1%扣 E 分，在基准价 X% ~ Y%（含）范围内的每偏离1%扣 E 分，在大于 Y% 范围内的每偏离1%扣 E 分（见图5 - 7）。

H. 基准考核法：当投标报价小于等于基准价为最高分，当投标报价大于基准价时其投标得分为（投标基准价/投标人的投标总价）× F_{max}（见图 5－8）。

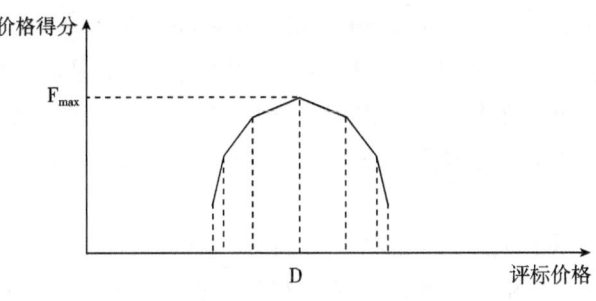

图 5－7　区间斜率法示意图

注：E、X、Y 自定义。

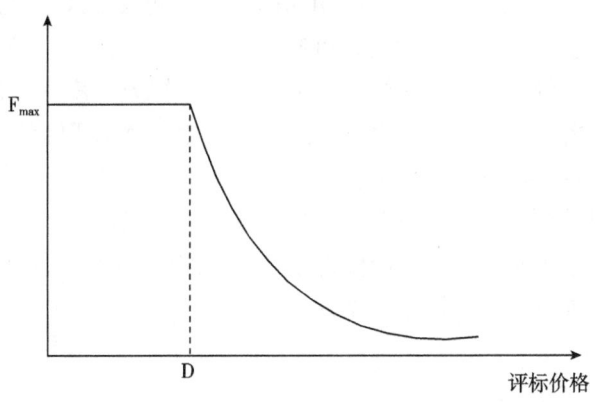

图 5－8　基准考核法示意图

3. 精选问答

Q：招标项目为了防止恶意低价投标，会采用调整中间价的方式作为基准价，但这又会造成投标人围标的情形出现，那如何防止呢？

A：价格评审方式主要包括经评审的最低投标价法、综合评估法，而价格评审的目的是鼓励合理低价。但将最低价设为最高分评审容易造成恶意低价竞争，而中间价为最高分或对其随机调整后为最高分的弊端是投标人会以围标方式控制中间价，最终造成高价中标，并且这种方式并没有科学依据。

以中间价作为最高分的目的是取代原先最低价中标法产生的低于成本价恶意低价竞标现象，这是招标人所希望的结果。但如果这种评分方法并不能有效防止恶意围标的"攻击"，那究竟何种评标办法才是行之有效的呢？

根据我国《招标投标法》第四十一条的规定，中标人的投标应当"最大限度地满足招标文件中规定的各项综合评价标准"或者"能够满足招标文件的实质性要求，并且经评审的投标价格最低；但是投标价格低于成本的除外。"该法条规定的即为综合评估法和经评审的最低投标价法。2017年8月29日国家发展改革委发布了关于修改《招标投标法》《招标投标法实施条例》的决定，在修改草案中对《招标投标法》第四十一条增加一款"前款第二项中标条件适用于具有通用技术、性能没有特殊要求的招标项目"。增加这一条款的目的就是方便区分经评审的最低投标价法和综合评估法的不同适用情况，该区分办法是从项目的复杂程度和特殊要求进行判断，并不是简单地从项目预算金额的大小上进行划分。对项目合同估算价进行"一刀切"适用"简单比价法"的做法是简单粗暴的，限额以上的适用"经评审的合理低价法"这样的评标方式选择也是与国家的立法本意有出入的。

其实，我国《招标投标法实施条例》第四十条明确地将投标人相互串通投标的具体行为以清单的方式列出，并用"视为"的立法技术对串标行为的表现形式进行客观描述，便于评标委员会、招标投标行政监督部门以及司法机关对串标行为进行认定。其中，"第（四）项　不同投标人的投标文件异常一致或者投标报价呈规律性差异"中，所谓"异常一致"是指不应当一致的或者概率极小的相同内容在不同投标人的投标文件中同时出现，甚至内容错误或打印错误都一样。所谓投标报价的"规律性差异"是不同投标人的报价之间存在有规律可循的价格差异，这种不正常报价被"视为"串标的认定标准。

而这些内容都是需要评标专家人为审查的，不能为了简化评标程序而忽略了这一重要评审环节。如果不甄别围标行为的评标会给不法分子以可乘之机，他们很可能会大肆利用评标规则控制"合理最低价"或基准价，这将严重扰乱市场秩序。

政府采购项目价格分应当采用低价优先法计算，即满足招标文件要求且投标价格最低的投标报价为评标基准价，其价格分为满分。

六、技术条款与标准

招标文件中通常会详细列明标的物的技术条款与规格标准，并要求投标文件对其进行响应，这是为了确保投标人的投标产品或服务能够最大限度地满足招标人的要求。技术条款与规格标准依据不同的标的物及其项目特点有较大变化，在此不进行详细阐述。

七、投标文件格式

投标文件格式是指招标文件中给出的部分投标文件模板，通常包含投标文件封面、投标函、联合体协议书、开标一览表、分项报价表等固定的文件格式。要求投标人使用固定的文件模板能够提升评标效率，更能够帮助招标人处于交易的优势地位，有利于维护招标人的权益。但文件模板中的条款如果具备较强的倾向性，会影响投标人的积极性。以下是几种招标文件中常见的投标文件格式：

（1）目录。招标文件中通常要求投标人按照统一的目录编制投标文件，有助于减少评标专家翻阅文件的工作量，帮助评标专家更快定位投标文件内容。

（2）投标函。即投标人有关遵守招标投标活动规则、履行投标人义务的承诺函（见表5-1）。其中包含对重要投标内容的申明，如：投标报价、工期、质量等；递交投标保证金的申明；对投标真实性和有效性的承诺；对中标后履行中标人义务的承诺；等等。

表 5－1　施工项目投标函格式

某工程施工项目投标函格式

_____（招标人名称）：

1. 我方已仔细研究了_____（项目名称）招标文件的全部内容，愿意以人民币（大写）_____（¥_____）的投标总报价，工期_____日历天，按合同约定实施和完成承包工程，修补工程中的任何缺陷，工程质量达到_____。

2. 我方承诺在招标文件规定的投标有效期内不修改、撤销投标文件。

3. 随同本投标函提交投标保证金一份，金额为人民币（大写）_____（¥_____）。

4. 如我方中标：

（1）我方承诺在收到中标通知书后，在中标通知书规定的期限内与你方签订合同。

（2）随同本投标函递交的投标函附录属于合同文件的组成部分。

（3）我方承诺按照招标文件规定向你方递交履约担保。

（4）我方承诺在合同约定的期限内完成并移交全部合同工程。

5. 我方在此声明，所递交的投标文件及有关资料内容完整、真实和准确，且不存在第二章"投标人须知"第1.4.2项和第1.4.3项规定的任何一种情形。

6. 其他补充说明。

投标人：_____（盖单位章）

法定代表人或其委托代理人：_____（签字）

地址：_____

网址：_____

电话：_____

传真：_____

邮政编码：_____

_____年____月____日

（3）法定代表人身份证明。投标文件中应当出具投标人对其法定代表人的身份证明，法定代表人是法律上承认的，能够代表投标人（法人）行使民事权利，履行民事义务的主要负责人。委托他人投标的，还应当出具由法定代表人签字的授权委托书。

（4）投标一览表。即投标人填写投标报价的专用表格，包含投标人名称、投标报价、投标保证金、工期、质量及备注等。在线下开标环节，投标一览表通常要求单独密封递交，以便工作人员拆封、唱标。在电子招标投标模式下，投标一览表的内容应当在编制电子投标文件时录入，以便在网上开标时系统自动提取相关数据予以展示。投标报价有分项报价的还应当填写分项报价表。

（5）参数偏离表。为了快速定位投标文件响应内容与招标文件要求的差异性内容，招标文件中通常设置商务参数偏离表和技术参数偏离表，要求投标人在表格中填写与招标文件存在的偏离项，优于招标文件要求的为正偏离，低于招标文件要求的为负偏离，如完全满足招标文件要求，投标人可在表格中注明无偏离。

第二节 发标

一、发布招标公告/投标邀请书

1. 法律法规规章摘要

《招标投标法》

第十六条 招标人采用公开招标方式的,应当发布招标公告。依法必须进行招标的项目的招标公告,应当通过国家指定的报刊、信息网络或者其他媒介发布。

招标公告应当载明招标人的名称和地址、招标项目的性质、数量、实施地点和时间以及获取招标文件的办法等事项。

《招标投标法实施条例》

第十五条 公开招标的项目,应当依照招标投标法和本条例的规定发布招标公告、编制招标文件。

招标人采用资格预审办法对潜在投标人进行资格审查的,应当发布资格预审公告、编制资格预审文件。

依法必须进行招标的项目的资格预审公告和招标公告,应当在国务院发展改革部门依法指定的媒介发布。在不同媒介发布的同一招标项目的资格预审公告或者招标公告的内容应当一致。指定媒介发布依法必须进行招标的项目的境内资格预审公告、招标公告,不得收取费用。

编制依法必须进行招标的项目的资格预审文件和招标文件,应当使用国务院发展改革部门会同有关行政监督部门制定的标准文本。

《招标公告和公示信息发布管理办法》

第八条 依法必须进行招标的项目的招标公告和公示信息应当在"中国招标投标公共服务平台"或者项目所在地省级电子招标投标公共服务平台(以下统一简称"发布媒介")发布。

第十条 拟发布的招标公告和公示信息文本应当由招标人或其招标代理机构盖章,并由主要负责人或其授权的项目负责人签名。采用数据电文形式的,应当按规定进行电子签名。

招标人或其招标代理机构发布招标公告和公示信息,应当遵守招标投标法律法规关于时限的规定。

第十一条 依法必须进行招标的项目的招标公告和公示信息鼓励通过电子招标投标交易平台录入后交互至发布媒介核验发布,也可以直接通过发布媒介录入并核验发布。

按照电子招标投标有关数据规范要求交互招标公告和公示信息文本的,发布媒介应当自收到起 12 小时内发布。采用电子邮件、电子介质、传真、纸质文本等其他形式提交或者直接录入招标公告和公示信息文本的,发布媒介应当自核验确认起 1 个工作日内发布。核验确认最长不得超过 3 个工作日。

招标人或其招标代理机构应当对其提供的招标公告和公示信息的真实性、准确性、合法性负责。发布媒介和电子招标投标交易平台应当对所发布的招标公告和公示信息的及时性、完整性负责。

发布媒介应当按照规定采取有效措施,确保发布招标公告和公示信息的数据电文不被篡改、不遗漏和至少 10 年内可追溯。

第十二条 发布媒介应当免费提供依法必须进行招标的项目的招标公告和公示信息发布服务,并允许社会公众和市场主体免费、及时查阅前述招标公告和公示的完整信息。

2. 业务实践

邀请招标的项目,招标人或其委托的招标代理机构只需要向特定的潜在投标人发出投标邀请书即可。

进行公开招标的项目,招标人或其委托的招标代理机构应当在公共媒介上发布招标公告,公布招标项目的主要信息,其目的是吸引不特定的潜在投标人前来参与招标投标活动。

(1) 公告期限。招标投标法体系中并未直接明确招标公告的公告期限。在实际业务活动中,由于招标公告中公布了招标文件的发售期,根据《招标投标法实施条例》中招标文件的发售期不得少于 5 日的规定,一般招标项目的招标公告期限为 5 日,与招标文件发售期相同。此外,招标文件的发售期也可以晚于招标公告的发布期限,但不得早于该时间。

在政府采购中,政府采购货物和服务招标项目的招标公告期限为 5 个工作日。

(2) 发布媒介。随着招标投标公共服务平台体系逐步完备,2018 年,国家发展改革委发布《招标公告和公示信息发布管理办法》,其中将依法必须进行招标的项目的招标公告、公示信息的发布媒介从此前的"三报一网"变更为中国招标投标公共服务平台、项目所在地省级电子招标投标公共服务平台,推动招标公告发布、展示的全电子化。

其他自愿招标的项目,其招标公告可以在自行指定的公共媒介上发布,为确保招标公告发挥其应有作用,选择发布媒介时应当考虑其覆盖面、受众群体等因素。

(3) 发布渠道。分为两种:一种是通过电子招标投标交易平台录入后交互至发布媒介发布,这种方式基于交易平台与发布媒介的数据对接,操作时只需在交易平台勾选发布媒介,点击发布按钮即可直接推送至发布媒介,实现即时、安全、高效的信息传输,减少信息遗漏风险和人工操作成本。

另一种则是纸质模式下采用电子邮件、电子介质、传真、纸质文本等其他形式提交,或者在发布媒介上直接录入招标公告信息文本,这需要人工录入、上传与核验公告信息,需要耗费一定的时间与人力。未能在电子招标投标交易平台上进行交易的招标项目往往需要采用这种方式。

基于上述差异,《招标公告与公示信息发布管理办法》中对于采用这两种方式发布招标公告的发布时间要求也有所不同,通过交易平台交互发布的,发布媒介应当自收到起

12 小时内发布；通过其他方式发布的，发布媒介应当自核验确认起 1 个工作日内发布。核验确认最长不得超过 3 个工作日。

3. 精选问答

Q：湖南省招标投标监管网发布公告时间和招标文件获取开始时间为 3 月 15 日，但是在交易中心发布时间为 3 月 16 日，两个时间不一致，但均不影响开标时间，请问该问题如何处理？

A：《招标投标法实施条例》第十五条规定：依法必须进行招标的项目的资格预审公告和招标公告，应当在国务院发展改革部门依法指定的媒介发布。在不同媒介发布的同一招标项目的资格预审公告或者招标公告的内容应当一致。

根据湖南省发改委文件规定，湖南省招标投标监管网为湖南省依法必须进行招标项目的公告发布唯一网络媒介。因此，其他网站的内容应与其保持一致，或以此为准。

由于发布媒介需要核验确认招标公告，可能造成不同的发布媒介公告发布时间不一致，但不同媒介发布的招标公告内容应当保持一致。如发布时间略有不同，不影响招标公告的效力。

二、提供招标文件

1. 法律法规规章摘要

《招标投标法实施条例》

第十六条　招标人应当按照资格预审公告、招标公告或者投标邀请书规定的时间、地点发售资格预审文件或者招标文件。资格预审文件或者招标文件的发售期不得少于 5 日。

招标人发售资格预审文件、招标文件收取的费用应当限于补偿印刷、邮寄的成本支出，不得以营利为目的。

2. 业务实践

潜在投标人从招标公告或投标邀请书中得到获取招标文件的信息，如果有参与招标项目的意愿，即可按照要求获取招标文件。

（1）招标文件的售价。在纸质模式下，招标文件通常为纸质形式，因此《招标投标法实施条例》允许招标人发售招标文件时收取费用，以弥补印刷、邮寄的成本支出，但不得以营利为目的。在电子招标投标模式下，招标文件不存在印刷或邮寄的需要，但存在数据电文复制和传输等成本，因此许多地区要求采用电子招标投标的招标项目免费提供招标文件的做法不尽合理。不过，使用电子招标投标交易平台编制和提供招标文件，该电子招标文件的售价应当低于纸质招标文件。

（2）发售期限。一般项目的招标文件发售期不得少于 5 日，在设置招标文件发售期限时，应当从发售日的第二天为起始日期计算天数。在电子招标投标模式下，交易平台根据招标人设置的发售期限，精确控制招标文件可被购买或下载的时间，通常，发售时间截止时潜在投标人已提交招标文件订单的,视为已购买招标文件。需要注意的是,在发售期限内应当是 24 小时均可下载电子招标文件。

政府采购货物和服务招标项目的文件发售期不得少于 5 个工作日。

拓展阅读:想了解更多延伸知识吗?
扫描二维码即可阅读哦!

(3)发售方式。在传统纸质模式下,招标文件的发售通常采用现场购买或者电汇邮寄的方式。潜在投标人到指定地点缴纳招标文件费后,领取招标文件,或者向指定的账户付款后,获取邮寄的招标文件。同时,招标人会提供电子版的招标文件,供投标人编制投标文件。

在电子招标投标模式下,招标文件的发售可以在交易平台上进行,招标人在交易平台编制并发布招标文件,投标人可以在同一交易平台直接选择该项目的招标文件,并通过网上支付进行购买,交易平台可以自动匹配投标人账号及付款信息,付款成功后即可下载招标文件。

3. 精选问答

Q:招标代理机构能收取投标人的报名费吗?收费的标准(不含代理费和资料费)是什么?

A:招标代理机构不能收取报名费,但可以出售招标文件并收取相当于印刷和邮寄成本的费用。

《招标投标法》及其实施条例均没有报名的相关规定,"报名"不是依法必须进行的招标投标程序。如果招标人或招标代理机构出售纸质资格预审文件或者招标文件,可以收取一定的费用,金额以能够补偿印刷、邮寄成本的必要开支为限,而不得以营利为目的增设任何其他费用。资格预审文件、招标文件的编制成本和评审费用是招标人应承担的成本,如果把成本转嫁给潜在投标人有失公允,会在一定程度上限制、排斥部分潜在投标人。当然,投标保证金或图纸等资料押金除外,这些费用在招标结束后需要退还投标人。

第三节 招标文件的澄清与修改

一、招标文件澄清

1. 法律法规规章摘要

《招标投标法》

第二十三条 招标人对已发出的招标文件进行必要的澄清或者修改的,应当在招标文件要求提交投标文件截止时间至少十五日前,以书面形式通知所有招标文件收受人。该澄清或者修改的内容为招标文件的组成部分。

《招标投标法实施条例》

第二十一条 招标人可以对已发出的资格预审文件或者招标文件进行必要的澄清或者修改。澄清或者修改的内容可能影响资格预审申请文件或者投标文件编制的,招标人应当在提交资格预审申请文件截止时间至少3日前,或者投标截止时间至少15日前,以书面形式通知所有获取资格预审文件或者招标文件的潜在投标人;不足3日或者15日的,招标人应当顺延提交资格预审申请文件或者投标文件的截止时间。

《电子招标投标办法》

第二十二条 招标人对资格预审文件、招标文件进行澄清或者修改的,应当通过电子招标投标交易平台以醒目的方式公告澄清或者修改的内容,并以有效方式通知所有已下载资格预审文件或者招标文件的潜在投标人。

2. 业务实践

潜在投标人在获取招标文件后,如果对于招标文件的内容有疑问、歧义或者认为其违反法律法规,可以在招标文件规定的提出澄清时间内,以书面形式向招标人提出。

招标人收到投标人的澄清疑问进行回复,或者主动对招标文件进行澄清或修改的,应当在投标截止时间15日前,将澄清或修改内容以书面形式通知所有获取招标文件的潜在投标人。为了避免因招标文件变更导致限制或排斥潜在投标人的情形,如果澄清或者修改的内容可能影响投标文件的编制,在不足15日的情形下,招标人应当顺延递交投标文件的时间。招标文件的澄清和修改是招标文件的组成部分。

在电子招标投标模式下,潜在投标人可以通过电子招标投标交易平台提交澄清疑问,招标人应当通过交易平台公告澄清或者修改的内容,可以将澄清或修改内容对应发送给所有已购买文件的潜在投标人,并通过短信、邮件方式告知。

招标人也可以通过投标预备会的形式统一澄清投标人的疑问,投标人应在规定的提出澄清问题时间前,以书面形式递交澄清问题,招标人在投标预备会期间进行澄清答疑。投标预备会结束后,招标人应当在规定的澄清截止时间前,将澄清答疑以书面形式通知所有购买文件的潜在投标人。

3. 精选问答

(1) Q:招标人对已发出的招标文件进行任何澄清和修改必须在投标截止时间15天前吗?

A:不是必须的,需要具体情况具体分析。

《招标投标法实施条例》关于15日期限的规定仅限定在可能影响投标文件编制的情形。通常来说,一般可能影响投标文件编制的情形包括但并不限于对拟采购工程、货物或服务所需的技术规格、质量要求、竣工、交货或提供服务的时间,投标担保的形式和金额要求,增加投标证明材料以及需执行的附带服务等内容的改变。

对于减少投标文件需要包括的资料、信息或者数据,调整暂估价的金额,增加暂估价项目，开标时间、地点的微小调整一般不会影响投标文件编制，通常不受 15 日的期限限制。通俗点讲，就是不给投标人已准备好的投标材料带来较大改动的则不需要提前 15 天，因为这 15 天就是给投标人编制投标材料的法定合理时间，如果改动较大则需要顺延递交投标文件截止时间，直至满足 15 天的投标文件编制时间。

（2）Q：招标人可以多次顺延递交投标材料截止时间和开标时间吗？

A：对递交投标材料截止时间的修改属于对招标文件的修改，应当在一定的期限内以书面形式通知所有获取招标文件的潜在投标人。关于顺延的次数，招标投标相关法律法规并未规定，法无禁止即可为。但要注意顺延递交投标材料截止时间同时也是顺延了投标有效期的起算时间点，这就同时延迟了招标活动的完成时间。

二、现场踏勘

1. 法律法规规章摘要

《招标投标法》

第二十一条　招标人根据招标项目的具体情况，可以组织潜在投标人踏勘项目现场。

第二十二条　招标人不得向他人透露已获取招标文件的潜在投标人的名称、数量以及可能影响公平竞争的有关招标投标的其他情况。招标人设有标底的，标底必须保密。

《招标投标法实施条例》

第二十八条　招标人不得组织单个或者部分潜在投标人踏勘项目现场。

2. 业务实践

招标人认为项目实施地点的地理位置、交通环境、水文条件等因素影响投标人编制投标文件、参与投标的，可以组织潜在投标人现场踏勘，但不得以投标人是否参加现场踏勘作为否决投标的条件。招标人应当向所有潜在投标人提供无差别的项目信息，不得组织单个或者部分潜在投标人踏勘现场。在组织过程中，应当避免泄露潜在投标人名称、数量等信息，以防不公平竞争。

招标人可以在踏勘现场介绍项目实施场地和相关的周边环境情况，供投标人在编制投标文件时参考，但招标人不对投标人据此做出的判断和决策负责。

第四节　案例与习题

一、案例

某工程项目依法必须招标，招标人编制的招标日程表如表 5-2 所示。

表 5-2 某工程项目招标日程

序号	工作内容	工作时间	起止日期
1	招标准备	多日	发布资格预审公告之前
2	编制资格预审文件		2012年10月6日止
3	发布资格预审公告		2012年10月8日
4	出售资格预审文件	10日	2012年10月9日至18日
5	编制资格预审申请文件	13日	2012年10月9日至22日16：00
6	递交资格预审申请文件		2012年10月22日16：00前
7	资格审查	2日	2012年10月23日至24日
8	确定资格预审结果	1日	2012年10月25日
9	出售招标文件	5日	2012年10月27日至31日
10	编制投标文件		2012年10月27日至11月14日9：00
11	抽取专家		2012年11月13日下午
12	递交投标文件		2012年11月14日9：00前
13	开标		2012年11月14日10：00
14	评标	2日	2012年11月15日至16日
15	公示评标结果	2日	2012年11月17日至18日
16	退还未中标人投标保证金原额	3日	2012年11月17日至19日
17	发中标通知书		2012年11月26日
18	签订合同		2012年12月31日

问题：

指出表中不符合相关规定的环节，并说明理由。

二、练习

1. 选择题

（1）根据《招标公告和公示信息发布管理办法》，通过电子交易平台交互发布招标公告，公共服务平台应在收到（　　）内发布。

A. 24 小时　　　　　　　　　　B. 12 小时
C. 48 小时　　　　　　　　　　D. 36 小时

（2）根据《招标投标法》的规定，同专业的联合体的资质等级采取（　　）的原则。

A. 就高不就低　　　　　　　　B. 优等资质

C. 就低不就高　　　　　　　　　D. 综合资质

（3）根据《招标投标法实施条例》，关于工程建设项目招标标底的设置和作用，下列说法正确的是（　　）。

A. 标底只能作为评标的参考
B. 标底应当在招标文件中明确规定并事先公布
C. 应当把投标报价是否接近标底作为中标条件
D. 评标基准价的设置应当以标底上下浮动一定幅度为依据

（4）某无线通信器材采购招标文件中，对投标人或投标产品有下列要求，其中不属于歧视性条款的是（　　）。

A. 无线通信标准采用相当于某类产品的同等标准
B. 投标人在采购人所在市设有维修点
C. 本次采购进口或合资品牌
D. 投标人上一年度在本市的销售额超过 5000 万元

（5）关于投标保证金，下列说法不正确的是（　　）。

A. 投标保证金有效期应当与投标有效期一致
B. 投标保证金可以采用保函方式递交
C. 依法必须进行招标的项目的境内投标单位，投标保证金应当从其基本账户转出
D. 政府采购项目中，不予退回的投标保证金应当上缴国库

2. 问答题

（1）请列举货物类招标文件的主要内容。
（2）请简述星号条款的作用。

第六章 投 标

◇ 引导案例

某招标代理机构组织了"××设备采购项目"。评标结果公示后,投标人A认为中标候选人(投标人B)和投标人C之间存在控股关系,二者不具备投标资格,应重新组织招标。投标人A以此为由,向招标代理机构提出异议,代理机构回复后,投标人A表示不满,遂向行政监督部门提出投诉。

经行政监督部门核实,投标人B的法定代表人为李某,持股比例为李某85%、汪某15%;投标人C的法定代表人为汪某,持股比例为汪某70%、李某30%。两家供应商均为独立的企业法人,且法人代表不是同一个人,不存在控股关系,也无法证明存在管理与被管理的关系。

问题:是否应对投标人B和投标人C作无效投标处理?

◇ 案例解析

本案涉及两个关键问题:一是具有独立法人资格的投标人B与投标人C的股东相同,但持股比例不同,在此情况下,两投标人是否可以参与同一项目的投标?二是从投标人B和投标人C的持股比例看,两家投标人是否存在控股、管理等关联关系?

《招标投标法实施条例》第三十四条规定,与招标人存在利害关系可能影响招标公正性的法人、其他组织或者个人,不得参加投标。

单位负责人为同一人或者存在控股、管理关系的不同单位,不得参加同一标段投标或者未划分标段的同一招标项目投标。

违反前两款规定的,相关投标均无效。

该条例所指的单位负责人,即是指单位法定代表人或者法律、行政法规规定代表单位行使职权的主要负责人。本案例中,投标人B的法定代表人为李某,投标人C的法定代表人为汪某,从这一点来看,两家供应商的单位负责人并非同一人。从控股或管理关系来看,控股关系是指单位或个人股东的控股关系,管理关系则指不具有出资持股关系的其他单位之间存在的管理与被管理的关系,如母子公司,而本案中尚无直接证据可以证明投标人B和投标人C存在以上两种关系。综上,依据现行法律法规规定,在缺乏其他证据材料、事实依据的情况下,不应禁止其参与同一项目的投标。

资料来源:易招标学苑(经整理)。

◇ **案例涉及主要知识点**

投标无效的情形

◇ **学习导航**

- 掌握投标的主要程序
- 掌握投标文件的内容组成与编制要点
- 掌握投标文件的递交、修改与撤回
- 思考串标围标行为的形成原因与解决机制

◇ **教学建议**

- 备课要点:投标的主要程序、投标文件的内容与编制、投标文件的递交与修改、投标文件的撤销与撤回
- 教授方法:案例、讲授、实证、启发式
- 拓展知识领域:串标围标行为的表现、形成原因和应对措施

第一节 投标的基本概念

一、法律法规规章摘要

《招标投标法实施条例》

第三十三条 投标人参加依法必须进行招标的项目的投标,不受地区或者部门的限制,任何单位和个人不得非法干涉。

第三十四条 与招标人存在利害关系可能影响招标公正性的法人、其他组织或者个人,不得参加投标。

单位负责人为同一人或者存在控股、管理关系的不同单位,不得参加同一标段投标或者未划分标段的同一招标项目投标。

违反前两款规定的,相关投标均无效。

第三十七条 招标人应当在资格预审公告、招标公告或者投标邀请书中载明是否接受联合体投标。

招标人接受联合体投标并进行资格预审的,联合体应当在提交资格预审申请文件前组成。资格预审后联合体增减、更换成员的,其投标无效。

联合体各方在同一招标项目中以自己名义单独投标或者参加其他联合体投标的,相关

投标均无效。

第三十八条 投标人发生合并、分立、破产等重大变化的，应当及时书面告知招标人。投标人不再具备资格预审文件、招标文件规定的资格条件或者其投标影响招标公正性的，其投标无效。

第四十三条 提交资格预审申请文件的申请人应当遵守招标投标法和本条例有关投标人的规定。

《电子招标投标办法》

第二十三条 电子招标投标交易平台的运营机构，以及与该机构有控股或者管理关系可能影响招标公正性的任何单位和个人，不得在该交易平台进行的招标项目中投标和代理投标。

第二十八条 资格预审申请文件的编制、加密、递交、传输、接收确认等，适用本办法关于投标文件的规定。

二、业务实践

投标是与招标相对的概念，即投标人应招标人的邀请，根据招标公告和招标文件所确定的条件，在规定的期限内向招标人递交投标文件、参与投标竞争的行为。

投标文件是投标人在投标截止时间前进行编制并向招标人递交的响应性文件，应当对招标文件提出的实质性要求和条件做出响应，一般包括资格证明文件、商务文件、技术文件和投标报价文件。

在电子投标中，投标人按照招标文件和电子招标投标交易平台的要求编制并加密投标文件，并以数据电文的形式在投标截止时间前完成投标文件的传输递交。电子招标投标交易平台收到投标人送达的投标文件，应当即时向投标人发出确认回执通知。在投标截止时间前，投标人可以补充、修改或者撤回投标文件，但除投标人之外的任何单位和个人不得解密、提取投标文件。

三、精选问答

Q：《招标投标法实施条例》第三十四条第二款规定："单位负责人为同一人或者存在控股、管理关系的不同单位，不得参加同一标段投标或者未划分标段的同一招标项目投标。"那母公司和子公司可以组成联合体投标吗？

A：可以。该条规定是禁止存在控股、管理关系的母、子公司分别以两个投标人的身份参与同一个项目或标段的投标，这样的禁止性规定的目的是防止它们之间极易发生的串通投标行为，以保障招标活动的公平性。但母公司和子公司组成联合体算作一个投标人，再怎样沟通都是合法的，不存在串标的可能。但需要注意的是，联合体组成双方都不得再以自己名义单独投标，也不得组成或参加其他联合体在同一招标项目或标段中投标。

第二节 投标文件组成

投标文件一般包括商务文件、技术文件、价格文件和其他部分,投标人应按照招标文件的要求和格式编制投标文件。实行资格预审的项目,投标人还应准备、递交资格预审申请文件。

一、工程施工项目投标文件

1. 法律法规规章摘要

《招标投标法》

第二十七条 投标人应当按照招标文件的要求编制投标文件。投标文件应当对招标文件提出的实质性要求和条件作出响应。

招标项目属于建设施工的,投标文件的内容应当包括拟派出的项目负责人与主要技术人员的简历、业绩和拟用于完成招标项目的机械设备等。

第三十条 投标人根据招标文件载明的项目实际情况,拟在中标后将中标项目的部分非主体、非关键性工作进行分包的,应当在投标文件中载明。

《招标投标法实施条例》

第四十二条 使用通过受让或者租借等方式获取的资格、资质证书投标的,属于招标投标法第三十三条规定的以他人名义投标。

投标人有下列情形之一的,属于招标投标法第三十三条规定的以其他方式弄虚作假的行为:

(一)使用伪造、变造的许可证件;
(二)提供虚假的财务状况或者业绩;
(三)提供虚假的项目负责人或者主要技术人员简历、劳动关系证明;
(四)提供虚假的信用状况;
(五)其他弄虚作假的行为。

2. 业务实践

(1)工程施工项目投标文件。根据《标准施工招标文件》的规定,工程施工项目投标文件包括:

1)投标函及投标函附录:投标函是指由招标人提供格式、投标人进行填写的文件。在进行投标文件编制时,投标人需在投标函及其附录中对相关内容进行确定并做出承诺。

2)法定代表人身份证明或附有法定代表人身份证明的授权委托书:法定代表人身份证明书是用来证明法定代表人身份的证明书,法定代表人是代表法人行使职权的负责人，是自然人。当法定代表人不方便行使职权时，可委托他人代为行使，需签署授权委托书。

3）联合体协议书：以联合体方式投标的，联合体各方应当签订共同投标协议，明确约定各方拟承担的工作和责任，并将共同投标协议连同投标文件一并提交给招标人。

4）投标保证金。

5）已标价工程量清单：工程量清单是工程建设项目的分部分项工程项目、措施项目、其他项目、规费项目和税金项目的名称和相应数量等的明细清单。工程量清单将列出所有要求投标人完成的工程项目及其相应工程实体数量，为投标人提供拟建工程的基本内容、实体数量和质量要求等信息。

定额计价是工程量清单计价以外的另一种计价方式，其基本特征就是价格＝定额＋费用＋文件规定，按国家规定的统一工程量计算规则计算工程数量，然后按建设行政主管部门颁布的预算定额或单位估价表计算工、料、机的费用，再按有关费用标准计取其他费用，汇总后得到工程造价。

6）施工组织设计：施工组织设计是对施工活动实行科学管理的重要手段，按设计阶段和编制对象不同，分为施工组织总设计、单位工程施工组织设计和施工方案三类。

7）项目管理机构：需确定项目小组人员、项目小组组织架构和职责。

8）拟分包项目情况表：在招标人允许的范围内，投标人可对部分项目进行分包，并将拟分包情况在投标文件中注明。

9）资格审查资料：包含投标人资质业绩文件。

10）投标人须知前附表规定的其他材料。

（2）资格预审申请文件。实行资格预审的施工项目，根据《标准施工招标资格预审文件》，资格预审申请文件应包括：

1）资格预审申请函：内容及作用同投标函。

2）法定代表人身份证明或附有法定代表人身份证明的授权委托书。

3）联合体协议书。

4）申请人基本情况表：包含公司名称、注册资本、法定代表人、营业执照等公司基本信息。

5）近年财务状况表：一般由资产负债表、损益表和现金流量表组成，是反映投标人财务状况的会计报表。

6）近年完成的类似项目情况表：反映投标人已完成的类似项目情况。

7）正在施工和新承接的项目情况表：反映投标人正在进行的项目情况。

8）近年发生的诉讼及仲裁情况：反映投标人的信誉和风险。

9）其他材料：见申请人须知前附表。

拓展阅读：想了解更多延伸知识吗？
扫描二维码即可阅读哦！

二、货物项目投标文件

根据《工程建设项目货物招标投标办法》的规定,工程建设项目货物投标文件包括:
(1) 投标函。
(2) 投标一览表。
(3) 技术性能参数的详细描述:技术性能参数是指产品的技术性能指标,此部分包含对尺寸、动力、结构和精度等参数的详细描述。
(4) 商务和技术偏差表:偏差表是专门用来对应表达招标投标双方关于商务/技术要求差异的表格性文件。一般来说,这是投标人就招标人所提出的商务/技术要求,当出现与招标人要求不能完全一致时,就不一致的内容进行描述性说明的文件。
(5) 投标保证金。
(6) 有关资格证明文件。
(7) 招标文件要求的其他内容。

三、服务项目投标文件

大部分服务项目的投标文件均不具备标准文本和统一的格式,投标人通常需要参照其他招标项目的投标文件格式并按照招标文件的要求进行编制。例如,监理项目一般包括监理人员报价、监理大纲等内容,而勘察设计项目则包括勘察大纲、勘察服务计划表和勘察设计费投标报价表等内容。

四、投标报价

1. 法律法规规章摘要

《招标投标法》
第三十三条 投标人不得以低于成本的报价竞标,也不得以他人名义投标或者以其他方式弄虚作假,骗取中标。

2. 业务实践

投标报价是投标人依照招标文件条件测算得出的、向招标人递交的愿意承揽工程、交付货物或完成服务的费用报价。投标报价是投标文件的核心内容,由总项报价和分项报价组成,总项报价等于分项报价之和。根据项目类型的不同,投标报价分为工程项目投标报价、货物项目投标报价和服务项目投标报价。

工程施工项目的投标报价包括工程成本测算和报价确定两个阶段。核算工程量是测算项目成本的重要手段,投标人根据招标文件提供的工程量清单内容格式,结合施工现场情况和施工设计核算工程量,进而确定投标报价。

货物报价也应按照招标文件中的分项报价表和开标一览表格式进行报价，分项报价表应明确各货物的名称、单价、数量、规格、总价等信息，投标总价不仅包括分项报价合价，有时还应计算货物交付的运输费、包装费以及各种税费等。

服务报价是指服务项目的投标报价，包含工程建设项目和非工程建设项目两类。对于工程建设服务项目，根据国家发展改革委《关于进一步放开建设项目专业服务价格的通知》（发改价格〔2015〕299号）规定，工程勘察、设计、监理等与工程建设相关的服务收费实行市场调节价，价格放开竞争。因而，对于所有服务类项目，投标人都可根据市场行情、自身情况、项目情况等因素，在编制投标报价时按招标文件格式自主报价。

3. 专题分析

投标报价策略分析。投标报价是投标文件最重要的要素之一，也是招标人定标的考虑重点。在采用最低价中标的项目中，投标人可对项目进行分析预测，以确保自己的价格最低；在采用综合评估法进行评标的项目中，投标报价得分是构成最终得分的一部分，投标人应在综合考虑资信、质量、工期等其他因素后确定报价策略。

（1）不平衡报价法。是在工程项目的投标总价确定以后，根据招标文件中所规定的付款条件和评标办法，对投标文件中某些工程项目的报价进行合理的调整，使投标总价没有明显提高以不影响中标的前提下的一种报价方法。投标人使用不平衡报价的策略时，可根据招标文件中的分部分项报价评标办法适当降低分数比重高的部分报价，提升分数比重低的部分报价，以便在投标总报价不变的情况下，提升评标分数。另外，投标人也可以适当提升预期会早日结算、预计工程量会增加的项目报价，早日回收资金。

（2）多方案报价法。在招标文件允许的情况下，投标人可以编制备选方案，提供给招标人多个方案报价。具体做法是：按招标文件的要求报正式标价，在投标文件的附录中提出替代方案，并说明如果被采纳，该替代方案的标价数额。

（3）突然降价法。是一种迷惑对手的手段，在投标期间，放出一些虚假报价信息，等到投标截止时间前夕突然降价，这种方法既可以让对手措手不及又能避免报价信息泄露。

（4）先保本后盈利法。是指投标人为开辟市场而采用低价进场、依靠后续项目盈利的策略，适用于大型分期建设的项目。例如，在第一期工程投标时，投标人将部分成本计算到第二期工程中去，降低利润以便争取中标，这样在第二期工程招标时，凭借第一期工程的经验、设施配套和信誉，能较容易拿到第二期工程。

此种报价策略存在一定的风险，第一期项目成本失控、第二期项目投标失败等不可控因素都将造成投标人的损失。此外，投标人的报价过低还可能会被认定为低于成本竞争，存在违法违规的风险。

拓展阅读：想了解更多延伸知识吗？
扫描二维码即可阅读哦！

第三节 投标文件编制

一、获取招标文件和编制投标文件

1. 法律法规规章摘要

《电子招标投标办法》

第二十四条 投标人应当在资格预审公告、招标公告或者投标邀请书载明的电子招标投标交易平台注册登记,如实递交有关信息,并经电子招标投标交易平台运营机构验证。

2. 业务实践

(1) 获取招标文件。投标人在招标公告或投标邀请书中载明的文件获取时间内,到指定地点获取招标文件。招标人提供邮寄招标文件服务的,投标人也可以要求招标人寄送招标文件并向招标人支付邮寄费等相关费用,但招标人不承担邮件延误和遗失的责任。

对于采取电子招标投标的招标项目,投标人应当在资格预审公告、招标公告或者投标邀请书载明的电子招标投标交易平台注册登记,如实递交有关信息,并经电子招标投标交易平台运营机构验证。

投标人信息验证通过后可以进入交易平台完成购标等相关程序,直接在指定电子招标投标交易平台上下载招标文件,其下载的招标文件是数据电文形式。

(2) 编制投标文件。投标文件能够反映投标人技术、经济、商务方面的综合素质,是评标、定标和订立合同的依据,也是决定投标成败的关键因素。因此,投标人应对编制投标文件加倍重视,认真分析招标文件的相关内容,严格按照招标文件要求编制投标文件。

编制投标文件的重点是对招标文件中的实质性要求进行全面、明确的响应,对相应的内容进行详细的说明,不可回避招标文件中的实质性要求。实质性响应的投标是指投标符合招标文件的所有条款、条件和规定且没有重大偏离或保留。实质性要求包括投标人的资格条件、工期/供货期/服务期、投标有效期、投标保证金、业绩情况、技术标准、质量要求、服务指标、是否联合体投标等内容。另外,招标文件中有格式要求的,投标文件应按招标文件中明确的格式进行编制。

实质性响应对投标人能否成功或顺利参与投标活动起到十分关键的作用,对于未能满足招标文件实质性要求的投标文件,评标委员会应按相关要求否决投标。

拓展阅读:想了解更多延伸知识吗?
扫描二维码即可阅读哦!

3. 专题分析：电子招标投标中下载招标澄清文件的重要性

在传统纸质招标投标活动中，投标人从招标人处获取澄清文件，澄清文件是招标文件的一部分，投标人应根据澄清后的招标文件编制、递交投标文件。

在电子招标投标项目中，投标人使用电子招标投标交易平台配套的投标文件编制工具或办公软件进行投标文件的编制，并在投标文件编制工具中进行招标文件数据包的解析、投标文件的签章、专用表单（指开标一览表、分项报价表等）的逐项录入、评标条款的关联、投标文件的加密等操作。

若招标人发出电子澄清文件，投标人首先应当登录交易平台进行澄清文件的下载，原则上应修改投标文件的相应内容，并根据澄清文件数据包重新编制投标文件。理由如下：

（1）如不修改投标文件，则不能实质性响应招标文件。招标人会在澄清文件中澄清、修改部分招标文件中的内容，投标人若不下载澄清文件、重新编制投标文件则可能造成对招标文件的理解偏差，并因不能实质性响应招标文件而导致投标失败。

（2）电子招标文件的唯一性。在电子招标投标中，一个项目下递交的所有电子投标文件与唯一的电子招标文件是对应的，当电子投标文件与招标文件不匹配时，交易平台会拒收。而招标人发出澄清文件后，澄清后的招标文件才是该项目唯一的电子招标文件，投标人若继续使用原招标文件数据包对投标文件进行关联、编制，则其递交的电子投标文件将会被交易平台拒收。

4. 精选问答

Q：招标文件要求以投标保函的形式提交投标担保，那投标保函必须由投标人的开户银行开具吗？

A：不需要。《招标投标法实施条例》只要求依法必须进行招标项目的境内投标单位，以现金转账或者支票形式提交的投标保证金应当从其基本账户转出，并未规定投标保函的开具银行和方式。除非招标文件有特别要求的，否则银行或具备资质的担保机构依法都可以开具投标保函。

因此，是否接受投标保函及投标保函的开具方式由招标文件约定。除非招标文件有特别要求，否则银行或具备资质的担保机构依法都可以开具投标保函。

二、投标文件的密封

1. 法律法规规章摘要

《电子招标投标办法》

第二十六条　电子招标投标交易平台应当允许投标人离线编制投标文件，并且具备分段或者整体加密、解密功能。

投标人应当按照招标文件和电子招标投标交易平台的要求编制并加密投标文件。

投标人未按规定加密的投标文件，电子招标投标交易平台应当拒收并提示。

2. 业务实践

投标文件内容编写完成后，投标人可按招标文件要求进行装订，并提供规定数量的正本和副本。投标人应对投标文件进行密封，若招标文件对密封有要求的，遵照招标文件要求进行密封，否则投标文件将被拒收。

在传统纸质模式的招标项目中，通常设置的投标文件密封要求有：

（1）投标方应准备正本1份和副本4份，并在封面上注明"正本"或"副本"字样，然后放入招标专用袋中密封。一旦正本和副本有差异，以正本为准。

（2）密封口处贴纸加盖单位公章并注明"于×年×月×日×时×分之前不准启封"的字样。

在电子招标投标项目中，投标人完成投标文件基本内容的编制后，应当按照交易平台制作投标文件的要求录入表单数据，并按照招标文件和电子招标投标交易平台的要求对投标文件进行签章和加密，以免泄露投标文件内容。

电子签章是电子签名的一种表现形式，利用图像处理技术将电子签名操作转化为与纸质文件盖章操作相同的可视效果，同时利用电子签名技术保障电子信息的真实性和完整性以及签名人的不可抵赖性。电子签章具有与纸质文件盖章同样的效力。

第四节　投标文件递交

一、投标文件的递交与接收

1. 法律法规规章摘要

《招标投标法》

第二十八条　投标人应当在招标文件要求提交投标文件的截止时间前，将投标文件送达投标地点。招标人收到投标文件后，应当签收保存，不得开启。投标人少于三个的，招标人应当依照本法重新招标。

在招标文件要求提交投标文件的截止时间后送达的投标文件，招标人应当拒收。

《招标投标法实施条例》

第三十六条　未通过资格预审的申请人提交的投标文件，以及逾期送达或者不按照招标文件要求密封的投标文件，招标人应当拒收。

招标人应当如实记载投标文件的送达时间和密封情况，并存档备查。

《电子招标投标办法》

第二十五条　投标人应当通过资格预审公告、招标公告或者投标邀请书载明的电子招标投标交易平台递交数据电文形式的资格预审申请文件或者投标文件。

2. 业务实践

投标人应在招标文件规定的投标截止时间（开标时间）前将投标文件送达指定地点，并由招标人进行签收、保存。对于在招标文件要求提交投标文件的截止时间后送达的或未按招标文件要求密封的投标文件，招标人应当拒收。

在进行电子招标投标的项目中，投标人应当在投标截止时间前完成投标文件的传输递交。在投标截止时间前未完成传输的投标文件，电子招标投标交易平台应当拒收。

电子招标投标交易平台收到投标人送达的投标文件后，应当立即向投标人发出投标文件确认收到的回执，并妥善保存投标文件。在投标截止时间前，除投标人有权补充、修改或撤回投标文件外，任何单位和个人不得解密、提取投标文件。投标人重新提交的投标文件以及投标文件的补充、修改的内容也应在投标截止时间前完成传输。

3. 专题分析：拒收投标文件的情形分析

在招标投标活动中，拒收投标文件是极易引发争议的，这涉及投标人依法参与投标的权利，也涉及招标人依法拒收投标文件的权利。明确拒收投标文件的情形有利于避免由于拒收投标文件引发的招标投标双方矛盾冲突，维护招标投标过程中的公平、公开、公正和诚实信用。

通过研读《招标投标法》《招标投标法实施条例》《工程建设项目施工招标投标办法》《电子招标投标办法》等相关法律法规、部门规章可知，有权利拒绝投标文件的主体不仅有招标人，还有电子招标投标交易平台。

总结来看，招标人应拒收的投标文件有以下四种：①实行资格预审的招标项目，未通过资格预审的申请人提交的投标文件；②在投标截止时间之后送达指定地点的投标文件；③未按招标文件要求进行密封的投标文件；④未按要求购买招标文件的潜在投标人提交的投标文件。

电子招标投标交易平台应拒收的投标文件有以下三种：①实行资格预审的招标项目，未通过资格预审的申请人提交的电子投标文件；②未按规定进行加密的电子投标文件；③在投标截止时间之前未完成传输的电子投标文件。

4. 精选问答

Q：投标人是否可以采用传真、电子邮件的方式递交投标文件？

A：不可以。《招标投标法》要求纸质形式招标的投标文件的递交要满足密封要求，并在开标环节对投标材料的密封情况进行检查，确认无误后才能拆封。而以传真、电子邮件的方式提交投标文件不具备密封性，因此投标人不能采用这两种方式递交投标文件，依法应当拒收。

注意采用传真、电子邮件的方式递交投标文件与通过电子招标投标交易平台递交投标材料有本质的区别，虽然传真、电子邮件也是数据电文的形式，但符合我国《电子招标投标办法》的电子招标投标交易平台的开发、检测、认证、运营都是严格按照《电子招标投标系统技术规范》的要求进行的。合规的电子招标投标系统采用可靠的身份识别、权限控制、加密、病毒防范等技术防范非授权操作，保证交易平台的安全、稳定、可靠。可以对录入信息的真实性进行验证，并确保数据电文不被篡改、不遗漏并且可追溯。因此其与传统纸质招标对投标文件密封要求的本质是一致的。

二、投标文件的补充与修改

1. 法律法规规章摘要

《招标投标法》

第二十九条　投标人在招标文件要求提交投标文件的截止时间前，可以补充、修改或者撤回已提交的投标文件，并书面通知招标人。补充、修改的内容为投标文件的组成部分。

2. 业务实践

投标人在招标文件要求提交投标文件的截止时间前可以补充、修改或者撤回已提交的投标文件，并书面通知招标人。补充、修改的内容为投标文件的组成部分，也应按照招标文件的要求进行编制、签章、密封，送达指定地点。

投标人不可在递交投标文件时间截止后对投标文件进行补充和修改，也不可主动提出澄清、说明要求，但可应评标委员会的要求，对投标文件中含义不明确、表述不一致、明显的文字或计算错误做出书面澄清或说明。

在电子招标投标项目中，投标人对已递交的投标文件需要补充、修改的，应在投标截止时间前完成补充、修改内容的传输，否则其补充、修改的内容无效。

三、投标文件的撤回与撤销

1. 法律法规规章摘要

《招标投标法实施条例》

第三十五条　投标人撤回已提交的投标文件，应当在投标截止时间前书面通知招标人。招标人已收取投标保证金的，应当自收到投标人书面撤回通知之日起 5 日内退还。

投标截止后投标人撤销投标文件的，招标人可以不退还投标保证金。

《电子招标投标办法》

第二十七条　投标人应当在投标截止时间前完成投标文件的传输递交，并可以补充、修改或者撤回投标文件。投标截止时间前未完成投标文件传输的，视为撤回投标文件。投标截止时间后送达的投标文件，电子招标投标交易平台应当拒收。

电子招标投标交易平台收到投标人送达的投标文件，应当即时向投标人发出确认回执通知，并妥善保存投标文件。在投标截止时间前，除投标人补充、修改或者撤回投标文件外，任何单位和个人不得解密、提取投标文件。

2. 业务实践

（1）撤回投标文件。在投标截止时间前，投标人可撤回已递交的投标文件，但应当在投标截止时间前书面通知招标人。招标人已收取投标保证金的，应当自收到投标人书面撤回通知之日起 5 日内退还其投标保证金。

采用电子招标投标的项目，在投标截止时间前，投标人同样可撤回已递交的电子投标文件。值得注意的是，投标人若未在投标截止时间前完成投标文件传输的，视为撤回投标文件。

（2）撤销投标文件。在递交投标文件截止时间后到招标文件规定的投标有效期届满之前，投标人宣布已递交的投标文件无效的，视为撤销投标文件。投标截止后投标人撤销投标文件的，不可再次提交投标文件，招标人可以依据招标文件的约定不退还投标保证金。

四、串标围标行为分析

1. 法律法规规章摘要

《招标投标法》

第三十二条　投标人不得相互串通投标报价，不得排挤其他投标人的公平竞争，损害招标人或者其他投标人的合法权益。

投标人不得与招标人串通投标，损害国家利益、社会公共利益或者他人的合法权益。

禁止投标人以向招标人或者评标委员会成员行贿的手段谋取中标。

《招标投标法实施条例》

第三十九条　禁止投标人相互串通投标。

有下列情形之一的，属于投标人相互串通投标：

（一）投标人之间协商投标报价等投标文件的实质性内容；

（二）投标人之间约定中标人；

（三）投标人之间约定部分投标人放弃投标或者中标；

（四）属于同一集团、协会、商会等组织成员的投标人按照该组织要求协同投标；

（五）投标人之间为谋取中标或者排斥特定投标人而采取的其他联合行动。

第四十条　有下列情形之一的，视为投标人相互串通投标：

（一）不同投标人的投标文件由同一单位或者个人编制；

（二）不同投标人委托同一单位或者个人办理投标事宜；

（三）不同投标人的投标文件载明的项目管理成员为同一人；

（四）不同投标人的投标文件异常一致或者投标报价呈规律性差异；

（五）不同投标人的投标文件相互混装；

（六）不同投标人的投标保证金从同一单位或者个人的账户转出。

第四十一条　禁止招标人与投标人串通投标。

有下列情形之一的，属于招标人与投标人串通投标：

（一）招标人在开标前开启投标文件并将有关信息泄露给其他投标人；

（二）招标人直接或者间接向投标人泄露标底、评标委员会成员等信息；

（三）招标人明示或者暗示投标人压低或者抬高投标报价；

（四）招标人授意投标人撤换、修改投标文件；

（五）招标人明示或者暗示投标人为特定投标人中标提供方便；

（六）招标人与投标人为谋求特定投标人中标而采取的其他串通行为。

2. 业务实践

（1）串标围标的基本含义。串标指投标人之间或投标人与招标人相互串通谋取中标的行为。围标是串标的形式之一，具体是指投标人之间相互约定，一致抬高或压低投标报价进行投标，通过限制竞争，排挤其他投标人，使某个利益相关者中标，从而谋取利益的手段和行为。通常，围标行为的发起者称为围标人，参与围标行为的投标人称为陪标人。

（2）串标围标的行为认定。在当前的招标投标活动中，串标围标行为根据所参与的主体，大致可分为三种形式。

1）投标人之间相互串通。包括投标人为谋求中标，与其他投标人相互约定，一致抬高或压低投标报价进行投标；投标人利用行业内地位或通过其他资源组织合作单位进行陪标；还有挂靠其他企业，以多家企业名义参与项目，以限制竞争等形式。

2）招标人、招标代理机构与投标人串通。一般是招标人在前期已经内定了中标单位，为谋求特定投标人中标，在招标投标程序中单独向特定投标人透露项目信息，或其他妨碍公平竞争的行为。

例如，招标人代表在评标时发表倾向性言论，或通过压缩招标文件编制时间、在非法定发布媒介发布招标公告等方式，限制潜在投标人参与投标，或故意在招标文件中设置不合理的要求，为内定供应商"量身定做"文件条款，以谋求特定供应商中标等。

3）投标人与评标专家串通。指评标专家事先或约定事后收受投标人好处，在评标过程中给特定投标人打高分，或故意苛刻评价其他投标人的投标文件，以谋求特定投标人中标的行为。

此外，在《电子招标投标办法》中，还对电子招标投标系统运营机构泄露信息的行为做出认定：系统运营机构向他人透露已获取招标文件的潜在投标人的名称、数量、投标文件内容或者对投标文件的评审和比较以及其他可能影响公平竞争的招标投标信息，参照招标人泄密的规定进行处罚。

（3）串标围标的原因分析。招标投标领域这些"潜规则"屡禁不止，主要有以下几点成因：

1）项目利润丰厚、市场竞争激烈。在招标投标法体系和政府采购法体系中，以招标方式进行的采购通常标的额较高且存在一定数量的潜在供应商。大额的招标投标工程往往在千万元甚至亿元以上，存在较为丰厚的利润空间。尽管我国建筑行业实行较为严格的行业准入制度，但在房屋建筑、公路工程等较为普通的建设工程领域，资质准入门槛低，行业内从业主体数量较多，同质化竞争严重，市场竞争相当激烈。此外，由于招标投标程序的保密性和以报价高低为中标依据的偶然性，投标成本无形增大。在多重因素的作用下，缺乏差异化竞争优势的投标人往往铤而走险。

2) 法律法规不尽完善，违法成本较低。尽管《招标投标法》及其实施条例中都规定了对串标、围标行为的认定标准和处理方式，但从实际运作来看，并不能很好地解决招标投标领域违法违规的突出问题。究其原因，法律中只对明显被视为串标围标的情形进行了界定，如不同投标人的投标文件相互混装、投标文件异常一致等，而没有给执法者提供更多的监督手段和监督依据。同时，法律中对串标行为的处罚相对较轻，投标人的违法成本远远低于违法所得，难以遏制不法企业的投机心理。

同时，根据现行的招标投标监督体制，各级发展改革部门负责指导和协调本区域的招标投标工作，各级有关监督部门按照规定的职责分工对招标投标活动实施监督。这一体系呈现出被监督者自我监督和多头监督等特点，如对于国家投资项目，行业主管部门通常负责项目的组织实施，即为招标人。但是，现行立法忽略了这一角色，同时赋予行业主管部门监督者的身份，使被监督者成为监督者。此外，招标投标活动的监管权力分散在各部门，极易分散监管力量，且强化部门利益。在这一监督体制下，如果招标人与投标人串通投标，更加难以被查处。

另外，由于串标围标行为本身即存在"隐蔽性"，仅靠现场监督或者过程性文件审查等方式是很难识别的，这也使得监管部门或招标人难以实施有效监督。

(4) 串标围标的治理对策。严肃查处招标投标领域的串标围标行为，治理招标投标竞争环境，历来是招标投标监管部门的重点工作，更是一场持久战。为减少串标、围标行为的生存空间，可采用以下手段：

1) 从监管机制上，完善招标投标监督管理机制，除行政监管外，强化市场主体监督，引进社会公众监督。市场主体作为项目的参与者，往往具有更强的监督意愿，有利于促进项目的合法合规性。同时，加强事中事后监督，为监督主体介入招标全过程进行有效监督提供渠道和方式。例如，通过中标后履约审查，杜绝中标单位进行违法转包，通过中标企业财务记录、人员配备等环节全面掌握合同履行情况。

2) 从监管方式上，发挥信息技术力量打击违法行为。"互联网+"招标采购的普及为监管主体实施在线监管、动态监管、协同监管提供了保障，监管部门应当利用信息技术的优势，进一步探索电子模式下监管手段的创新实践。例如，运用大数据理念、技术和资源识别投标人串通投标情况，结合供应商信用信息记录建立风险识别和预警机制，加强对高风险供应商的监督。同时，招标投标监督部门应当加强与其他地区间的信息联动，共享地区之间的市场主体相关信息，避免信息割裂，从而提高监管效率和监督有效性。

3) 从处罚机制上，更加突出违法成本的约束力，从严从重整治串标、围标行为，并将违法行为记录纳入企业和个人的信用信息记录，使得投标企业的违法成本高于违法所得。

此外，还应当全力推行全流程电子招标投标。实现招标投标全流程的电子化有助于隔绝潜在投标人，提高信息保密度。同时，为异地投标人参与项目提供条件，扩大了竞争范围，降低串标、围标的可操作性。更为重要的是，全流程电子招标投标项目为招标投标信息的尽可能公开创造了良好的条件。阳光是最好的警察。信息的公开使各方主体享有充分的知情权，因此招标投标各方的自律、投标人之间的监督、社会监督和舆论监督才能发挥出比行政监督更及时、更有力的作用。

拓展阅读：想了解更多延伸知识吗？
扫描二维码即可阅读哦！

第五节 案例与习题

一、案例

某大型购物商场建筑工程，占地面积约为10万平方米，采用工程施工总承包招标，并使用资格后审方式。招标公告中对投标人资格条件要求如下：

(1) 具有独立法人资格，法定代表人为同一自然人的两个及两个以上法人企业不得在本项目招标中同时投标；

(2) 具有房屋建筑工程施工总承包特级资质证书的施工企业；

(3) 具有国家建设行政主管部门颁发的安全生产许可证；

(4) 所承建工程曾获鲁班奖或建筑类同等级别奖项；

(5) 2017年以来具有类似大型购物商场的工程施工总承包业绩；

(6) 本项目不接受联合体投标。

在招标公告中还规定，投标人购买招标文件时须携带以下资料，提交招标人查验合格后方可购买招标文件：

(1) 经办人介绍信或法定代表人授权委托书原件；

(2) 经办人身份证、企业营业执照、资质证书、安全生产许可证、获奖证书，以上证件需现场查验原件，并收取盖章的复印件；

(3) 企业简介及2017年以来大型民用建筑项目的施工总承包业绩表。

招标公告发布后，在招标文件发售期间，某建筑集团总公司（以下简称A公司）的代表带着相关证明文件材料要求购买招标文件，招标代理机构的工作人员在检查其材料时，发现缺少《安全生产许可证》。该企业代表说此证照已过期，新证正在办理中，暂无法提供，故招标代理机构工作人员没有向其出售招标文件。次日，该代表拿着另一施工企业（以下简称B公司）的《安全生产许可证》复印件及其集团总公司的组织机构图再次来要求购买招标文件，从A公司提供的集团总公司组织机构图及其他资料中反映出B公司为A的全资子公司。招标代理机构工作人员查验后仍未将招标文件出售给他，该代表随后向有关招标投标监管部门提出投诉。

A公司在投诉中称，B公司是A公司下属的全资子公司，虽然A公司的证书已过期，但B公司并不准备来参加此次竞标，因此A公司可将其具备的资质条件材料与B公司拥有的《安全生产许可证》等证书材料共同构成可以满足本次招标对投标人资格要求的完整材料，不出售招标文件给 A 公司属于有意排斥潜在投标人的行为，不符合《招标投标法》的规定[①]。

问题：
(1) A 公司是否能使用 B 公司的证书以满足投标人资格条件？为什么？
(2) 招标代理机构工作人员在文件发售期审查购买人的资格是否有必要？为什么？
(3) 该项目设置的投标人资格条件是否合理？为什么？

二、练习

1. 选择题

(1) 关于投标文件的撤销与撤回，下列说法正确的是（　　）。
A. 投标人撤销投标文件的，项目可以重新招标
B. 投标人撤回投标文件的，招标人可以不退还投标人的投标保证金
C. 投标人撤回投标文件的，可以不再投标，也可在规定的投标截止时间前重新投标
D. 投标人撤回投标文件的，应当以书面形式通知招标人和已参加投标的投标人

(2) 根据法律法规的规定，下列情形中，不得同时参加工程建设项目同一标段投标的是（　　）。
A. 具有控股关系的两家公司
B. 同一母公司的两家子公司
C. 具有相同股东单位的两家公司
D. 曾在其他项目组成投标联合体的两家公司

(3) 工程投标函附录一般附于投标函之后，共同构成合同文件的组成部分，主要内容是对投标文件中涉及（　　）的内容条款进行说明或强调。
A. 商务条款偏离　　　　　　B. 资格证明材料
C. 工程量清单　　　　　　　D. 关键性或实质性

(4) 某项目招标文件中约定投标有效期为 90 天，投标人在开标后第 5 天书面告知招标人该投标作废，此时可以对投标人采取的处理措施是（　　）。
A. 施以投标保证金同等数量的罚款
B. 不予退还其投标保证金
C. 列入不良行为记录名单，限制其在一年内参与其他项目投标
D. 该行为是投标人的权利，不能对其进行处罚

(5) 下列属于判定串通投标的依据的是（　　）。

---

① 资料来源：全国招标师职业水平考试辅导教材指导委员会. 招标采购案例分析 [M]. 北京：中国计划出版社, 2010. 根据法律法规修订，有所改编。

A. 拆封标书时发现投标人 A 递交的文件写着投标人 B 的名称
B. 招标人在开标前澄清修改了资格条件使某投标商通过初审
C. 某投标人应合作单位要求给其招标项目陪标
D. 某公司在投标过程中向业主征询意向

2. 问答题

（1）请列举三种以上可能导致投标被否决的原因。
（2）投标文件的撤回与撤销有什么区别？

第七章 开标、评标与定标

◇ 引导案例

2018年7月,福建一工程项目在开标过程中被发现作弊,引发舆论热议。该工程为政府投资工程建设项目,项目预算为100余万元,采用摇号方式从评审合格的投标人中选择中标人。

开标会议现场,某投标人代表发现摇号所使用的摇号箱有异,随即上前强行打开摇号箱,发现摇号箱盖内侧粘着一个号码球,而未装入摇号箱的号码球中,还有另一个同样数字的号码球,众人一时哗然,并报警处理。

公安局已对该案立案侦查,并对涉嫌作弊的相关当事人采取刑事强制措施。

◇ 案例解析

该事件被曝光后引发舆论热议,一方面,招标投标活动的公信力再度受到质疑;另一方面,该案例中采用"摇号中标"方式的合法性也引起业内人士的讨论。

据媒体披露,该项目采用简易评标法。《福建省政府投资小规模工程施工简易招标办法》中规定,对于未达国家依法必须招标标准的政府投资小规模工程建设项目,可以由招标人在招标文件中约定工程预算造价和发包价及其组成和计算方法,投标人仅需递交资格及承诺文件,在开标现场,招标人当场随机抽取一定数量的投标人进入评审,并在通过资格评审的投标人中,随机抽取三名投标人按顺序作为中标候选人。

事实上,并不是只有福建才采用摇号方式确定中标人。从2017年开始,四川巴中、甘孜、南充等多地出台规定,对总投资3000万~5000万元的政府投资工程建设项目,通过随机评定方式确定中标候选人。

而使用这种随机评定,也就是摇号、抽签的方式来确定谁能承接项目,看似儿戏,却是许多地区不得已而为之的方式。一是由于项目利润大,市场竞争白热化。在我国,金额较高且国家投资的工程建设项目大多都必须采用招标方式选择承包商,大型项目的投资动辄上亿、利润可观。这就使得行业内市场主体数量众多,竞争激烈。二是招标投标机制不完善,为使项目中标,招标人、投标人、代理机构等相互串通已经成为招标投标公开的行为。而摇号的方式尽管与公平竞争的原则有所冲突，但与暗箱操作相比仍有其价值。至少使得投标人的精力不会放在"攻克"招标人、代理机构或专家上，也减少公职人员搞权钱交易的机会，一定程度上减少围标串标的可能性。

但摇号是否就能选出最优承包商呢？

无论是政府采购追求"物有所值"的目标，还是招标投标的本质——择优，都是希望通过众多投标人之间的博弈，选出性价比最优者或者符合实质要求的评标价格最低者，作为最终的交易对象。

而摇号，这种就像福利彩票摇中奖号码一样带有"博彩"因素的中标方式，也受到许多业内人士的诟病。

一是摇号定标不符合《招标投标法》第四十一条规定的中标条件，直接违反了法律规定。

二是难以实现供应商之间的竞争，不对供应商的能力、报价作考虑，而是寄希望于供应商的运气加持，也就难以通过实质上的公平竞争选出最优的供应商。

三是无法很好地履行评标委员会的职责，评标委员会只需对实质性要求进行评审，查一查投标人证书是否齐全、报价是否有错漏就行了，难以依据规则对供应商的优劣做出判断，也就不能发挥自身的专业优势，为招标人选出最优的供应商。

四是相关规定仅满足了表面上的"公平"，并不能很好地关注结果。摇号摇出来的供应商，仅能保证其符合招标人的基本要求，至于其是否价格最低、质量最优、后续的履约能力能否得到保障，无从知晓。

思考：如何在确保公平的前提下实现采购效益最大化？

资料来源：易招标学苑（经整理）。

◇ **案例涉及主要知识点**

开标程序、定标原则

◇ **学习导航**

- 掌握开标、评标和定标的基本程序与规则
- 探讨摇号中标、评定分离等热点问题的成因与合理性

◇ **教学建议**

- 备课要点：开标、评标和定标的基本程序，开标、评标和定标的规则
- 教授方法：案例、讲授、实证、启发式
- 拓展知识领域：摇号中标、评定分离等热点问题的成因与合理性

开标、评标与定标是招标投标程序的核心环节，也是招标投标活动公开、公平、公正性的重要体现。招标人通过开标、评标与定标程序，最终确定中标人，发出中标通知书，并在法定期限内与中标人签订中标合同。

第一节 开标

开标是招标投标公开原则的重要体现，是指招标人在招标文件中载明的开标时间和地点，公开宣布全部投标人的名称、投标价格及投标文件中的其他主要内容，并且将开标情况记录在案的过程。

一、法律法规规章摘要

《招标投标法》

第三十四条 开标应当在招标文件确定的提交投标文件中截止时间的同一时间公开进行；开标地点应当为招标文件中预先确定的地点。

第三十五条 开标由招标人主持，邀请所有投标人参加。

第三十六条 开标时，由投标人或者其推选的代表检查投标文件的密封情况，也可以由招标人委托的公证机构检查并公证；经确认无误后，由工作人员当众拆封，宣读投标人名称、投标价格和投标文件的其他主要内容。

招标人在招标文件要求提交投标文件的截止时间前收到的所有投标文件，开标时都应当当众予以拆封、宣读。开标过程应当记录，并存档备查。

《招标投标法实施条例》

第四十四条 招标人应当按照招标文件规定的时间、地点开标。

投标人少于3个的，不得开标；招标人应当重新招标。

投标人对开标有异议的，应当在开标现场提出，招标人应当当场作出答复，并制作记录。

《电子招标投标办法》

第二十五条 投标人应当通过资格预审公告、招标公告或者投标邀请书载明的电子招标投标交易平台递交数据电文形式的资格预审申请文件或者投标文件。

第二十六条 电子招标投标交易平台应当允许投标人离线编制投标文件，并且具备分段或者整体加密、解密功能。

投标人应当按照招标文件和电子招标投标交易平台的要求编制并加密投标文件。

投标人未按规定加密的投标文件，电子招标投标交易平台应当拒收并提示。

第二十七条 投标人应当在投标截止时间前完成投标文件的传输递交，并可以补充、修改或者撤回投标文件。投标截止时间前未完成投标文件传输的，视为撤回投标文件。投标截止时间后送达的投标文件，电子招标投标交易平台应当拒收。

电子招标投标交易平台收到投标人送达的投标文件，应当即时向投标人发出确认回执通知，并妥善保存投标文件。在投标截止时间前，除投标人补充、修改或者撤回投标文件外，任何单位和个人不得解密、提取投标文件。

第二十九条　电子开标应当按照招标文件确定的时间，在电子招标投标交易平台上公开进行，所有投标人均应当准时在线参加开标。

第三十条　开标时，电子招标投标交易平台自动提取所有投标文件，提示招标人和投标人按招标文件规定方式按时在线解密。解密全部完成后，应当向所有投标人公布投标人名称、投标价格和招标文件规定的其他内容。

第三十一条　因投标人原因造成投标文件未解密的，视为撤销其投标文件；因投标人之外的原因造成投标文件未解密的，视为撤回其投标文件，投标人有权要求责任方赔偿因此遭受的直接损失。部分投标文件未解密的，其他投标文件的开标可以继续进行。

招标人可以在招标文件中明确投标文件解密失败的补救方案，投标文件应按照招标文件的要求作出响应。

第三十二条　电子招标投标交易平台应当生成开标记录并向社会公众公布，但依法应当保密的除外。

二、业务实践

1. 开标参与人

招标人应邀请所有投标人参加开标，必要时通知有关行政监督机构代表到场监督，或邀请公证机构人员到场进行公证。

招标人邀请所有投标人参加开标是法定的义务，参加开标会议是投标人的权利。投标人是否参加开标会，并不影响投标文件的有效性。根据《招标投标法实施条例》的规定，如果投标人对开标有异议，应当在开标现场提出。因此，如果投标人不到现场参加开标，就意味着失去了监督开标过程的机会，同时默认接受开标的结果。

地方或有关行业主管部门要求行政监督部门或公证机构须在开标现场进行监督或公证的做法，缺乏法律法规的明确授权。行政监督机构的代表与公证人员是否参加开标，不影响开标过程的合法性与公正性。此外，在评标完成之前，为了对评委信息保密，评标委员会成员不得参加开标活动。

在电子招标投标模式下，开标活动的参与人与纸质模式下有重大不同。根据《电子招标投标办法》规定，电子开标应当按照招标文件确定的时间，在电子招标投标交易平台上公开进行，所有投标人均应当准时在线参加开标。

投标人必须准时参加网上的开标会。因为在实践中，主流的加密、解密方式是采取投标人加密、解密的方式，投标人如果不在线参加开标会，任何其他单位和个人都不能对投标文件进行解密。所谓在线参加，就是参加开标的人不必到达某一指定地点，而只需在其各自可上网的环境下登录电子招标投标交易平台即可参加开标会。

在电子模式下开标活动在网络上完成，招标人与投标人都不到现场，行政监督机构的代表或公证人员到场也只能通过电子招标投标行政监督平台查看开标过程,到现场就自然失去了其传统的作用。

2. 开标时间与地点

此类信息,招标人都应当事先在招标文件中准确表述,开标时间必须与投标截止时间为同一时间。招标文件中公布的开标时间、地点、程序和内容如果需要修改,应以书面形式通知所有获取招标文件的潜在投标人,并在原公告发布媒介上发布澄清公告。机电产品国际招标项目,招标人如果顺延投标截止时间,应当在招标文件确定的提交投标文件截止时间3日前,将变更时间书面通知所有获取招标文件的潜在投标人,并在原公告发布媒介上发布澄清公告。其他类型的招标项目可参照执行。

电子模式下的开标地点为招标文件公布的电子招标投标交易平台。这是电子开标所需虚拟空间与纸质形式的开标需要物理空间存在的重大差别。招标文件应详细公布交易平台的名称、网址、登录方式和进入开标大厅的流程,确保投标人按照招标文件的规定能顺利参加开标会。

3. 开标程序

(1)接收投标文件。投标人提交投标文件的方式可以是直接送达,即投标人派授权代表直接将投标文件在招标文件规定的投标文件递交截止时间之前送达指定地点。

当投标人采用直接送达方式提交投标文件时,招标人应安排专人在招标文件指定地点接收投标文件,并详细记录投标文件送达人、送达时间、份数、包装密封、标识等查验情况。经投标人确认后,向其出具接收投标文件和投标保证金(支票等形式)的凭证。

投标人采用邮寄方式提交投标文件的,投标文件的送达时间是以招标人实际收到的时间为准,而不是以"邮戳为准"。为了保证投标文件的保密性,投标人不得使用电子邮件、传真等方式递交电子投标文件。

在电子模式下,投标人应当采用数据电文的形式制作并递交资格预审申请文件、投标文件。电子投标的路径是资格预审公告、招标公告或者投标邀请书所载明的电子招标投标交易平台,递交的文件是经过加密的电子投标文件。

投标人应当在投标截止时间前完成投标文件的传输递交,这里所说的"完成投标文件传输递交"是指投标文件从投标人的终端发出经过网络传递到电子招标投标交易平台服务器并经过服务器确认收到文件的过程。投标人在递交文件时要充分考虑到传输所需的时间和网络传输中可能出现的各种延迟或中断。

电子招标投标交易平台作为投标文件的接收人,有两点需要引起重视:一是关于投标文件的收到时间确定问题。《中华人民共和国电子签名法》(主席令第18号)(以下简称《电子签名法》)第十一条规定,收件人指定特定系统接收数据电文的,数据电文进入该特定系统的时间,视为该数据电文的接收时间。对于数据电文形式的招标投标文件这类大容量数据来说,交易平台接收该类数据电文有个过程,故数据电文的接收时间应当具体化为接收开始时间和接收结束时间。投标文件的送达时间,指的是投标文件接收结束时间。二是对于符合条件的投标文件,交易平台应当即时向投标人发出确认回执,确认回执上应当载明投标文件的接收结束时间。根据《电子签名法》第十条的规定，招标投标活动当事人可以约定数据电文需要确认收讫。当招标人与投标人约定需要确认收讫时，则投标人收到交易平台的收讫确认时，投标文件视为已经收到。

投标文件送达时间应使用国家授时中心标准时间。

《招标投标法》第二十九条规定，投标人在招标文件要求提交投标文件的截止时间前可以补充、修改或者撤回已提交的投标文件，并书面通知招标人。

在投标截止时间前，投标人书面通知招标人撤回其投标的，招标人应核实撤回投标书面通知的真实性后，将投标文件退回该投标人。

在电子模式下，投标人的撤回无须出具撤回函件，因为投标文件的递交和撤回都是通过数字证书验证实施的，平台均认为是投标人真实意思的表达。数据电文形式的投标文件的补充、修改内容的递交完成同样需要交易平台的接收确认。该投标文件的补充、修改或者撤回，也应当作为一个过程来管理。补充、修改的指令应当在投标截止时间之前发出并由交易平台确认收到，或者由投标人上传新的投标文件一并覆盖原投标文件。撤回投标文件的指令也应当通过交易平台在投标截止时间之前发出并由交易平台确认收到。

由于各种原因，包括发送时间过迟，或是网络原因导致传输中断，或是传输速度过慢等问题，使得投标文件在投标截止时间前只传输了一部分，视为投标人撤回投标文件。

（2）拒绝接收投标文件。根据《招标投标法》第二十八条的规定，在招标文件要求提交投标文件的截止时间后送达的投标文件，招标人应当拒收。根据《电子招标投标办法》第二十七条的规定，投标截止时间后送达的投标文件，电子招标投标交易平台应当拒收，同时应当给予投标人拒收提示。

根据法律法规的相关规定，招标人应当拒收投标文件的情形还包括未按照招标文件要求密封的投标文件。

投标截止时间是招标投标活动的重要因素。在纸质形式的招标投标活动中，提交投标文件的截止时间较容易确定。在电子招标投标活动中，由于招标投标依托于信息网络，处在不同的网络终端可能会产生时间上的不同步。信息网络中的数据传输以秒甚至以微秒计，导致投标截止时间在电子招标投标交易平台中就变得十分敏感。因而，对投标截止时间必须做出明确的规定。

投标截止时间应使用国家授时中心标准时间。国家授时中心是国家的法定授时机构，其确定的标准时间具有法律效力。因此，一切需要确定时间同步和精确时间的行为应以国家授时中心的标准时间为准。国家授时中心以广播、电视、卫星、微波以及互联网等方式向全球发布标准时间。电子招标投标交易平台可以方便地通过互联网获取国家授时中心的标准时间，也可以通过国家授时中心的时间戳服务器随时监测交易平台服务器的时钟与北京标准时间的差异并随时进行校正。为了避免用户终端忽略标准时间问题，可在电子招标投标交易平台"动态显示"国家授时中心标准时间。

投标文件未按招标文件要求密封的，在投标截止时间前招标人应当允许投标人自行更正补救。

在电子招标投标情形下，接收投标文件的主体为电子招标投标交易平台，投标人未按规定加密的投标文件，电子招标投标交易平台应当拒收，并应当通过设置的提示窗口告知投标人该投标文件未加密。

（3）确认投标人数量。投标截止后，招标人应当确认成功提交投标文件的投标人数量。投标人少于 3 个的不得开标，招标人应将接收的投标文件原封退回投标人；对依法必须进行招标的项目，招标人在分析招标失败的原因并采取相应措施后，应当依法重新组织招标。重新招标的投标截止后投标人仍不足 3 个的，按国家有关规定需要履行审批、核准手续的依法必须进行招标的项目，报项目审批、核准部门审批、核准后可以不再进行招标，可采用其他采购方式或直接发包；其他工程建设项目，招标人可自行决定后续采购方式。

机电产品国际招标项目因投标人少于 3 个不予开标或开标后由评标委员会认定投标人少于 3 个而终止评标的，应当重新招标。重新招标后投标人仍不足 3 个的，可以进行两家或一家开标评标；按国家有关规定需要履行审批、核准手续的依法必须进行招标的项目，报项目审批、核准部门审批、核准后可以不再进行招标。

对于国外贷款、援助资金项目，资金提供方规定当投标截止时间到达时投标人少于 3 个可直接进入开标程序的，可以适用其规定。

政府采购货物和服务招标项目投标人不足 3 个的，招标人可以重新招标或经设区的市、自治州以上人民政府财政部门同意后改为采用竞争性谈判、询价或者单一来源等其他方式采购。

在电子模式下，电子招标投标交易平台向主持人、监标人展示投标文件的数量。投标文件少于 3 个的，电子招标投标交易平台自动提示主持人是否继续开标。主持人根据实际情况决定继续开标或终止开标。

（4）开标准备。招标人应充分准备开标必需的现场条件，提前布置好开标会议室、准备好开标需要的设备等。

招标人应准备好开标资料，如开标记录表、标底文件（如有）、投标文件接收登记表、签收凭证等。招标人还应准备相关法律法规、招标文件及其文件保管箱等以备用。

招标人应保证接收的投标文件不丢失、不损坏、不泄密，并组织工作人员将投标截止时间前接收的投标文件、投标文件的撤回通知书等运送至开标地点。

招标人和参与开标会议的有关工作人员应按时到达开标现场，包括主持人、开标人、唱标人、记录人、监标人（如有）等。

电子开标与纸质开标一样，需要主持人。招标人或者其委托的招标代理机构需事先在电子招标投标交易平台中设定开标会主持人。开标由招标人或者其委托的招标代理机构相关人员主持。主持人负责整个开标过程，根据系统事先设定的权限按流程进行操作。当采用无人开标模式时，开标机器人即为主持人。

参加开标会的相关人员在解密之前需完成电子签到。电子签到是指参加开标会的全体人员向开标主持人报到。电子签到可在相关人员进入系统时自动完成。

在电子模式下，所有开标记录表由交易平台自动生成并如实记录投标人、递交时间、投标文件份数等。在开标过程中也无需唱标人、记录人，由平台自动展示、自动记录，从而极大地减少了业务人员工作量并降低交易成本。

（5）宣布开标纪律。开标由招标人主持，也可以由招标人委托的招标代理机构主持。

投标截止后，主持人应宣布开标会议开始，首先宣读开标纪律，对参与开标会议的人员提出要求，如开标过程中不得喧哗、通信工具调整到静音状态、按规定的方式提问等。任何单位和个人不得干扰正常的开标程序。

在电子模式下，平台自动展示开标纪律，各参与人员确认即可。

（6）宣布有关人员姓名。主持人介绍招标人代表、监督人代表或公证人员等，依次宣布开标人、唱标人、记录人、监标人等有关人员。

在电子模式下，投标人在解密前可看到主持人和监标人的信息，但无法查看其他投标人的相关信息。

（7）公布投标文件接收情况。招标人当场公布投标截止时间前提交投标文件的投标人名称、标段及递交时间，以及投标人撤回投标等情况。

（8）检查投标文件的密封情况。依据招标文件规定的方式，组织投标人代表或招标人委托的公证人员对投标人自己和其他投标人的投标文件进行密封检查，其目的在于检查开标现场的投标文件密封状况是否与投标文件接收时的密封状况一致。如果投标文件密封状况与接收时的密封状况不一致，或者存在拆封痕迹的，招标人应当终止开标。

电子模式下无需检查密封性，基于交易平台的安全保障机制，在投标人完成解密之前，任何人无法篡改、查看投标文件内容。

（9）宣布开标。招标人应在招标文件中事先确定开标顺序，如确定按照"先到后开、后到先开的顺序"进行开标，或按照"投标人递交投标文件的顺序"进行开标。

与纸质模式下投标文件逐一打开密封包装不同，电子模式下投标人的解密是并行开展的，在解密时间倒计时开始后，所有投标人在同一时间段开展各自的解密操作。

主持人在线发出指令，要求招标人和投标人按招标文件确定方式按时在线解密。如出现解密失败的情形，主持人提醒投标人采取招标文件确定的补救措施进行。解密所需时长一般在招标文件中明确，由招标人或其委托的招标代理机构于开标前在交易平台中设定。

（10）公布标底。招标人可以自行决定是否编制标底，招标项目可以不设标底，进行无标底招标。《招标投标法实施条例》规定，招标项目设有标底的，招标人应当在开标时公布标底。

（11）唱标。唱标人应根据法律规定和招标文件约定的内容和要求进行唱标，宣读投标人名称、投标价格和投标文件的其他主要内容。投标截止时间前收到的所有投标文件，开标时都应当众予以拆封、宣读。

机电产品国际招标项目，投标人的开标一览表、投标声明（价格变更或其他声明）都应当在开标时一并唱出，否则在评标时不予认可。政府采购货物和服务项目开标时，投标文件中开标一览表（报价表）内容与投标文件中明细表内容不一致的，以开标一览表（报价表）为准。开标时未宣读的投标价格、价格折扣以及是否提供招标文件允许的备选投标方案等实质内容，评标时不予承认。在投标截止时间前撤回投标文件的，应宣读其撤回投标的书面通知。

在电子模式下，开标时间一到，电子招标投标交易平台自动提取投标文件。

按规定解密完成后，电子招标投标交易平台向所有已解密的投标人展示开标记录信息，包括标段（包）编号、投标人名称、报价、工期（交货期）、投标保证金金额、投标保证金到账时间、投标文件递交时间等。该环节相当于纸质形式的唱标，但在电子开标形式下无需唱出，可一次性展示。

（12）确认开标记录。开标会议应当认真做好书面记录。开标工作人员应认真核验并如实记录投标文件的密封检查、投标报价、投标保证金等开标情况以及开标时间、地点、程序，出席开标会议的单位和代表，开标会议程序、公证机构和公证结果（如有）等信息。投标人代表、招标人代表、监标人、记录人等应在开标记录上签字确认，开标记录应作为评标报告的组成部分存档备查。

需要注意的是，投标人代表在开标记录上签字确认不是强制性要求。投标人是否在开标记录上签字不对其投标文件的有效性产生影响。

投标人对开标有异议的应当场提出，招标人应当场核实并予以答复，如发生工作人员唱标或其他工作失误应当场纠正。招标人以及监标人等不应在开标现场对投标文件是否有效作出判断，应提交评标委员会评定。

在电子模式下，电子招标投标交易平台自动生成开标记录，由参加电子开标的相关人员电子签名确认。交易平台应当留出一定的时长供所有投标人电子签名。电子签名时间结束后，如有投标人未签名的不影响投标文件的有效性，视为投标人默认开标结果。投标人对开标过程有异议的应当通过电子招标投标交易平台提出，主持人应当在电子招标投标交易平台上当场作出答复，并在开标记录中生成异议及答复记录。

（13）开标结束。开标程序完成后，主持人宣布开标会结束。

招标人或其委托的代理机构应对开标会议进行全过程录音录像备查。

机电产品国际招标项目，招标人或招标机构应在开标后3个工作日内将开标记录上传中国国际招标网存档；属外资项目的，还应根据贷款机构要求在开标后将开标记录报送贷款机构。

在电子模式下，经电子签名确认的开标记录表向所有投标人公布，并通过电子招标投标交易平台向社会公众和电子招标投标公共服务平台同步发布。至此，整个电子开标流程结束。

相对于纸质形式的招标投标活动，通过信息网络实现招标投标信息的公开，是电子招标投标的最显著特点和最大优势。交易平台生成的开标记录向社会公众公布，对于维护和促进招标投标活动公开、公平、公正、诚实信用的原则具有重要意义。

《招标投标法》第三十六条规定"开标过程应当记录，并存档备查"。在纸质招标投标活动中难以做到开标记录向社会公众公布，在实施电子招标投标后，向社会公众公开开标信息变得轻而易举，这是促进招标投标信息公开的重要举措。电子招标投标交易平台应具有开标记录经电子签名确认后，通过交易平台向社会公众和公共服务平台同步交换、公布的功能。依法应当保密项目的开标记录不应当对外公布。

公布开标记录的数据项包括标段（包）编号、开标参与人、唱标内容（包括投标人名称、报价、工期（交货期）、投标保证金额、投标文件提交时间等）、相关附件、开标时间等。

三、专题分析

1. 电子模式解密失败问题的处理

尽管实践证明解密失败是小概率事件，招标人也应当预先考虑当解密失败情形发生时的各种处理方法和预防措施，消除招标投标活动当事人使用电子招标投标系统的疑惑和顾虑，引导各方树立风险防范意识，配合招标人或者其委托的招标代理机构和电子招标投标交易平台做好风险防范工作。

解密失败的原因多种多样，下面从归责角度分两种情况对解密失败进行处理。

（1）因投标人原因造成投标文件未解密的，视为撤销其投标文件。投标时间截止后，投标有效期开始计算。投标有效期内的投标文件对招标人和投标人均具有法律约束力。电子开标时间（与投标截止时间为同一时间）已到，表明已进入投标有效期，此时投标人不得撤销其投标，否则将削弱投标的竞争性。电子开标时，主持人要求投标人对投标文件进行解密。投标人不进行解密或因其数字证书保管不善导致遗失、错拿、未及时展期或输错密码等投标人自身原因未实现解密或者未完成解密，由此其他人员无法获知其投标文件的任何信息，所以规定视同其撤销投标文件。根据《招标投标法实施条例》第三十五条的规定，"投标截止后投标人撤销投标文件的，招标人可以不退还投标保证金"。投标保证金是否退还，由招标人在招标文件中明确。

（2）因投标人之外的原因造成投标文件未解密的，视为撤回其投标文件。从合同订立的角度，投标属于要约。潜在投标人是否做出要约，完全取决于其自身的意愿。在电子招标投标活动中，投标人递交投标文件并按约定进行解密是其做出要约的完整过程。投标文件递交后，投标人有意愿且按约定在电子招标投标交易平台上做了解密过程的一系列操作，即做出了要约。由于其他原因导致电子招标投标交易平台未收到其准确的解密指令，投标人不存在过错情形，则不应当由其承担相应的法律责任。故将此情形视同投标文件撤回，目的是不影响开标的继续进行。对于投标文件的撤回，招标人应当根据《招标投标法实施条例》第三十五条的规定及时退还其投标保证金。投标人除依法要求招标人退还已缴纳的投标保证金外，有权向责任方索赔其因此遭受的直接损失。直接损失即为该投标人为参与该项目必要的前期交流、下载招标文件、编制投标文件所付出的差旅和人力成本。

2. 对解密失败责任方的界定

电子文件的解密失败原因会涉及方方面面，除投标人自身原因外，可能存在以下主体服务不到位导致解密失败：

（1）网络通信服务提供商。中国电信、中国移动、中国网通等网络运营商在提供网络服务过程中，如发生断网或电力供应中断，解密人输入解密信息后导致解密信息传输不到电子招标投标交易平台服务器，故无法解密。

（2）电子招标投标交易平台软件供应商。如电子招标投标交易平台软件存在功能缺陷或系统不稳定，可能会导致解密失败。

（3）配套的应用软件提供商。如电子招标投标交易平台配套软件选择不当或选择了盗版的应用软件，也会导致解密失败。

（4）其他情形。

3. 部分投标文件未解密的处理

投标文件未解密可分为全部未解密和部分未解密。全部未解密，开标过程自然终止。部分投标人的投标文件已解密、部分投标人的投标文件未解密的，如果投标文件已解密的投标人少于3个的，招标人或者其委托的招标代理机构视情况做出是否开标的处理，由招标人在招标文件中明确。投标文件已解密的投标人达到3个以上的，开标可以继续进行。

4. 对解密失败的防范

为了保证电子开标的顺利进行，减少由于解密失败导致的招标项目失败情形的发生，电子招标投标交易平台应当提供投标文件解密失败的补救方案。补救方案的好坏也是评价电子招标投标交易平台安全性、可靠性的一个重要指标，是招标人或者招标代理机构选择平台的重要考量因素。

解密失败的补救方案实际上是一项应急措施。在实践中，有两种常见办法：①采用纸质文件作备份。在电子招标投标时，允许投标人递交一份纸质投标文件作为备份。在解密失败时，采用纸质文件。按相关规定，在投标截止时间前，投标人提交纸质形式的投标文件，招标人对此进行密封检查；在开标时由投标人或监标人进行密封检查，而后拆封、唱标、录入开标一览表的信息等。②采用电子文件哈希摘要备份方法。在电子投标文件加密递交前，做一个哈希摘要。哈希摘要是一组定长的数据，该数据对任何一份文件都是唯一的。只要文件发生任何变化，该摘要数据就会发生变化。该摘要数据不包含任何可识别的招标文件内容信息。投标人将此摘要数据托管到可信的第三方，如电子招标投标公共服务平台。如果解密正常，此摘要数据无用。如果解密失败，电子招标投标交易平台可以要求投标人再行通过网络递交一份投标文件。电子招标投标交易平台在收到原文后做哈希运算，如果得到的数值与投标人托管的哈希摘要数据完全一致，则该文件就可用做开标时补救的投标文件。这种方法可较好地解决解密失败风险的防范问题。随着电子招标投标系统的不断实践，也可能会有更多更好的解密失败补救的技术方案出现，电子招标投标交易平台运营机构应当充分关注该方面的技术创新，依靠该类技术创新提升电子招标投标交易平台的竞争力。

四、精选问答

（1）Q：我们是一家投标单位，最近参加一个项目投标，该项目采用邀请招标方式。投标文件递交后，招标代理机构不公开唱标，我们就此质询招标代理机构，回答说邀请招标不需要公开开标，他们自己走一个流程就可以。请问招标代理机构的操作是否合法？

A：不公开唱标违反法律规定。开标是招标投标活动中公开原则的重要体现，是为了让投标人了解所有投标人的投标情况,也是规定的招标人接受投标人监督的重要程序。

依据《招标投标法》规定,不论是公开招标项目还是邀请招标项目,招标人都应当在投标截止时间的同一时间和招标文件规定的地点公开组织开标,在检查所有投标文件的密封情况无误后,依法应当众宣读所有投标人名称、投标报价等主要内容,这个环节叫作唱标。组织招标的工作人员应当将唱标的相关情况记录在案存档备查,开标记录由开标人员签字确认,供评标委员会在评标环节使用。

(2) Q:开标过程中发现投标人的投标文件内容前后矛盾,可以要求投标人做出解释吗?

A:不可以。开标时,工作人员只能对投标文件的部分内容进行宣读和公示,达到公开、公平、公正的目的。即使在开标时发现投标文件中有内容相互矛盾,工作人员也只能照实宣读和记录,不能要求投标人对投标文件进行现场澄清,而应当把问题留至评标阶段由评标委员会处理。如果工作人员越权让投标人进行澄清,不但会影响评标委员会工作的正常开展,还可能侵犯其他投标人的合法权益。

如果是大写金额和小写金额不一致、单价金额和总价金额不一致这类情况,工作人员可以按照《评标委员会和评标方法暂行规定》的要求来制作开标一览表,具体如何评定还应留给评委会来决定,同时不得要求投标人现场进行澄清。

(3) Q:开标公开唱价时,无关人员(即未参与投标的厂商)可以参加开标会吗?无关人员可以对开标过程提出异议吗?

A:开标应当邀请所有投标人参加并公开进行,因此,开标环节的公开是有限公开,即只对在规定时间递交了投标材料的投标人公开。故招标组织方应当拒绝除投标人之外的无关人员,包括未参与投标的其他厂商参加开标会。

此外,在开标现场,只有投标人才有权就开标环节提出异议,这与《招标投标法实施条例》第二十二条和第五十四条赋予的其他利害关系人也有权对资格预审文件、招标文件和中标候选人提出异议的权利人不同。

第二节 评标

一、评标委员会

1. 法律规章摘要

《招标投标法》

第三十七条 评标由招标人依法组建的评标委员会负责。

依法必须进行招标的项目,其评标委员会由招标人的代表和有关技术、经济等方面的专家组成,成员人数为五人以上单数,其中技术、经济等方面的专家不得少于成员总数的三分之二。

前款专家应当从事相关领域工作满八年并具有高级职称或者具有同等专业水平,由招标人从国务院有关部门或者省、自治区、直辖市人民政府有关部门提供的专家名册或者招标代理机构的专家库内的相关专业的专家名单中确定;一般招标项目可以采取随机抽取方式,特殊招标项目可以由招标人直接确定。

与投标人有利害关系的人不得进入相关项目的评标委员会;已经进入的应当更换。

评标委员会成员的名单在中标结果确定前应当保密。

第五十六条　评标委员会成员收受投标人的财物或者其他好处的,评标委员会成员或者参加评标的有关工作人员向他人透露对投标文件的评审和比较、中标候选人的推荐以及与评标有关的其他情况的,给予警告,没收收受的财物,可以并处三千元以上五万元以下的罚款,对有所列违法行为的评标委员会成员取消担任评标委员会成员的资格,不得再参加任何依法必须进行招标的项目的评标;构成犯罪的,依法追究刑事责任。

《招标投标法实施条例》

第四十五条　国家实行统一的评标专家专业分类标准和管理办法。具体标准和办法由国务院发展改革部门会同国务院有关部门制定。

省级人民政府和国务院有关部门应当组建综合评标专家库。

第四十六条　除招标投标法第三十七条第三款规定的特殊招标项目外,依法必须进行招标的项目,其评标委员会的专家成员应当从评标专家库内相关专业的专家名单中以随机抽取方式确定。任何单位和个人不得以明示、暗示等任何方式指定或者变相指定参加评标委员会的专家成员。

依法必须进行招标的项目的招标人非因招标投标法和本条例规定的事由,不得更换依法确定的评标委员会成员。更换评标委员会的专家成员应当依照前款规定进行。

评标委员会成员与投标人有利害关系的,应当主动回避。

有关行政监督部门应当按照规定的职责分工,对评标委员会成员的确定方式、评标专家的抽取和评标活动进行监督。行政监督部门的工作人员不得担任本部门负责监督项目的评标委员会成员。

第四十七条　招标投标法第三十七条第三款所称特殊招标项目,是指技术复杂、专业性强或者国家有特殊要求,采取随机抽取方式确定的专家难以保证胜任评标工作的项目。

第七十条　依法必须进行招标的项目的招标人不按照规定组建评标委员会,或者确定、更换评标委员会成员违反招标投标法和本条例规定的,由有关行政监督部门责令改正,可以处10万元以下的罚款,对单位直接负责的主管人员和其他直接责任人员依法给予处分;违法确定或者更换的评标委员会成员作出的评审结论无效,依法重新进行评审。

国家工作人员以任何方式非法干涉选取评标委员会成员的,依照本条例第八十一条的规定追究法律责任。

第七十一条　评标委员会成员有下列行为之一的,由有关行政监督部门责令改正;情节严重的,禁止其在一定期限内参加依法必须进行招标的项目的评标;情节特别严重的,取消其担任评标委员会成员的资格:

(一)应当回避而不回避;

（二）擅离职守；

（三）不按照招标文件规定的评标标准和方法评标；

（四）私下接触投标人；

（五）向招标人征询确定中标人的意向或者接受任何单位或者个人明示或者暗示提出的倾向或者排斥特定投标人的要求；

（六）对依法应当否决的投标不提出否决意见；

（七）暗示或者诱导投标人作出澄清、说明或者接受投标人主动提出的澄清、说明；

（八）其他不客观、不公正履行职务的行为。

第七十二条 评标委员会成员收受投标人的财物或者其他好处的，没收收受的财物，处3000元以上5万元以下的罚款，取消担任评标委员会成员的资格，不得再参加依法必须进行招标的项目的评标；构成犯罪的，依法追究刑事责任。

《评标委员会和评标方法暂行规定》

第九条 评标委员会设负责人的，评标委员会负责人由评标委员会成员推举产生或者由招标人确定。评标委员会负责人与评标委员会的其他成员有同等的表决权。

第十一条 评标专家应符合下列条件：

（一）从事相关专业领域工作满八年并具有高级职称或者同等专业水平；

（二）熟悉有关招标投标的法律法规，并具有与招标项目相关的实践经验；

（三）能够认真、公正、诚实、廉洁地履行职责。

第十二条 有下列情形之一的，不得担任评标委员会成员：

（一）投标人或者投标人主要负责人的近亲属；

（二）项目主管部门或者行政监督部门的人员；

（三）与投标人有经济利益关系，可能影响对投标公正评审的；

（四）曾因在招标、评标以及其他与招标投标有关活动中从事违法行为而受过行政处罚或刑事处罚的。

评标委员会成员有前款规定情形之一的，应当主动提出回避。

《机电产品国际招标投标实施办法（试行）》

第五十一条 依法必须进行招标的项目，机电产品国际招标评标所需专家原则上由招标人或招标机构在招标网上从国家、地方两级专家库内相关专业类别中采用随机抽取的方式产生。任何单位和个人不得以明示、暗示等任何方式指定或者变相指定参加评标委员会的专家成员。但技术复杂、专业性强或者国家有特殊要求，采取随机抽取方式确定的专家难以保证其胜任评标工作的特殊招标项目，报相应主管部门后，可以由招标人直接确定评标专家。

抽取评标所需的评标专家的时间不得早于开标时间3个工作日；同一项目包评标中，来自同一法人单位的评标专家不得超过评标委员会总人数的1/3。

随机抽取专家人数为实际所需专家人数。一次招标金额在1000万美元以上的国际招标项目包，所需专家的1/2以上应当从国家级专家库中抽取。

抽取工作应当使用招标网评标专家随机抽取自动通知系统。除专家不能参加和应当回避的情形外，不得废弃随机抽取的专家。

机电产品国际招标评标专家及专家库管理办法由商务部另行制定。

2. 业务实践

（1）评标专家和专家库分类。

1）专家库分类。《招标投标法》规定，评标专家库分为政府组建的综合评标专家库和招标代理机构自建的专家库两类。2017年12月27日，《招标投标法》通过修改取消了招标代理机构必须具有专家库的法定要求，即招标代理机构可以自建评标专家库，也可以利用政府组建的综合评标专家库。

2）评标专家分类。《招标投标法实施条例》第四十五条规定，国家实行统一的评标专家专业分类标准和管理办法。国家发展改革委根据行政法规授权于2018年2月12日发布《公共资源交易评标专家专业分类标准》（发改法规〔2018〕316号），目的在于推进全国范围内评标专家资源整合共享，是整合专家资源、推动实现专家资源及专家信用信息全国范围内互联共享的重要举措。

（2）评标委员会的组建。招标人或招标代理机构应当依法组建评标委员会，行业或地方有特别规定的，从其规定。对依法必须进行招标的项目，评标委员会成员构成、人员资格条件以及专家选取方式应当遵照《招标投标法》及其实施条例等法律规范；对自愿招标的项目，招标人或招标代理机构可以根据项目的特征和需求自行确定。

评标委员会中评标专家的随机抽取和通知的工作程序如下：

1）根据招标项目的具体规模和专业要求制定评标专家选取方案。

2）按照选取方案在符合法定要求的评标专家库中随机抽取并通知评标专家。抽取的专家因故不能参加评标工作的，应当及时根据法定程序进行补充随机抽取。

3）对出席评标的专家进行身份信息核对，对身份不符或依法应当回避的专家应当及时替换。

中标结果确定前，招标人及招标代理机构应当对评标委员会成员名单保密。

（3）专家抽取。

1）专家抽取方法。对依法必须进行招标的项目，评标专家应当从省级人民政府和国务院有关部门组建的综合评标专家库或者招标代理机构的专家库中随机抽取；政府投资的项目，评标专家应当从省级人民政府和国务院有关部门组建的综合评标专家库中随机抽取。

2）专家抽取通知方式。从政府组建的综合评标专家库抽取专家的通知方式为自动语音通知或者短信通知，以排除人为干预并保证抽取过程保密。

3. 精选问答

（1）Q：对依法必须进行招标的项目，可否从招标人自建的专家库中抽取？

A：不能。应当从省级人民政府和国务院有关部门组建的综合评标专家库或者招标代理机构的专家库中随机抽取。

（2）Q：评标专家违法，其单位是否承担法律责任？

A：不承担。评标专家对所提出的评审意见承担个人责任。

(3) Q：招标代理机构人员可否担任评标委员会成员？

A：除政府采购项目招标代理机构自己代理的评审项目外，招标代理机构人员可以接受招标人的委托，作为招标人代表担任评标委员会成员。

二、评标准备和原则

1. 法律法规规章摘要

《招标投标法》

第三十八条　招标人应当采取必要的措施，保证评标在严格保密的情况下进行。任何单位和个人不得非法干预、影响评标的过程和结果。

《招标投标法实施条例》

第四十八条　招标人应当向评标委员会提供评标所必需的信息，但不得明示或者暗示其倾向或者排斥特定投标人。

招标人应当根据项目规模和技术复杂程度等因素合理确定评标时间。超过三分之一的评标委员会成员认为评标时间不够的，招标人应当适当延长。

第四十九条　评标委员会成员应当依照招标投标法和本条例的规定，按照招标文件规定的评标标准和方法，客观、公正地对投标文件提出评审意见。招标文件没有规定的评标标准和方法不得作为评标的依据。

评标委员会成员不得私下接触投标人，不得收受投标人给予的财物或者其他好处，不得向招标人征询确定中标人的意向，不得接受任何单位或者个人明示或者暗示提出的倾向或者排斥特定投标人的要求，不得有其他不客观、不公正履行职务的行为。

《电子招标投标办法》

第三十三条　电子评标应当在有效监控和保密的环境下在线进行。

根据国家规定应当进入依法设立的招标投标交易场所的招标项目，评标委员会成员应当在依法设立的招标投标交易场所登录招标项目所使用的电子招标投标交易平台进行评标。

2. 业务实践

（1）评标准备。招标人或招标代理机构应当向评标委员会提供招标项目概况等必要的信息，提供评标场所及配套服务。评标准备工作事项一般包括：

1）制定评标工作计划，编制评标工作手册；

2）在评标地点完成评标现场的布置；

3）准备评标工作需要的设施、工具和设备；

4）准备评标工作需要的资料，包括招标文件、投标文件、招标采购法律法规汇编等；

5）准备评标工作专用系列表格，包括评标委员会签到表、评标廉洁纪律承诺函、初步评审表、详细评审表、评审意见汇总表、评标报告格式等；

6）安排评标委员会成员和评标工作人员的交通、食宿等生活保障事项；

7) 向评标委员会成员发放评标劳务费;

8) 采取集中管理评标委员会成员的通信工具等必要措施保证评标过程保密。

采用电子评标的项目,评标委员会成员应当在确认身份后使用数字证书,或凭用户名及密码登录电子招标投标交易平台,通过电子招标投标交易平台的电子评标功能模块完成评标工作。

(2) 评标原则。

1) 评标活动公平、公正、科学、择优原则。评标委员会依法负责评标工作,应当依照《招标投标法》及其实施条例的规定,按照招标文件规定的评标标准和方法,客观、公正地对投标文件提出评审意见,并择优向招标人推荐中标候选人。招标文件没有规定的评标标准和方法不得作为评标的依据。

2) 评标过程保密原则。招标人应当采取必要的措施,保证评标在严格保密的情况下进行。需保密的信息包括评标地点、评标委员会成员名单、投标文件评审情况、中标候选人的推荐情况、与评标有关的其他情况等。

3) 评标工作廉洁原则。评标委员会成员不得私下接触投标人,不得收受投标人给予的财物或者其他好处,不得向招标人征询确定中标人的意向,不得接受任何单位或者个人明示或者暗示提出的倾向或者排斥特定投标人的要求,不得有其他不客观、不公正履行职务的行为。

4) 评标工作独立原则。任何单位和个人不得非法干预、影响评标的过程和结果。

3. 专题分析

(1) 机电产品国际招标评标准备程序的特殊性。

1) 评标开始时间。《机电产品国际招标投标实施办法(试行)》第五十五条第一款规定:"评标委员会应当在开标当日开始进行评标。有特殊原因当天不能评标的,应当将投标文件封存,并在开标后 48 小时内开始进行评标。"因此,如果在开标前未能抽取到足够数量的评标专家,或者已抽取的专家因故放弃评标工作,在开标后 48 小时之内的评标准备期,仍然可以继续抽取专家,直至满足专家数量要求。

2) 开标后认定投标人数量不足 3 个。根据《机电产品国际招标投标实施办法(试行)》第四十六条之规定,认定投标人数量时,两家以上投标人的投标产品为同一家制造商或集成商生产的,按一家投标人认定。对两家以上集成商或代理商使用相同制造商产品作为其项目包的一部分,且相同产品的价格总和均超过该项目包各自投标总价 60% 的,按一家投标人认定。因此,开标后认定投标人少于 3 个的应当停止评标,招标人应当依照该办法重新招标。

(2) 机电产品国际招标的汇率确定原则。机电产品国际招标允许多种货币投标时,为保证价格评估的公平、公正性,评标适用汇率应当满足客观性和确定性两个要求。客观性是指应选择开标时点前公开发布的已知汇率;确定性是指应当选择唯一的汇率数值。

《机电产品国际招标投标实施办法(试行)》第六十条第(三)项规定:"招标文件允许以多种货币投标的,在进行价格评标时,应当以开标当日中国银行总行首次发布的外币对人民币的现汇卖出价进行投标货币对评标货币的转换以计算评标价格。"因此,汇率时点应当选取中国银行总行于开标当日首次（通常于开标当日零点）发布的汇率。

（3）投标价算术修正原则。投标文件中的大写金额和小写金额不一致的，以大写金额为准；总价金额与单价金额不一致的，以单价金额为准，但单价金额小数点有明显错误的除外；对不同文字文本投标文件的解释发生异议的，以中文文本为准。

如果招标文件中规定投标人须单独密封提交开标一览表以便于开标，且开标一览表中的投标价与投标文件其他部分的投标价不一致，基于招标公开性的基本原则，应当认定开标一览表中公开唱出的投标价效力优先，并以此为准修正投标文件其他部分不一致的内容。

4. 精选问答

（1）Q：支付评标委员会成员评标劳务费有何注意事项？

A：

1）支付主体。一般项目评标劳务费通常由招标代理机构支付，但政府采购项目评标劳务费只能由采购人支付，不能由招标代理机构支付。

2）支付对象。一般项目评标劳务费可以向所有评标委员会成员支付，但政府采购项目评标劳务费只能向评标委员会中的专家支付，而不能向采购人代表支付。

3）支付标准。评标劳务费不属于政府定价，没有统一的支付标准，应当综合考虑项目复杂程度和评标工作量等因素确定。但对于政府采购项目以及其他政府投资项目，地方政府通常规定了具体的评审劳务费支付标准，实务中应当遵从其规定。

4）支付方式。为防范廉洁风险，评标劳务费应当尽量采用网银等转账方式直接汇入评标委员会成员个人账户，避免使用现金支付。

（2）Q：评标委员会在评标期间是否有义务核实投标信息真伪？

A：评标委员会在评标期间没有义务核实投标信息的真伪，但是有权要求投标人对投标文件中含义不明确的内容作必要的澄清或者说明。

《招标投标法》第四十条第一款规定："评标委员会应当按照招标文件确定的评标标准和方法，对投标文件进行评审和比较。"因此评标委员会只应当对照招标文件的要求和投标文件的响应内容进行客观评审。评标委员会通常没有足够的时间逐一鉴别投标文件所描述信息的真伪，一般也不具备相应的能力，所以不能对其设定核实投标信息真伪的义务。但是如果招标文件约定评标委员会对投标人的投标文件保留查证的权利，则评标委员会基于对投标信息的合理怀疑可以进一步查证。这属于权利，而不是义务。

此外，根据《招标投标法》第三十九条的规定，评标委员会有权要求投标人对投标文件中含义不明确的内容作必要的澄清或者说明，但是澄清或者说明不得超出投标文件的范围或者改变投标文件的实质性内容。

评标结束后，如果其他投标人依法对中标候选人的投标信息的真实性提出异议，招标人可以组织原评标委员会进行进一步核查；如果投标人进一步提出投诉，行政监督部门在受理投诉后可以另行调查。

三、评标程序

1. 法律法规规章摘要

《招标投标法实施条例》

第五十一条 有下列情形之一的,评标委员会应当否决其投标:
(一)投标文件未经投标单位盖章和单位负责人签字;
(二)投标联合体没有提交共同投标协议;
(三)投标人不符合国家或者招标文件规定的资格条件;
(四)同一投标人提交两个以上不同的投标文件或者投标报价,但招标文件要求提交备选投标的除外;
(五)投标报价低于成本或者高于招标文件设定的最高投标限价;
(六)投标文件没有对招标文件的实质性要求和条件作出响应;
(七)投标人有串通投标、弄虚作假、行贿等违法行为。

《评标委员会和评标方法暂行规定》

第二十一条 在评标过程中,评标委员会发现投标人的报价明显低于其他投标报价或者在设有标底时明显低于标底,使得其投标报价可能低于其个别成本的,应当要求该投标人作出书面说明并提供相关证明材料。投标人不能合理说明或者不能提供相关证明材料的,由评标委员会认定该投标人以低于成本报价竞标,应当否决其投标。

第二十二条 投标人资格条件不符合国家有关规定和招标文件要求的,或者拒不按照要求对投标文件进行澄清、说明或者补正的,评标委员会可以否决其投标。

第二十三条 评标委员会应当审查每一投标文件是否对招标文件提出的所有实质性要求和条件作出响应。未能在实质上响应的投标,应当予以否决。

第二十四条 评标委员会应当根据招标文件,审查并逐项列出投标文件的全部投标偏差。

投标偏差分为重大偏差和细微偏差。

第二十五条 下列情况属于重大偏差:
(一)没有按照招标文件要求提供投标担保或者所提供的投标担保有瑕疵;
(二)投标文件没有投标人授权代表签字和加盖公章;
(三)投标文件载明的招标项目完成期限超过招标文件规定的期限;
(四)明显不符合技术规格、技术标准的要求;
(五)投标文件载明的货物包装方式、检验标准和方法等不符合招标文件的要求;
(六)投标文件附有招标人不能接受的条件;
(七)不符合招标文件中规定的其他实质性要求。

投标文件有上述情形之一的,为未能对招标文件作出实质性响应,并按本规定第二十三条规定作否决投标处理。招标文件对重大偏差另有规定的,从其规定。

第二十六条 细微偏差是指投标文件在实质上响应招标文件要求,但在个别地方存在漏项或者提供了不完整的技术信息和数据等情况,并且补正这些遗漏或者不完整不会对其他投标人造成不公平的结果。细微偏差不影响投标文件的有效性。

评标委员会应当书面要求存在细微偏差的投标人在评标结束前予以补正。拒不补正的,在详细评审时可以对细微偏差作不利于该投标人的量化,量化标准应当在招标文件中规定。

第二十七条　评标委员会根据本规定第二十条、第二十一条、第二十二条、第二十三条、第二十五条的规定否决不合格投标后,因有效投标不足三个使得投标明显缺乏竞争的,评标委员会可以否决全部投标。

投标人少于三个或者所有投标被否决的,招标人在分析招标失败的原因并采取相应措施后,应当依法重新招标。

第二十八条　经初步评审合格的投标文件,评标委员会应当根据招标文件确定的评标标准和方法,对其技术部分和商务部分作进一步评审、比较。

第三十一条　根据经评审的最低投标价法,能够满足招标文件的实质性要求,并且经评审的最低投标价的投标,应当推荐为中标候选人。

第三十二条　采用经评审的最低投标价法的,评标委员会应当根据招标文件中规定的评标价格调整方法,对所有投标人的投标报价以及投标文件的商务部分作必要的价格调整。

采用经评审的最低投标价法的,中标人的投标应当符合招标文件规定的技术要求和标准,但评标委员会无需对投标文件的技术部分进行价格折算。

第三十三条　根据经评审的最低投标价法完成详细评审后,评标委员会应当拟定一份"标价比较表",连同书面评标报告提交招标人。"标价比较表"应当载明投标人的投标报价、对商务偏差的价格调整和说明以及经评审的最终投标价。

第三十五条　根据综合评估法,最大限度地满足招标文件中规定的各项综合评价标准的投标,应当推荐为中标候选人。

衡量投标文件是否最大限度地满足招标文件中规定的各项评价标准,可以采取折算为货币的方法、打分的方法或者其他方法。需量化的因素及其权重应当在招标文件中明确规定。

第三十六条　评标委员会对各个评审因素进行量化时,应当将量化指标建立在同一基础或者同一标准上,使各投标文件具有可比性。

对技术部分和商务部分进行量化后,评标委员会应当对这两部分的量化结果进行加权,计算出每一投标的综合评估价或者综合评估分。

第三十七条　根据综合评估法完成评标后,评标委员会应当拟定一份"综合评估比较表",连同书面评标报告提交招标人。"综合评估比较表"应当载明投标人的投标报价、所作的任何修正、对商务偏差的调整、对技术偏差的调整、对各评审因素的评估以及对每一投标的最终评审结果。

第三十八条　根据招标文件的规定,允许投标人投备选标的,评标委员会可以对中标人所投的备选标进行评审,以决定是否采纳备选标。不符合中标条件的投标人的备选标不予考虑。

第三十九条 对于划分有多个单项合同的招标项目，招标文件允许投标人为获得整个项目合同而提出优惠的，评标委员会可以对投标人提出的优惠进行审查，以决定是否将招标项目作为一个整体合同授予中标人。将招标项目作为一个整体合同授予的，整体合同中标人的投标应当最有利于招标人。

《机电产品国际招标投标实施办法（试行）》

第五十七条 在商务评议过程中，有下列情形之一者，应予否决投标：

（一）投标人或其制造商与招标人有利害关系可能影响招标公正性的；

（二）投标人参与项目前期咨询或招标文件编制的；

（三）不同投标人单位负责人为同一人或者存在控股、管理关系的；

（四）投标文件未按招标文件的要求签署的；

（五）投标联合体没有提交共同投标协议的；

（六）投标人的投标书、资格证明材料未提供，或不符合国家规定或者招标文件要求的；

（七）同一投标人提交两个以上不同的投标方案或者投标报价的，但招标文件要求提交备选方案的除外；

（八）投标人未按招标文件要求提交投标保证金或保证金金额不足、保函有效期不足、投标保证金形式或出具投标保函的银行不符合招标文件要求的；

（九）投标文件不满足招标文件加注星号（"*"）的重要商务条款要求的；

（十）投标报价高于招标文件设定的最高投标限价的；

（十一）投标有效期不足的；

（十二）投标人有串通投标、弄虚作假、行贿等违法行为的；

（十三）存在招标文件中规定的否决投标的其他商务条款的。

前款所列材料在开标后不得澄清、后补；招标文件要求提供原件的，应当提供原件，否则将否决其投标。

第五十八条 对经资格预审合格、且商务评议合格的投标人不能再因其资格不合格否决其投标，但在招标周期内该投标人的资格发生了实质性变化不再满足原有资格要求的除外。

第五十九条 技术评议过程中，有下列情形之一者，应予否决投标：

（一）投标文件不满足招标文件技术规格中加注星号（"*"）的重要条款（参数）要求，或加注星号（"*"）的重要条款（参数）无符合招标文件要求的技术资料支持的；

（二）投标文件技术规格中一般参数超出允许偏离的最大范围或最多项数的；

（三）投标文件技术规格中的响应与事实不符或虚假投标的；

（四）投标人复制招标文件的技术规格相关部分内容作为其投标文件中一部分的；

（五）存在招标文件中规定的否决投标的其他技术条款的。

第六十条 采用最低评标价法评标的，价格评议按下列原则进行：

（一）按招标文件中的评标依据进行评标。计算评标价格时，对需要进行价格调整的部分，要依据招标文件和投标文件的内容加以调整并说明。投标总价中包含的招标文件要

求以外的产品或服务,在评标时不予核减;

(二)除国外贷款、援助资金项目外,计算评标总价时,以货物到达招标人指定到货地点为依据;

(三)招标文件允许以多种货币投标的,在进行价格评标时,应当以开标当日中国银行总行首次发布的外币对人民币的现汇卖出价进行投标货币对评标货币的转换以计算评标价格。

第六十一条 采用综合评价法评标时,按下列原则进行:

(一)评标办法应当充分考虑每个评价指标所有可能的投标响应,且每一种可能的投标响应应当对应一个明确的评价值,不得对应多个评价值或评价值区间,采用两步评价方法的除外。

对于总体设计、总体方案等难以量化比较的评价内容,可以采取两步评价方法:第一步,评标委员会成员独立确定投标人该项评价内容的优劣等级,根据优劣等级对应的评价值算术平均后确定该投标人该项评价内容的平均等级;第二步,评标委员会成员根据投标人的平均等级,在对应的分值区间内给出评价值。

(二)价格评价应当符合低价优先、经济节约的原则,并明确规定评议价格最低的有效投标人将获得价格评价的最高评价值,价格评价的最大可能评价值和最小可能评价值应当分别为价格最高评价值和零评价值。

(三)评标委员会应当根据综合评价值对各投标人进行排名。综合评价值相同的,依照价格、技术、商务、服务及其他评价内容的优先次序,根据分项评价值进行排名。

第六十二条 招标文件允许备选方案的,评标委员会对有备选方案的投标人进行评审时,应当以主选方案为准进行评标。备选方案应当实质性响应招标文件要求。凡提供两个以上备选方案或者未按要求注明主选方案的,该投标应当被否决。凡备选方案的投标价格高于主选方案的,该备选方案将不予采纳。

2. 业务实践

(1)初步评审。

1)施工招标初步评审。分为形式评审、资格评审和响应性评审三部分。采用经评审的最低投标价法时,响应性评审还包括对施工组织设计方案和项目管理团队及人员的评审。初步评审任何一项评审不合格的投标都应作否决投标处理。

①形式评审。是对投标文件的外在形式进行的评审。形式评审的主要内容包括投标人主体一致性,投标函的完整性,投标文件授权、签署及格式的完整性,投标报价的唯一性以及其他要求。

形式评审的主要评审内容与评审标准如表7-1所示。

形式评审中任何一项评审内容不符合评审标准的,投标人的投标将被否决。

②资格评审。是对投标资格进行的评审。资格评审的主要内容包括资质要求、信誉要求、利害关系回避要求、财务要求、业绩要求、项目经理要求以及其他要求。

资格评审的主要评审内容与评审标准如表7-2所示。

表 7-1 施工招标形式评审内容与标准

评审内容	评审标准
投标人主体一致性	①投标人名称与其提供的各类资格文件、证明文件中的名称一致 ②采用资格预审的项目,以联合体名义投标的投标人,其联合体成员与通过资格预审的联合体成员一致
投标函的完整性	①投标函授权签字或盖章的完整性 ②投标函中的称谓、投标报价、投标有效期、工期、质量标准等实质性内容的完整性
投标文件授权、签署及格式的完整性	①投标文件经法定代表人或单位负责人授权签字或盖章 ②投标文件的装订方式、正副本数量、逐页签署等符合招标文件要求 ③投标文件按招标文件要求的格式、语言编制
投标报价的唯一性	①投标报价唯一(允许报备选方案的除外) ②投标报价不附带其他附加条件
其他要求	符合招标文件对形式评审的其他要求

表 7-2 施工招标资格评审内容与标准

评审内容	评审标准
资质要求	①营业执照有效且经营范围符合招标要求 ②安全生产许可证有效 ③专业承包资质符合招标要求 ④以联合体名义投标的提交联合体协议 ⑤其他资质要求:如通过 ISO 质量管理体系认证等
信誉要求	①未被依法暂停或者取消投标资格 ②未被责令停业 ③未被接管或冻结财产 ④未在最近 3 年内出现骗取中标或严重违约或重大工程质量问题 ⑤未被工商行政管理机关在全国企业信用信息公示系统中列入严重违法失信企业名单 ⑥未被最高人民法院在信用中国网站(www.creditchina.gov.cn)或各级信用信息共享平台中列入失信被执行人名单
利害关系回避要求	①不得与招标人存在利害关系且可能影响招标公正性 ②不得与本招标项目其他投标人为同一个单位负责人或存在控股、管理关系 ③不得为招标人不具有独立法人资格的附属机构或单位 ④不得为本招标项目前期工作提供咨询服务 ⑤不得为本招标项目的监理人 ⑥不得为本招标项目的代建人 ⑦不得为本招标项目的招标代理机构 ⑧不得与本招标项目的监理人或代建人或招标代理机构为同一个法定代表人 ⑨不得与本招标项目的监理人或代建人或招标代理机构相互控股或参股 ⑩不得与本招标项目的监理人或代建人或招标代理机构相互任职或工作
财务要求	符合招标文件对投标人财务能力的要求

续表

评审内容	评审标准
业绩要求	符合招标文件对投标人同类项目的业绩要求
项目经理要求	符合招标文件对项目经理的资格要求
其他要求	符合招标文件的其他要求,如根据项目特点要求具有高原、冻土等特殊自然环境的施工业绩等

资格评审中任何一项评审内容不符合评审标准的,投标人的投标将被否决。

③响应性评审。是对投标文件是否响应招标文件实质性要求进行的评审。响应性评审的主要内容包括投标报价、投标保证金、投标有效期、投标工作范围及已标价工程量清单、工期、工程质量、技术标准和要求、施工组织设计方案、项目管理团队及人员、合同条款等。

响应性评审的主要评审内容与评审标准如表7-3所示。

表7-3 施工招标响应性评审内容与标准

评审内容	评审标准
投标报价	①不得低于成本价 ②不得高于最高投标限价以及招标文件对投标报价的其他实质性要求
投标保证金	①保证金形式符合招标文件要求 ②以现金方式出具的保证金转出账户符合招标文件要求 ③保证金的金额、有效期限、保函主要条款等符合招标文件要求
投标有效期	符合招标文件关于投标有效期的要求
投标工作范围及已标价工程量清单	符合招标文件工程量清单要求的工作范围和数量
工期	符合招标文件关于工期的要求
工程质量	符合招标文件关于工程质量的要求
技术标准和要求	符合招标文件关于技术标准和要求的要求
合同条款	符合招标文件中实质性合同条款要求
施工组织设计方案	符合招标文件关于施工组织方案的范围、质量、进度、成本、风险HSE等管理和控制要求
项目管理团队及人员	符合招标文件关于项目管理团队机构组成、人员数量、人员资格、人员经验和业绩等实质性要求
其他要求	符合招标文件的其他实质性要求

响应性评审中任何一项评审内容不符合评审标准的,投标人的投标将被否决。

2) 货物招标初步评审。其程序与工程招标相同,也分为形式评审、资格评审和响应性评审三部分。基于货物的标的物特点,资格评审内容可以增加货物制造商授权要求、投标人销售的许可、货物生产许可证等,响应性评审可以增加对货物技术规格和参数的实质性要求。初步评审中任何一项评审不合格的投标都应作否决投标处理。

①形式评审。是对投标文件的外在形式进行的评审。形式评审的主要内容包括投标人主体一致性，投标函的完整性，投标文件授权、签署及格式的完整性，投标报价的唯一性以及其他要求。

形式评审的主要评审内容与评审标准如表7-4所示。

表7-4 货物招标形式评审内容与标准

评审内容	评审标准
投标人主体一致性	①投标人名称与其提供的各类资格文件、证明文件中的名称一致 ②采用资格预审的项目，以联合体名义投标的投标人，其联合体成员与通过资格预审的联合体成员一致
投标函的完整性	①投标函授权签字或盖章的完整性 ②投标函中的称谓、投标报价、投标有效期、交货期、质量标准等实质性内容的完整性
投标文件授权、签署及格式的完整性	①投标文件经法定代表人或单位负责人授权签字或盖章 ②投标文件的装订方式、正副本数量、逐页签署等符合招标文件要求 ③投标文件按招标文件要求的格式、语言编制
投标报价的唯一性	①投标报价唯一（允许报备选方案的除外） ②投标报价不附带其他附加条件
其他要求	符合招标文件对形式评审的其他要求

形式评审中任何一项评审内容不符合评审标准的，投标人的投标将被否决。

②资格评审。是对投标资格进行的评审。资格评审的主要内容包括资质要求、信誉要求、利害关系回避要求、财务要求、业绩要求以及其他要求。

资格评审的主要评审内容与评审标准如表7-5所示。

表7-5 货物招标资格评审内容与标准

评审内容	评审标准
资质要求	①营业执照有效且经营范围符合招标要求 ②生产许可证有效 ③销售许可证有效 ④产品强制性认证有效 ⑤制造商授权符合招标文件要求 ⑥以联合体名义投标的提交联合体协议 ⑦其他资质要求，如通过ISO质量管理体系认证等
信誉要求	①未被依法暂停或者取消投标资格 ②未被责令停业 ③未被接管或冻结财产 ④未在最近3年内出现骗取中标或严重违约或重大工程质量问题 ⑤未被工商行政管理机关在全国企业信用信息公示系统中列入严重违法失信企业名单 ⑥未被最高人民法院在信用中国网站（www.creditchina.gov.cn）或各级信用信息共享平台中列入失信被执行人名单

续表

评审内容	评审标准
利害关系回避要求	①不得与招标人存在利害关系且可能影响招标公正性 ②不得与本招标项目其他投标人为同一个单位负责人或存在控股、管理关系 ③不得为招标人不具有独立法人资格的附属机构或单位 ④不得为本招标项目提供过设计、编制技术规范和其他文件的咨询服务 ⑤不得为本招标项目的监理人 ⑥不得为本招标项目的代建人 ⑦不得为本招标项目的招标代理机构 ⑧不得与本招标项目的监理人或代建人或招标代理机构为同一个法定代表人 ⑨不得与本招标项目的监理人或代建人或招标代理机构相互控股或参股 ⑩不得与本招标项目的监理人或代建人或招标代理机构相互任职或工作
财务要求	符合招标文件对投标人财务能力的要求
业绩要求	符合招标文件对投标人类似供货的业绩要求
其他要求	符合招标文件的其他资格要求

资格评审中任何一项评审内容不符合评审标准的，投标人的投标将被否决。

③响应性评审。是对投标文件是否响应招标文件实质性要求进行的评审。响应性评审的主要内容包括投标报价、投标保证金、投标有效期、供货范围、交货期、技术参数、质量标准、服务承诺、合同条款等。

响应性评审的主要评审内容与评审标准如表7-6所示。

表7-6 货物招标响应性评审内容与标准

评审内容	评审标准
投标报价	①不得低于成本价 ②不得高于最高投标限价以及招标文件对投标报价的其他实质性要求
投标保证金	①保证金形式符合招标文件要求 ②以现金方式出具的保证金转出账户符合招标文件要求 ③保证金的金额、有效期限、保函主要条款等符合招标文件要求
投标有效期	符合招标文件关于投标有效期的要求
供货范围	符合招标文件关于供货范围的实质性要求
交货期	符合招标文件关于交货期的实质性要求
技术参数	符合招标文件关于重要技术参数（*参数）的要求
质量标准	符合招标文件关于质量标准的要求
服务承诺	符合招标文件关于伴随服务的实质性要求
合同条款	符合招标文件中实质性合同条款要求
其他要求	符合招标文件的其他实质性要求

响应性评审中任何一项评审内容不符合评审标准的，投标人的投标将被否决。

3）机电产品国际招标初步评审。机电产品国际招标初步评审程序分为符合性检查、商务评议和技术评议三部分。

①符合性检查。是对投标文件的完整性审查。符合性检查的主要内容包括投标书、投标保证金、单位负责人授权书、资格证明文件、技术文件、投标分项报价表的符合性。符合性检查不合格的投标应当被否决，不再进入商务评议。

符合性检查内容与评审标准如表7-7所示。

表7-7 机电产品国际招标符合性检查

评审内容	评审标准
投标书	按招标文件要求提交
投标保证金	按招标文件要求提交
单位负责人授权书	按招标文件要求提交（投标文件由单位负责人代表签署时，无须提供单位负责人授权书）
资格证明文件	按招标文件要求提交
技术文件	按招标文件要求提交
投标分项报价表	按招标文件要求提交

②商务评议。是对投标文件的商务响应性审查。商务评议的主要内容包括投标人的合格性、投标的有效性、投标有效期、投标保证金、资格证明文件、经营范围、业绩、交货期、质量保证期、付款条件和方式、适用法律、争议解决方式等实质性要求。商务评议不合格的投标应当被否决，不再进入技术评议。

商务评议内容与评审标准如表7-8所示。

表7-8 机电产品国际招标商务评议

	评议内容	评审标准
	投标人的合格性	符合招标文件要求
投标的有效性	是否由单位负责人或授权代表签署	符合招标文件要求
	是否按照招标文件的要求小签	符合招标文件要求
	投标有效期	符合招标文件要求
投标保证金	金额	符合招标文件要求
	有效期	符合招标文件要求
	格式（采用投标保函时）	符合招标文件要求
资格证明文件	资格声明	符合招标文件要求
	制造厂家资格声明	符合招标文件要求
	作为代理的贸易公司的资格声明（如适用）	符合招标文件要求
	制造商授权书（如适用）	符合招标文件要求
	证书	符合招标文件要求
	银行资信证明	符合招标文件要求

续表

评议内容	评审标准
经营范围	符合招标文件要求
业绩	符合招标文件要求
交货期	符合招标文件要求
质量保证期	符合招标文件要求
付款条件和方式	符合招标文件要求
适用法律	符合招标文件要求
仲裁	符合招标文件要求
其他	符合招标文件要求

③技术评议。是对投标文件的技术响应性审查。技术评议主要审查投标文件对重要技术条款（参数），即标注"*"条款（参数）的响应性，以及对一般参数偏离的范围和项数都不得超过招标文件规定的最大范围和最多项数等。技术评议应当依据投标文件中的技术支持资料（如制造商公开发布的印刷资料、检测机构出具的检测报告或招标文件规定的其他资料等）做出判断，而不能仅依据投标人的承诺。技术评议不合格的投标应当被否决，不再进入价格评议。

技术评议内容与评审标准如表7-9所示。

表7-9 机电产品国际招标技术评议示例

评审标准（招标文件要求）		评议内容（投标文件技术参数）
重要技术条款（参数）（标注*号）		
一般技术条款（参数）		

4）服务招标初步评审。其与工程、货物招标相同，也分为形式评审、资格评审和响应性评审三部分。

基于服务的标的物特点，资格评审内容主要包括资质要求、信誉要求、服务团队及负责人要求、业绩要求等。响应性评审内容主要包括服务范围、服务质量、服务期限、合同条款等。初步评审中任何一项评审不合格的投标都应作否决投标处理。

①形式评审。是对投标文件的外在形式进行的评审。形式评审的主要内容包括投标人

主体一致性，投标函的完整性，投标文件授权、签署及格式的完整性，投标报价的唯一性以及其他要求。

形式评审的主要评审内容与评审标准如表 7-10 所示。

表 7-10 服务招标形式评审内容与标准

评审内容	评审标准
投标人主体一致性	①投标人名称与其提供的各类资格文件、证明文件中的名称一致 ②采用资格预审的项目，以联合体名义投标的投标人，其联合体成员与通过资格预审的联合体成员一致
投标函的完整性	①投标函授权签字或盖章的完整性 ②投标函中的称谓、投标报价、投标有效期、服务期限、验收标准等实质性内容的完整性
投标文件授权、签署及格式的完整性	①投标文件经法定代表人或单位负责人授权签字或盖章 ②投标文件的装订方式、正副本数量、逐页签署等符合招标文件要求 ③投标文件按招标文件要求的格式编制
投标报价的唯一性	①投标报价唯一 ②投标报价不附带其他附加条件
其他要求	符合招标文件对形式评审的其他要求

形式评审中任何一项评审内容不符合评审标准的，投标人的投标将被否决。

②资格评审。是对投标资格进行的评审。资格评审的主要内容包括资质要求、信誉要求、利害关系回避要求、业绩要求、项目团队及负责人要求以及其他要求。

资格评审的主要评审内容与评审标准如表 7-11 所示。

表 7-11 服务招标资格评审内容与标准

评审内容	评审标准
资质要求	①营业执照有效且经营范围符合招标要求 ②专业资质符合招标要求 ③以联合体名义投标的提交联合体协议 ④其他资质要求：如通过 ISO 质量管理体系认证等
信誉要求	①未被依法暂停或者取消投标资格 ②未被责令停业 ③未被接管或冻结财产 ④未在最近 3 年内出现骗取中标或严重违约 ⑤未被工商行政管理机关在全国企业信用信息公示系统中列入严重违法失信企业名单 ⑥未被最高人民法院在"信用中国"网站（www.creditchina.gov.cn）或各级信用信息共享平台中列入失信被执行人名单

续表

评审内容	评审标准
利害关系回避要求	①不得与招标人存在利害关系且可能影响招标公正性 ②不得与本招标项目其他投标人为同一个单位负责人或存在控股、管理关系 ③不得为招标人不具有独立法人资格的附属机构或单位 ④不得为本招标项目前期工作提供咨询服务 ⑤不得为本招标项目的监理人 ⑥不得为本招标项目的代建人 ⑦不得为本招标项目的招标代理机构 ⑧不得与本招标项目的监理人或代建人或招标代理机构为同一个法定代表人 ⑨不得与本招标项目的监理人或代建人或招标代理机构相互控股或参股 ⑩不得与本招标项目的监理人或代建人或招标代理机构相互任职或工作
业绩要求	符合招标文件对投标人同类服务项目的业绩要求
项目团队及负责人要求	符合招标文件对项目团队及负责人的资格要求
其他要求	符合招标文件的其他要求：例如勘察、设计等专业承包资格等

资格评审中任何一项评审内容不符合评审标准的，投标人的投标将被否决。

③响应性评审。是对投标文件是否响应招标文件实质性要求进行的评审。响应性评审的主要内容包括：投标报价、投标保证金、投标有效期、服务范围、服务期限、验收标准、合同条款、服务方案、项目团队及人员等。

响应性评审的主要评审内容与评审标准如表7-12所示。

表7-12 服务招标响应性评审内容与标准

评审内容	评审标准
投标报价	①不得低于成本价 ②不得高于最高投标限价以及招标文件对投标报价的其他实质性要求
投标保证金	①保证金形式符合招标文件要求 ②以现金方式出具的保证金转出账户符合招标文件要求 ③保证金的金额、有效期限、保函主要条款等符合招标文件要求
投标有效期	符合招标文件关于投标有效期的要求
服务范围	符合招标文件对服务大纲（TOR）的要求
服务期限	符合招标文件关于服务期限的要求
验收标准	符合招标文件关于验收标准的要求
合同条款	符合招标文件中实质性合同条款要求
服务方案	符合招标文件关于服务方案的实质性要求
项目团队及人员	符合招标文件关于项目团队机构组成、人员数量、人员资格、人员经验和业绩等实质性要求
其他要求	符合招标文件的其他实质性要求

响应性评审中任何一项评审内容不符合评审标准的，投标人的投标将被否决。

（2）详细评审。经初步评审合格的投标文件，评标委员会应当根据招标文件确定的评标标准和方法，进行详细评审，对其技术部分和商务部分作进一步评审、比较。

1）施工招标详细评审。

①经评审的最低投标价法。经过初步评审合格并进行算术性错误修正后的投标报价，按招标文件确定的评标标准和方法计算评标价。评标价调整计算通常包括投标人报价范围差异、遗漏的费用、提前竣工的效益等直接影响价格的因素，并且应当考虑资金的时间价值，采用招标文件约定的折现率计算评标价。

②综合评估法。详细评审的内容通常包括投标价格、施工组织设计、项目管理机构与人员、财务能力、业绩与信誉等，根据招标文件中评标办法所设定的各项权重及评分标准，由评标委员会成员独立对投标人进行评分。

施工招标项目的综合评分可以分为客观评分和主观评分：投标报价、业绩、项目管理机构和人员、信誉等为客观评分；施工组织设计为主观评分。评标委员会成员的客观评分应当保持一致，主观评分可以根据评委的个人专业和经验判断而有所差异。

综合评估法的主要评审内容与评审标准如表7－13所示。

表7－13　施工招标综合评估法评审内容与标准

评审内容	评审标准
投标报价	①确定评标基准价（一般规定为各有效投标报价的算术平均值） ②根据各投标价与基准价的偏差比率，按照招标文件规定的偏差扣减评分办法进行投标报价评分
业绩	根据招标文件对业绩的评分标准进行评分
信誉	根据招标文件对信誉的评分标准进行评分
项目管理机构和人员	根据招标文件对项目管理机构和人员的评分标准进行评分
财务能力	根据招标文件对财务指标的评分标准进行评分
施工组织设计	根据招标文件对施工组织设计的各项评分标准进行评分

2）货物招标详细评审。

①经评审的最低投标价法。经过初步评审合格并进行算术性错误修正后的投标报价，按招标文件确定的评标标准和方法计算评标价，一般以货物到达指定目的地为计算评标价的标准。评标价调整计算通常包括投标报价缺漏项、伴随服务费用、付款条件和交货期偏差等影响价格的因素。

评标价格调整计算的步骤如表7－14所示。

②综合评估法。详细评审的内容通常包括投标价格、技术和商务因素。

综合评估法的主要评审内容与评审标准如表7－15所示。

表 7-14 货物招标经评审的最低投标价法评标价格调整计算的步骤

计算步骤	评审标准
投标报价折扣计算	以经算术错误修正后的投标报价为基准
供货范围缺漏项计算	根据招标文件对属于非实质性偏差的供货范围缺漏项的评标价计算方法进行计算。如为数量短缺,一般以投标人该项投标报价的单价计算相应的价格,并据此调整评标价;如为其他缺漏项,一般以其他投标人该项投标报价的最高价补齐漏项价格
伴随服务费用计算	根据招标文件对运杂费等伴随服务费用的计算方法进行评标价计算
交货期偏差费用计算	根据招标文件对属于非实质性偏差的交货期偏差费用的计算方法进行评标价计算
付款方式偏差费用计算	根据招标文件对属于非实质性偏差的付款方式偏差费用的计算方法进行评标价计算,可以根据招标文件规定采用单利或复利计算方法

表 7-15 货物招标综合评估法评审内容与标准

	评审内容	评审标准
投标价格因素	投标报价	根据招标文件规定投标报价评分标准进行评分。一般应当符合低价优先原则
技术因素	技术方案与技术参数	根据招标文件对技术因素的评分标准进行评分
	技术服务承诺	
商务因素	财务能力	根据招标文件对财务指标的评分标准进行评分
	业绩	根据招标文件对业绩的评分标准进行评分
	信誉	根据招标文件对信誉的评分标准进行评分

3) 机电产品国际招标详细评审。

①最低评标价法。按招标文件中的评标依据进行评标。在计算评标价格时,对需要进行价格调整的部分依据招标文件和投标文件的内容加以调整并说明。投标总价中包含的招标文件要求以外的产品或服务在评标时不予核减。

除国外贷款、援助资金项目外,计算评标总价时,以货物到达招标人指定到货地点为依据。

招标文件允许以多种货币投标的,在进行价格评标时,应当以开标当日中国银行总行首次发布的外币对人民币的现汇卖出价进行投标货币对评标货币的转换以计算评标价格。

评标价的计算包括以下步骤:

A. 计算投标价格。在开标价格的基础上,通过算术性错误修正、报价折扣或优惠调整、评标货币转换等步骤计算出各有效投标人的投标价格。

B. 供货范围偏离调整额。对于招标文件允许范围内的缺漏项,评标委员会应当在评标中要求投标人确认缺漏项是否包含在投标价中,确认包含的,将其他有效投标中该项的最高价作为偏离调整额计入其评标总价,并依据此评标总价对其一般商务和技术条款(参数)偏离进行价格调整,但签订合同时以投标价为准;确认不包含的,评标委员会应当否决其投标。

C. 商务偏离调整。对于付款条件和交货期等偏离内容,应按照招标文件的约定计算评标价格调整额。

D. 技术偏离调整。对于一般技术参数偏离，每项偏离的调整额最多不超过该设备投标价格的1%。投标文件中没有单独列出该设备分项报价的，评标价格调整时按投标总价计算。

E. 计算进口环节税。进口环节税包括进口关税、消费税和增值税。

F. 计算国内运杂费。国内运杂费包括国内运输费、国内运输保险费以及其他杂费。

G. 计算评标价格。评标总价应当包含货物到达招标人指定到货地点之前的所有成本及费用。其中，关境外产品 = CIF 价 + 进口环节税 + 国内运输、保险费等（采用 CIP、DDP 等其他报价方式的，参照此方法计算评标总价）；投标截止时间前已经进口的产品 = 销售价（含进口环节税、销售环节增值税） + 国内运输、保险费等。关境内制造的产品 = 出厂价（含增值税） + 消费税（如适用） + 国内运输、保险费等。有价格调整的在计算评标总价时应当包含偏离加价。

最低评标价法的评标价格调整计算步骤如表 7-16 所示。

表 7-16　机电产品国际招标最低评标价法的评标价调整计算步骤

计算步骤		评审标准
投标报价	开标价格	开标一览表公开唱出的开标价
	算术修正（如适用）后的投标价格	计算算术修正后的投标价格。单价计算的结果与总价不一致的，以单价为准修改总价；大写表示的数值与小写表示的数值不一致的，以大写为准
	投标声明（折扣或升、降价）（如适用）后的投标总价（原币值）	按照开标一览表载明的投标声明计算投标总价
	投标总价（评标币值）	按照开标当日中国银行总行首次发布的外币对人民币的现汇卖出价将投标货币转换为评标货币的投标总价
价格调整	供货范围偏离	对于招标文件允许范围内的缺漏项，将其他有效投标中该项的最高价作为偏离调整额计入其评标总价，并依据此评标总价对其一般商务和技术条款（参数）偏离进行价格调整
	技术偏离	按偏离项数计算价格调整额，每项偏离的调整额最多不超过修正后该设备投标价格的1%。投标文件中没有单独列出该设备分项报价的，评标价格调整时按投标总价计算
	商务偏离	①对于付款条件和交货期等可以直接量化为价格的因素，应按照招标文件的规定直接将偏离的内容计算为价格调整额，对于付款条件的偏离，可以根据招标文件规定采用单利或复利计算方法计算评标价 ②对于资信、服务承诺等不能量化为价格的因素，应按偏离项数计算调整额，每项偏离的调整额最多不超过修正后该设备投标价格的1%
	调整总和	调整总和 = 供货范围偏离调整 + 技术偏离调整 + 商务偏离调整

续表

计算步骤	评审标准
进口环节税	进口环节税 = 进口关税 + 消费税 + 进口增值税；其中： ①进口关税 = CIF 价格 × 进口关税税率 ②消费税 = $\dfrac{CIF 价格 + 进口关税}{1 - 消费税税率}$ × 消费税税率 ③进口增值税 =（CIF 价格 + 进口关税 + 消费税）× 增值税税率
国内运杂费	包括国内运输费、国内运输保险费以及其他杂费，以货物到达指定目的地计算
评标价格	评标价格 = 投标总价 + 调整总和 + 国内运杂费 + 进口环节税

②综合评价法。详细评审程序如下：

A. 评标委员会应当首先对投标文件进行初步评审，判定并拒绝无效的和存在实质性偏离的投标文件。通过初步评审的投标文件进入综合评价阶段。

B. 评标委员会成员应当根据综合评价法的规定对投标人的投标文件独立打分，并分别计算各投标人的商务、技术、服务及其他评价内容的分项得分，凡招标文件未规定的标准不得作为加分或者减分的依据。

C. 价格评价。价格评价应当遵循以下步骤依次进行：算术修正；计算投标声明（折扣/升降价）后的价格；价格调整；价格评分。价格评价应当符合低价优先、经济节约的原则，并明确规定评议价格最低的有效投标人将获得价格评价的最高评价值，价格评价的最大可能评价值和最小可能评价值应当分别为价格最高评价值和零评价值。

D. 商务、技术、服务评价。评标委员会应当对每位成员的评分进行汇总；每位成员在提交其独立出具的评价记录表后不得重新打分。投标人的综合得分等于其商务、技术、价格、服务及其他评价内容的分项得分之和。对于总体设计、总体方案等难以量化比较的评价内容，可以采取两步评价方法：第一步，评标委员会成员独立确定投标人该项评价内容的优劣等级，根据优劣等级对应的评价值算术平均后确定该投标人该项评价内容的平均等级；第二步，评标委员会成员根据投标人的平均等级，在对应的分值区间内给出评价值。

E. 综合排名。评标委员会应当根据综合得分对各投标人进行排名。综合得分相同的，价格得分高者排名优先；价格得分相同的，技术得分高者排名优先，并依照商务、服务及其他评价内容的分项得分优先次序类推。评标办法应当充分考虑每个评价指标所有可能的投标响应，且每一种可能的投标响应应当对应一个明确的评价值，不得对应多个评价值或评价值区间，采用两步评价方法的除外。

4）服务招标详细评审。基于质量优先的原则，价格不是主要评审要素，故服务招标一般采用综合评估法进行详细评审。详细评审内容包括服务报价、服务团队和人员、业绩和经验、服务方案等因素。评标委员会应当按照招标文件规定的方法分别对各项评价因素进行打分，然后将各项评价因素的得分按照招标文件规定的权重折算成为加权得分，即为该投标人的综合得分。

服务招标项目的综合评分可以分为客观评分和主观评分。投标报价、业绩、服务团队和人员、信誉等为客观评分,服务方案为主观评分。评标委员会成员的客观评分应当保持一致,主观评分可以根据评委的个人专业和经验判断而有所差异。

服务招标综合评估法的主要评审内容与评审标准如表 7-17 所示。

表 7-17 服务招标综合评估法评审内容与标准

评审内容	评审标准
投标报价	根据招标文件规定投标报价评分标准进行评分,应当符合低价优先原则
业绩	根据招标文件对业绩的评分标准进行评分
信誉	根据招标文件对信誉的评分标准进行评分
服务团队和人员	根据招标文件对服务团队和人员的评分标准进行评分
服务方案	根据招标文件对服务方案的评分标准进行评分

3. 专题分析

(1) 否决投标。这是评标委员会对不符合招标实质性要求的投标进行效力否决。否决投标应当注意:

1) 否决投标的主体是评标委员会。招标人、招标代理机构以及其他单位和个人都无权否决投标。

2) 否决投标的依据只能是法律规定或者招标文件的约定。法定的否决投标情形主要是《招标投标法实施条例》"第五十一条 有下列情形之一的,评标委员会应当否决其投标:(一) 投标文件未经投标单位盖章和单位负责人签字;(二) 投标联合体没有提交共同投标协议;(三) 投标人不符合国家或者招标文件规定的资格条件;(四) 同一投标人提交两个以上不同的投标文件或者投标报价,但招标文件要求提交备选投标的除外;(五) 投标报价低于成本或者高于招标文件设定的最高投标限价;(六) 投标文件没有对招标文件的实质性要求和条件作出响应;(七) 投标人有串通投标、弄虚作假、行贿等违法行为"。此外,招标人可以在招标文件中根据招标项目的特点和需求约定若干实质性条款,投标人不响应实质性条款将导致投标被否决。

(2) 初步评审后,如果实质性响应招标要求的投标人不足 3 个,应区分不同情形按以下原则处理:

1) 政府采购项目。应当依据政府采购法的规定废标,终止招标程序。

2) 国际招标项目。应当继续进行评标,对实质性响应招标要求的投标人进行详细评审。

3) 其他招标项目。应当由评标委员会判定投标是否具有竞争性;如果投标明显缺乏竞争,评标委员会可以决定否决全部投标,招标人在分析招标失败的原因并采取相应措施后应当重新招标;如果投标仍然具有竞争性,评标委员会可以继续评标,对实质性响应招标要求的投标人进行详细评审。

拓展阅读：想了解更多延伸知识吗？扫描二维码即可阅读哦！

4. 精选问答

（1）Q：某工程建设项目，A公司做了初步设计，后续招标人通过国际招标选择关键设备。B公司是A公司的母公司，B公司能否参加后续设备国际招标项目投标？

A：法规对此没有禁止性规定。

《招标投标法实施条例》第三十四条第一款虽然规定"与招标人存在利害关系可能影响招标公正性的法人、其他组织或者个人，不得参加投标"，但该条规定属于宣示性条款，主张适用时需要举证证明。

A公司虽然做了项目初步设计，但其本身并未参加该项目后续招标项目投标；而B公司虽然是A公司的母公司，但与招标人并不存在直接利害关系，并不违反《机电产品国际招标投标实施办法（试行）》第三十二条的规定："接受委托参与项目前期咨询和招标文件编制的法人或其他组织不得参加受托项目的投标，也不得为该项目的投标人编制投标文件或提供咨询。"

因此，只要B公司公平参与竞争，且没有证据证明影响了招标的公正性，就应当被允许参加后续设备国际招标项目投标。

（2）Q：不同的投标人（A公司和B公司）递交了同一份资格审查文件（都是A公司的资料），如何处理？是否决放错了资格审查文件的那家（B投标人）？还是同时否决放对了的投标人（A投标人）？

A：应当首先否决B公司的投标；如果有进一步的证据证明B公司与A公司串通投标，则应当一并否决A公司的投标。

B公司提交了A公司的资格文件，无论是何种原因，肯定不能满足招标文件对投标人资格审查的实质性要求，根据《招标投标法实施条例》"第五十一条 有下列情形之一的，评标委员会应当否决其投标……（六）投标文件没有对招标文件的实质性要求和条件作出响应"，符合应当否决投标的法定条件，因此应当否决B公司的投标。

至于如何处理A公司的投标，取决于是否有证据证明B公司与A公司存在串通投标行为。如是，应当以串通投标为由，同时否决A公司和B公司的投标；否则，应当对A公司的投标进行正常评审。

虽然B公司投标人提交了A公司的资格文件，但A公司投标人并不存在混装其他投标人资格文件的事实。因此，无法根据《招标投标法实施条例》第四十条列举的串通投标情形直接认定A公司和B公司存在串通投标行为。但是如果有进一步的证据证明B公司与A公司存在《招标投标法实施条例》第三十九条、第四十条列举的串通投标行为，例如B公司与A公司委托同一人办理投标事宜等情形，则应当根据《招标投标法实施条例》"第五十一条 有下列情形之一的，评标委员会应当否决其投标……（七）投标人有串通投标、弄虚作假、行贿等违法行为"，同时否决B公司与A公司的投标。如果没有充分证据证明A公司与B公司存在串通投标行为，则应当正常评审A公司的投标。

（3）Q：使用综合评价法的机电产品国际招标项目，如果价格评价满分为30分，设定价格评分标准时，是否可以采用以下两种方式？

1）有效投标人评标价格的平均值为评标基准价，评标价格等于评标基准价时得15分，评标价格每高一个百分点减1分，每低一个百分点加0.5分。

2）有效投标人评标价格的最低值为评标基准价，评标价格等于评标基准价时得30分，评标价格每高一个百分点减0.1分。

A：这两种综合评价法的价格评分标准都不能充分体现低价优先的原则，因为不能够保证所有不同的报价值仅对应唯一的评分值。例如，依第二个设定标准，假设投标人甲的评标价格为评标基准价的3倍，其价格评分为0分；投标人乙的评标价格为评标基准价的4倍，其价格评分亦为0分；甲、乙两投标人评标价格不同，但价格评分相同，明显没有体现低价优先的原则。

《机电产品国际招标投标实施办法（试行）》第六十一条第（二）项规定："价格评价应当符合低价优先、经济节约的原则，并明确规定评议价格最低的有效投标人将获得价格评价的最高评价值，价格评价的最大可能评价值和最小可能评价值应当分别为价格最高评价值和零评价值。"

合理合法的做法是参照政府采购低价优先的原则，即以有效投标人的最低价为基准价，设定反比例函数计算价格评分，即财政部的规定"价格分应当采用低价优先法计算，即满足招标文件要求且投标价格最低的投标报价为评标基准价，其价格分为满分。其他投标人的价格分统一按照下列公式计算：投标报价得分＝（评标基准价/投标报价）×100×价格权重"，这与《机电产品国际招标投标实施办法（试行）》第六十一条规定的原则是完全一致的。

四、投标文件的澄清与说明

1. 法律法规规章摘要

《招标投标法》

第三十九条　评标委员会可以要求投标人对投标文件中含义不明确的内容作必要的澄清或者说明，但是澄清或者说明不得超出投标文件的范围或者改变投标文件的实质性内容。

《招标投标法实施条例》

第五十二条　投标文件中有含义不明确的内容、明显文字或者计算错误，评标委员会认为需要投标人作出必要澄清、说明的，应当书面通知该投标人。投标人的澄清、说明应当采用书面形式，并不得超出投标文件的范围或者改变投标文件的实质性内容。

评标委员会不得暗示或者诱导投标人作出澄清、说明，不得接受投标人主动提出的澄清、说明。

《评标委员会和评标办法暂行规定》

第十九条 投标文件中的大写金额和小写金额不一致的,以大写金额为准;总价金额与单价金额不一致的,以单价金额为准,但单价金额小数点有明显错误的除外;对不同文字文本投标文件的解释发生异议的,以中文文本为准。

第二十二条 投标人资格条件不符合国家有关规定和招标文件要求的,或者拒不按照要求对投标文件进行澄清、说明或者补正的,评标委员会可以否决其投标。

《电子招标投标办法》

第三十三条 评标中需要投标人对投标文件澄清或者说明的,招标人和投标人应当通过电子招标投标交易平台交换数据电文。

2. 业务实践

投标文件中有含义不明确的内容、对同类问题表述不一致或者有明显文字、计算错误时,评标委员会认为需要投标人进行书面澄清和说明的,招标人或招标代理机构应当将评标委员会要求投标人澄清或说明的书面澄清通知送达投标人,并且接收投标人提交的书面澄清或说明后,送交评标委员会进行评审。

投标人根据评标委员会要求提交的澄清或说明文件对投标人具有约束力,但投标人提出的澄清或说明不得改变投标文件的实质性内容。评标委员会不接受投标人主动提出的澄清或说明文件。

招标文件如约定投标人项目经理或授权代表对其投标方案进行现场讲解并接受评标委员会询问的,招标人或招标代理机构应当在特定地点准备专用视频或音频设施,按招标文件约定的顺序逐一安排投标人项目经理或授权代表进行讲解并接受评标委员会询问。

采用电子评标的项目,评标委员会在评标过程中需要投标人对投标文件澄清或者说明的,应当通过电子招标投标交易平台交换数据电文,但并不排斥就澄清或说明进行远程的沟通与确认。

3. 专题分析:评标委员会怀疑投标报价低于成本价时的澄清

评标委员会如发现投标人的投标报价明显不合理或低于其他投标人报价,怀疑其投标报价可能低于其个别成本,应当要求该投标人对其报价做出不低于其成本的书面澄清说明并提供相关证明材料。如果投标人不能提供充分证据证明其报价不低于成本,评标委员会应当否决其投标。如果投标人提供了充分的证据证明其报价不低于成本,不影响其按招标文件规定的要求完成招标项目,评标委员会亦无法证明其报价低于成本,则应当接受该投标人的投标报价。

4. 精选问答

Q:评标委员会可否要求与投标人进行面对面澄清?

A:评标委员会不得要求与投标人进行面对面澄清。

《招标投标法》第三十七条规定,评标委员会成员的名单在中标结果确定前应当保密;第三十八条规定,招标人应当采取必要的措施,保证评标在严格保密的情况下进行。如果评标委员会与投标人进行面对面澄清,则可能直接导致评标委员会成员名单泄密,评标的过程和结果受到非法干预，从而影响评标的公平公正性。

五、评标报告和中标候选人

1. 法律法规规章摘要

《招标投标法》

第四十条 评标委员会完成评标后，应当向招标人提出书面评标报告，并推荐合格的中标候选人。

《招标投标法实施条例》

第五十三条 评标完成后，评标委员会应当向招标人提交书面评标报告和中标候选人名单。中标候选人应当不超过3个，并标明排序。

评标报告应当由评标委员会全体成员签字。对评标结果有不同意见的评标委员会成员应当以书面形式说明其不同意见和理由，评标报告应当注明该不同意见。评标委员会成员拒绝在评标报告上签字又不书面说明其不同意见和理由的，视为同意评标结果。

第五十四条 依法必须进行招标的项目，招标人应当自收到评标报告之日起3日内公示中标候选人，公示期不得少于3日。

投标人或者其他利害关系人对依法必须进行招标的项目的评标结果有异议的，应当在中标候选人公示期间提出。招标人应当自收到异议之日起3日内作出答复；作出答复前，应当暂停招标投标活动。

《评标委员会和评标办法暂行规定》

第四十二条 评标委员会完成评标后，应当向招标人提出书面评标报告，并抄送有关行政监督部门。评标报告应当如实记载以下内容：

（一）基本情况和数据表；
（二）评标委员会成员名单；
（三）开标记录；
（四）符合要求的投标一览表；
（五）否决投标的情况说明；
（六）评标标准、评标方法或者评标因素一览表；
（七）经评审的价格或者评分比较一览表；
（八）经评审的投标人排序；
（九）推荐的中标候选人名单与签订合同前要处理的事宜；
（十）澄清、说明、补正事项纪要。

第四十四条 向招标人提交书面评标报告后，评标委员会应将评标过程中使用的文件、表格以及其他资料应当即时归还招标人。

第四十五条 评标委员会推荐的中标候选人应当限定在一至三人，并标明排列顺序。

《机电产品国际招标投标实施办法（试行）》

第六十六条 评标委员会的每位成员应当分别填写评标委员会成员评标意见表，评标

第七章 开标、评标与定标

意见表是评标报告必不可少的一部分。评标报告应当由评标委员会全体成员签字。对评标结果有不同意见的评标委员会成员应当以书面形式说明其不同意见和理由，评标报告应当注明该不同意见。评标委员会成员拒绝在评标报告上签字又不说明其不同意见和理由的，视为同意评标结果。

专家受聘承担的具体项目评审工作结束后，招标人或者招标机构应当在招标网对专家的能力、水平、履行职责等方面进行评价，评价结果分为优秀、称职和不称职。

第六十七条 依法必须进行招标的项目，招标人或招标机构应当依据评标报告填写《评标结果公示表》，并自收到评标委员会提交的书面评标报告之日起3日内在招标网上进行评标结果公示。评标结果应当一次性公示，公示期不得少于3日。

采用最低评标价法评标的，《评标结果公示表》中的内容包括"中标候选人排名"、"投标人及制造商名称"、"评标价格"和"评议情况"等。每个投标人的评议情况应当按商务、技术和价格评议三个方面在《评标结果公示表》中分别填写，填写的内容应当明确说明招标文件的要求和投标人的响应内容。对一般商务和技术条款（参数）偏离进行价格调整的，在评标结果公示时，招标人或招标机构应当明确公示价格调整的依据、计算方法、投标文件偏离内容及相应的调整金额。

采用综合评价法评标的，《评标结果公示表》中的内容包括"中标候选人排名"、"投标人及制造商名称"、"综合评价值"、"商务、技术、价格、服务及其他等大类评价项目的评价值"和"评议情况"等。每个投标人的评议情况应当明确说明招标文件的要求和投标人的响应内容。

使用国外贷款、援助资金的项目，招标人或招标机构应当自收到评标委员会提交的书面评标报告之日起3日内向资金提供方报送评标报告，并自获其出具不反对意见之日起3日内在招标网上进行评标结果公示。资金提供方对评标报告有反对意见的，招标人或招标机构应当及时将资金提供方的意见报相应的主管部门，并依照本办法重新招标或者重新评标。

第六十八条 评标结果进行公示后，各方当事人可以通过招标网查看评标结果公示的内容。招标人或招标机构应当应投标人的要求解释公示内容。

第六十九条 投标人或者其他利害关系人对依法必须进行招标的项目的评标结果有异议的，应当于公示期内向招标人或招标机构提出，并将异议内容上传招标网。招标人或招标机构应当在收到异议之日起3日内作出答复，并将答复内容上传招标网；作出答复前，应当暂停招标投标活动。

异议答复应当对异议问题逐项说明，但不得涉及其他投标人的投标秘密。未在评标报告中体现的不满足招标文件要求的其他方面的偏离不能作为答复异议的依据。

经原评标委员会按照招标文件规定的方法和标准审查确认，变更原评标结果的，变更后的评标结果应当依照本办法进行公示。

《招标公告和公示信息发布管理办法》

第六条 依法必须进行招标的项目的中标候选人公示应当载明以下内容：

（一）中标候选人排序、名称、投标报价、质量、工期（交货期），以及评标情况；

（二）中标候选人按照招标文件要求承诺的项目负责人姓名及其相关证书名称和编号；

（三）中标候选人响应招标文件要求的资格能力条件；

（四）提出异议的渠道和方式；

（五）招标文件规定公示的其他内容；

依法必须招标项目的中标结果公示应当载明中标人名称。

《电子招标投标办法》

第三十四条　评标委员会完成评标后，应当通过电子招标投标交易平台向招标人提交数据电文形式的评标报告。

第三十五条　依法必须进行招标的项目中标候选人和中标结果应当在电子招标投标交易平台进行公示和公布。

2. 业务实践

（1）评标报告。出具评标报告并向招标人提交评标报告是评标委员会的法定义务。评标结束后，评标委员会应当独立编制书面评标报告，并根据法律及招标文件载明的评标办法推荐中标候选人，或根据招标人的授权直接确定中标人。

依法必须进行招标的项目，评标委员会应当按照《评标委员会和评标方法暂行规定》规定的评标报告内容编制书面评标报告，提交招标人并抄送有关行政监督部门。机电产品国际招标项目，评标委员会应当按照《机电产品国际招标投标实施办法（试行）》的规定，每位评标委员会成员必须分别填写评标委员会成员评标意见表，评标意见表是评标报告必不可少的一部分。自愿招标的项目，评标委员会可以根据招标人的要求以及项目特点出具评标报告。

评标报告由评标委员会全体成员签字，对评标结论持有异议的评标委员会成员可以书面形式阐述其不同意见和理由。评标委员会成员拒绝在评标报告上签字又不陈述其不同意见和理由的视为同意评标结果，评标委员会应当对此作出书面说明并记录在案。评标过程中使用的文件、表格以及其他资料应当即时归还招标人。

招标人收到评标委员会提交的评标报告后，应当对评标报告的内容进行形式复核，复核的重点内容包括评标报告内容的完整性、客观评审内容的一致性、评标委员会成员签字的规范性等。如在复核中发现问题，应当及时通知评标委员会进行必要的更正。

采用电子评标的项目，评标委员会完成评标后，应当通过电子招标投标交易平台编制并向招标人提交数据电文形式的评标报告。

（2）中标候选人及其公示。评标委员会推荐的中标候选人应当不超过3个并标明排序。评标委员会决定否决所有投标的，应在评标报告中详细说明理由。

依法必须进行招标的项目，招标人应当自收到评标报告之日起3日内按照《招标公告和公示信息发布管理办法》以及招标文件规定的媒介公示中标候选人，接受社会监督，且公示期不得少于3日。依法必须进行招标的机电产品国际招标项目，应当依据《机电产品国际招标投标实施办法（试行）》的具体规定公示中标候选人。自愿招标的项目，招标人可自行决定是否公示中标候选人。

采用电子招标投标的依法必须进行招标的项目，评标结果应当在电子招标投标交易平台和省级以上招标投标公共服务平台进行公示。

投标人和其他利害关系人对评标结果有异议的，应在公示期内向招标人或招标代理机构提出。招标人或招标代理机构应当自收到异议之日起 3 日内做出答复，做出答复前不得定标。

3. 专题分析：评标报告与招标投标情况的报告

（1）区别。

1）出具主体不同：评标报告的出具主体是评标委员会，招标投标情况的报告出具主体是招标人。

2）提交对象不同：评标报告的提交对象是招标人，招标投标情况的报告提交对象是行政监督部门。

3）出具时间不同：评标报告的出具时间是评标工作结束后，招标投标情况的报告的出具时间是定标后 15 日内。

4）结论不同：评标报告的结论是中标候选人及其排序，招标投标情况的报告的结论是中标结果。

5）目的不同：评标报告的目的是供招标人定标，招标投标情况的报告的目的是向行政监督部门报告招标投标的基本情况。

（2）联系。招标投标情况的报告内容应当涵盖评标报告内容，评标报告也可以作为招标投标情况的报告的一部分或者以附件形式呈现。

4. 精选问答

Q：依法必须进行招标的邀请招标项目，是否可以不公示中标候选人？

A：依法必须进行招标的邀请招标项目，应当依法公示中标候选人。

公示中标候选人的目的在于接受社会监督。依法必须进行招标的邀请招标项目不发布招标公告，社会公众只能通过中标候选人公示这一渠道了解项目信息，监督招标投标活动，有效地履行社会监督责任。因此，所有依法必须进行招标的项目，无论采用公开招标还是邀请招标都应当依法公示中标候选人。

第三节　定标

一、确定中标人

1. 法律法规规章摘要

《招标投标法》

第四十条　招标人根据评标委员会提出的书面评标报告和推荐的中标候选人确定中标人。招标人也可以授权评标委员会直接确定中标人。国务院对特定招标项目的评标有特别规定的，从其规定。

第四十一条　中标人的投标应当符合下列条件之一：

（一）能够最大限度地满足招标文件中规定的各项综合评价标准；

（二）能够满足招标文件的实质性要求，并且经评审的投标价格最低；但是投标价格低于成本的除外。

第四十三条　在确定中标人前，招标人不得与投标人就投标价格、投标方案等实质性内容进行谈判。

《招标投标法实施条例》

第五十五条　国有资金占控股或者主导地位的依法必须进行招标的项目，招标人应当确定排名第一的中标候选人为中标人。排名第一的中标候选人放弃中标、因不可抗力不能履行合同、不按照招标文件要求提交履约保证金，或者被查实存在影响中标结果的违法行为等情形，不符合中标条件的，招标人可以按照评标委员会提出的中标候选人名单排序依次确定其他中标候选人为中标人，也可以重新招标。

第五十六条　中标候选人的经营、财务状况发生较大变化或者存在违法行为，招标人认为可能影响其履约能力的，应当在发出中标通知书前由原评标委员会按照招标文件规定的标准和方法审查确认。

2. 业务实践

（1）定标主体。确定中标人是招标人的法定权利。一般情况下，招标人根据评标委员会推荐的中标候选人确定中标人。招标人也可以授权评标委员会直接确定中标人。

（2）定标时间。

1）依法必须进行招标的项目，招标人应当在评标结果公示期满后，确认没有投标人或其他利害关系人提出异议，或者已依法答复异议后确定中标人。

2）招标人应当在投标有效期届满之前确定中标人。

（3）禁止实质性变更。在确定中标人前，招标人不得与投标人就投标价格、投标方案等实质性内容进行谈判。

（4）履约能力审查。在定标前，如果中标候选人的经营、财务状况发生较大变化或者存在违法行为，招标人认为可能影响其履约能力的，应当提请原评标委员会按照招标文件规定的标准和方法审查确认，并报告行政监督部门。

（5）中标条件。中标人的投标应当符合下列条件之一：

1）最大限度地满足招标文件中确定的各项综合评价标准；

2）能够满足招标文件的实质性要求，并且经评审的投标价格最低，但投标价格低于成本的除外。

国有资金占控股或者主导地位的依法必须进行招标的项目，招标人应当确定排名第一的中标候选人为中标人。排名第一的中标候选人放弃中标、因不可抗力不能履行合同、不按照招标文件要求提交履约保证金，或者被查实存在影响中标结果的违法行为等情形，不符合中标条件的，招标人可以按照评标委员会提出的中标候选人名单排序，依次确定其他中标候选人为中标人；也可以重新招标。

3. 专题分析：招标人的定标权

《招标投标法》规定的招标人定标的法定权利含义是，招标人有定标权，但没有任意定标权。

《招标投标法》第四十一条规定的"中标人的投标应当符合下列条件之一：（一）能够最大限度地满足招标文件中规定的各项综合评价标准；（二）能够满足招标文件的实质性要求，并且经评审的投标价格最低；但是投标价格低于成本的除外"。其中，中标条件"最大限度地满足综合评价标准"与"经评审的投标价格最低"的指向均是唯一的，即排名第一的中标候选人。因此，只要《招标投标法》第四十一条没有本质变化，其规定的两种基本评标方法（综合评估法和经评审的最低投标价法）和定标原则（综合评价最优中标和经评审的最低投标价中标）就不可能被颠覆。

定标的关键在于中标条件和定标标准是什么，而不在于定标主体是谁。在评标方法、中标条件和定标标准公平、公正的前提下，中标结果应当是确定的、唯一的，与定标主体没有必然联系。无论是招标人在评标委员会的评审结论基础上定标，还是招标人授权评标委员会直接定标，抑或是招标人直接在招标文件中确定排名第一的中标候选人为中标人，或明确排名第一的中标候选人不能作为中标人的情形和相关处理规则，都必须有充分的理由和依据，而且不能与上位法冲突。任何人都不能利用所谓的"评定分离"偷换概念，撇开定标标准随意定标。

4. 精选问答

Q：评标结果公示后，因项目情况有变化，招标人是否可以撤销公示并重新组织招标？

A：撤销评标结果公示并重新组织招标属于终止招标。原则上，除不可抗力原因外，招标人不得擅自终止招标。因为招标人在发布招标公告、发出投标邀请书后或者售出招标文件或资格预审文件后，负有《中华人民共和国合同法》（主席令第 15 号）（以下简称《合同法》）中的先合同义务。先合同义务是指在订立合同过程中，合同成立之前所发生的，应由合同双方当事人各自承担的法律义务。它是建立在民法诚实信用、公平原则基础上的一项法定义务。诚信原则要求缔约双方维持特殊的信赖关系，互守诺言，讲究信用，共同促成合同缔结成功。因违反该义务而给对方造成损失时，即使合同未成立或已经订立的合同被撤销或宣布无效，也要进行损害赔偿。

虽然《招标投标法》和《招标投标法实施条例》没有对招标人终止招标的情形作具体规定，但国家发展改革委、商务部等招标投标活动监管部门在下列部门规章中都对招标人终止招标作了限制性规定：

（1）《工程建设项目施工招标投标办法》第十五条第四款规定："除不可抗力原因外，招标人在发布招标公告、发出投标邀请书后或者售出招标文件或资格预审文件后不得终止招标。"

（2）《工程建设项目货物招标投标办法》第十四条第四款规定："除不可抗力原因外，招标文件或者资格预审文件发出后，不予退还；招标人在发布招标公告、发出投标邀请书后或者发出招标文件或资格预审文件后不得终止招标。"

(3)《工程建设项目勘察设计招标投标办法》第二十条规定："除不可抗力原因外，招标人在发布招标公告或者发出投标邀请书后不得终止招标，也不得在出售招标文件后终止招标。"

(4)《机电产品国际招标投标实施办法（试行）》第三十一条规定："除不可抗力原因外，招标文件或者资格预审文件发出后，不予退还；招标人在发布招标公告、发出投标邀请书后或者发出招标文件或资格预审文件后不得终止招标。"第八十条规定："依法必须进行招标的项目，在国际招标过程中，因招标人的采购计划发生重大变更等原因，经项目主管部门批准，报相应的主管部门后，招标人可以重新组织招标。"

此外，《招标投标法实施条例》第三十一条还对招标人终止招标后的法定义务作了明确规定："招标人终止招标的，应当及时发布公告，或者以书面形式通知被邀请的或者已经获取资格预审文件、招标文件的潜在投标人。已经发售资格预审文件、招标文件或者已经收取投标保证金的，招标人应当及时退还所收取的资格预审文件、招标文件的费用，以及所收取的投标保证金及银行同期存款利息。"

综上，评标结果公示后，如因不可抗力项目情况有变化，招标人可以撤销公示并重新组织招标，并且应当同时履行《招标投标法实施条例》规定的终止招标后的法定义务；否则，招标人不宜擅自终止招标。

二、中标结果公示/公告

1. 法律法规规章摘要

《招标公告和公示信息发布管理办法》
第六条 依法必须进行招标的项目的中标结果公示应当载明中标人名称。
《机电产品国际招标投标实施办法（试行）》
第七十一条 评标结果公示无异议的，公示期结束后该评标结果自动生效并进行中标结果公告；评标结果公示有异议，但是异议答复后10日内无投诉的，异议答复10日后按照异议处理结果进行公告；评标结果公示有投诉的，相应主管部门做出投诉处理决定后，按照投诉处理决定进行公告。

2. 业务实践

依法必须进行招标的项目，招标人或招标代理机构应当依据《招标公告和公示信息发布管理办法》在中国招标投标公共服务平台上公布中标结果。机电产品国际招标项目，中标候选人公示期内没有投标人提出异议的，中国国际招标网自动发布中标结果公告。

采用电子评标的项目，招标人定标后应当通过电子招标投标交易平台公布中标结果，并以数据电文形式发出中标通知书、中标结果通知书以及拟与中标人签订的中标合同。

**拓展阅读：想了解更多延伸知识吗？
扫描二维码即可阅读哦！**

三、中标通知书

1. 法律法规规章摘要

《招标投标法》

第四十五条　中标人确定后，招标人应当向中标人发出中标通知书，并同时将中标结果通知所有未中标的投标人。中标通知书对招标人和中标人具有法律效力。中标通知书发出后，招标人改变中标结果的，或者中标人放弃中标项目的，应当依法承担法律责任。

《机电产品国际招标投标实施办法（试行）》

第七十二条　依法必须进行招标的项目，中标人确定后，招标人应当在中标结果公告后20日内向中标人发出中标通知书，并在中标结果公告后15日内将评标情况的报告提交至相应的主管部门。中标通知书也可以由招标人委托其招标机构发出。

使用国外贷款、援助资金的项目，异议或投诉的结果与报送资金提供方的评标报告不一致的，招标人或招标机构应当按照异议或投诉的结果修改评标报告，并将修改后的评标报告报送资金提供方，获其不反对意见后向中标人发出中标通知书。

《电子招标投标办法》

第三十六条　招标人确定中标人后，应当通过电子招标投标交易平台以数据电文形式向中标人发出中标通知书，并向未中标人发出中标结果通知书。

2. 业务实践

（1）中标通知书的签发主体。应当依法由招标人签发，但招标人也可以委托授权招标代理机构代为签发中标通知书。

（2）中标通知书的签发时间。

1）中标通知书应当在招标人确定中标人后签发。机电产品国际招标项目的中标通知书应当在中标结果公告后20日内签发。

2）中标通知书应在投标有效期内发出。

（3）中标通知书应当包括以下内容：

1）招标项目名称及中标合同金额。

2）签订合同的时间和地点。

3）对于中标人提交履约保证金的要求。

招标人向中标人发出中标通知书的同时，应当将中标结果通知所有未中标的投标人。

3. 专题分析：中标通知书的法律性质

中标通知书属于《合同法》规定的缔约过程中的承诺，中标通知书发出后承诺生效，其法律后果是中标合同成立。中标通知书发出后，招标人改变中标结果的，或者中标人放弃中标项目的应当依法承担违约责任。

4. 精选问答

Q：国际招标项目招标人发出中标通知书后，行政监督部门查实评标存在重大错误，中标人不满足中标条件，是应当根据《机电产品国际招标投标实施办法（试行）》第六十九条责令原评标委员会变更原评标结果并重新进行公示，还是根据该办法第一百零八条责令招标人重新招标或评标？

A：《机电产品国际招标投标实施办法（试行）》第六十九条第三款规定："经原评标委员会按照招标文件规定的方法和标准审查确认，变更原评标结果的，变更后的评标结果应当依照本办法进行公示。"第一百零八条第一款规定："依法必须进行招标的项目的招标投标活动违反招标投标法、招标投标法实施条例和本办法的规定，对中标结果造成实质性影响，且不能采取补救措施予以纠正的，招标、投标、中标无效，应当依照本办法重新招标或者重新评标。"

第六十九条第三款适用于中标前，原评标委员会可以纠正评标错误；但中标后，不能再适用第六十九条，而应当按照第一百零八条的规定重新评标或重新招标。因为中标后，错误的评标结果"对中标结果造成实质性影响，且不能采取补救措施予以纠正"，所以只能适用第一百零八条。

中标通知书发出后，具有法律效力，招标人和中标人已成立合同关系，所以依据《招标投标法》第四十五条第二款："中标通知书对招标人和中标人具有法律效力。中标通知书发出后，招标人改变中标结果的，或者中标人放弃中标项目的，应当依法承担法律责任。"招标人不能擅自变更中标结果，而应当由行政监督部门认定中标无效，责令招标人重新评标或重新招标。

此外，《机电产品国际招标投标实施办法（试行）》第一百零八条第二款规定："重新评标应当由招标人依照本办法组建新的评标委员会负责。前一次参与评标的专家不得参与重新招标或者重新评标。"招标人在重新评标时需特别注意应当重新组建评标委员会。

四、签订合同

1. 法律法规规章摘要

《招标投标法》

第四十六条　招标人和中标人应当自中标通知书发出之日起三十日内，按照招标文件和中标人的投标文件订立书面合同。招标人和中标人不得再行订立背离合同实质性内容的其他协议。招标文件要求中标人提交履约保证金的，中标人应当提交。

第四十七条　依法必须进行招标的项目，招标人应当自确定中标人之日起十五日内，向有关行政监督部门提交招标投标情况的书面报告。

第七章　开标、评标与定标

第四十八条　中标人应当按照合同约定履行义务，完成中标项目。中标人不得向他人转让中标项目，也不得将中标项目肢解后分别向他人转让。中标人按照合同约定或者经招标人同意，可以将中标项目的部分非主体、非关键性工作分包给他人完成。接受分包的人应当具备相应的资格条件，并不得再次分包。中标人应当就分包项目向招标人负责，接受分包的人就分包项目承担连带责任。

《招标投标法实施条例》

第五十七条　招标人和中标人应当依照招标投标法和本条例的规定签订书面合同，合同的标的、价款、质量、履行期限等主要条款应当与招标文件和中标人的投标文件的内容一致。招标人和中标人不得再行订立背离合同实质性内容的其他协议。

招标人最迟应当在书面合同签订后5日内向中标人和未中标的投标人退还投标保证金及银行同期存款利息。

第五十八条　招标文件要求中标人提交履约保证金的，中标人应当按照招标文件的要求提交。履约保证金不得超过中标合同金额的10%。

第五十九条　中标人应当按照合同约定履行义务，完成中标项目。中标人不得向他人转让中标项目，也不得将中标项目肢解后分别向他人转让。

中标人按照合同约定或者经招标人同意，可以将中标项目的部分非主体、非关键性工作分包给他人完成。接受分包的人应当具备相应的资格条件，并不得再次分包。

中标人应当就分包项目向招标人负责，接受分包的人就分包项目承担连带责任。

《机电产品国际招标投标实施办法（试行）》

第七十八条　中标产品来自境外的，由招标人按照国家有关规定办理进口手续。

《电子招标投标办法》

第三十六条　招标人应当通过电子招标投标交易平台，以数据电文形式与中标人签订合同。

第三十七条　鼓励招标人、中标人等相关主体及时通过电子招标投标交易平台递交和公布中标合同履行情况的信息。

《合同法》

第二百七十条　建设工程合同应当采用书面形式。

第二百七十一条　建设工程的招标投标活动，应当依照有关法律的规定公开、公平、公正进行。

第二百七十二条　发包人可以与总承包人订立建设工程合同，也可以分别与勘察人、设计人、施工人订立勘察、设计、施工承包合同。发包人不得将应当由一个承包人完成的建设工程肢解成若干部分发包给几个承包人。

总承包人或者勘察、设计、施工承包人经发包人同意，可以将自己承包的部分工作交由第三人完成。第三人就其完成的工作成果与总承包人或者勘察、设计、施工承包人向发包人承担连带责任。承包人不得将其承包的全部建设工程转包给第三人或者将其承包的全部建设工程肢解以后以分包的名义分别转包给第三人。

禁止承包人将工程分包给不具备相应资质条件的单位。禁止分包单位将其承包的工程再分包。建设工程主体结构的施工必须由承包人自行完成。

《中华人民共和国建筑法》(主席令第91号)(以下简称《建筑法》)

第二十二条 建筑工程实行招标发包的,发包单位应当将建筑工程发包给依法中标的承包单位。建筑工程实行直接发包的,发包单位应当将建筑工程发包给具有相应资质条件的承包单位。

第二十四条 提倡对建筑工程实行总承包,禁止将建筑工程肢解发包。

建筑工程的发包单位可以将建筑工程的勘察、设计、施工、设备采购一并发包给一个工程总承包单位,也可以将建筑工程勘察、设计、施工、设备采购的一项或者多项发包给一个工程总承包单位;但是,不得将应当由一个承包单位完成的建筑工程肢解成若干部分发包给几个承包单位。

第二十五条 按照合同约定,建筑材料、建筑构配件和设备由工程承包单位采购的,发包单位不得指定承包单位购入用于工程的建筑材料、建筑构配件和设备或者指定生产厂、供应商。

2. 业务实践

(1) 中标合同签订主体。应当依法由招标人和中标人签署,中标人不得向他人转让中标项目,不得将中标合同分割转让。

(2) 中标合同签订时限。招标人应当依法在发出中标通知书之日起30日内和中标人签订中标合同。此外,签订中标合同的时间应当在投标有效期届满前。

(3) 中标合同形式。根据《招标投标法》以及《合同法》的相关规定,招标采购合同属于要式合同,即中标合同应当以合同书的形式签署。

(4) 中标合同签订程序。招标人根据招标文件约定的合同条款和中标人的投标文件拟定合同文件,中标合同不能改变招标投标实质性内容和条件,合同的标的、价款、质量、履行期限等主要条款应当与招标文件的要求以及中标人的投标文件内容一致。

合同双方对中标合同非实质性内容可以通过协商进一步补充或者细化,取得一致意见。

如果招标文件规定中标人提交履约保证金,中标人应按招标文件规定向招标人提交履约保证金。以担保函形式提交履约担保的,担保函应符合招标文件规定的格式。履约保证金金额依法不得超过中标合同金额的10%。

中标合同签订后,招标人应当最迟在5日内退还中标人和未中标的投标人的投标保证金及其利息。

(5) 中标合同的类型及文件组成。

1) 施工中标合同。文件由合同协议书、中标通知书、投标函及投标函附录、专用合同条款、通用合同条款、技术标准和要求、设计图纸、已标价工程量清单以及其他合同文件组成,上述合同文件应能互相补充和解释,如有不一致之处,以约定的优先次序为准。

2) 货物中标合同。文件由合同协议书、中标通知书、投标函及投标函附录、专用合同条款、通用合同条款、技术要求以及其他合同文件组成,上述合同文件应能互相补充和解释,如有不一致之处,以约定的优先次序为准。

3）勘察中标合同。文件由工程勘察合同协议书、中标通知书、投标函及投标函附录、工程勘察合同条款、工程勘察任务书、工程勘察费用报价书以及其他合同文件组成，上述合同文件应能互相补充和解释，如有不一致之处，以约定的优先次序为准。

4）设计中标合同。文件由工程设计合同协议书、中标通知书、投标函及投标函附录、工程设计合同条款、工程设计管理办法、工程设计任务书、工程设计费用报价书以及其他合同文件组成，上述合同文件应能互相补充和解释，如有不一致之处，以约定的优先次序为准。

5）监理中标合同。文件由工程监理合同协议书、中标通知书、投标函及投标函附录、专用合同条款、通用合同条款、工程监理规范规程、工程监理费用报价书以及其他合同文件组成，上述合同文件应能互相补充和解释，如有不一致之处，以约定的优先次序为准。

3. 专题分析：招标采购中标合同的特点

（1）法律适用多重性。招标采购合同必须通过招标投标程序才能订立，因此，招标采购合同不仅适用《合同法》及其相关法律规范，同时根据合同具体类型还受到《招标投标法》、《政府采购法》、《招标投标法实施条例》、《政府采购法实施条例》以及《建筑法》等与招标投标相关的法律规范的调整，在法律适用上体现出多重性。

（2）标的物具有特殊性。大部分招标采购合同特别是依法必须进行招标的项目通过招标投标订立的招标采购合同，其标的物具有明显的特殊性。根据《招标投标法》的规定，依法必须进行招标的项目主要包括关系社会公共利益、公众安全的项目，国有资金投资或者国家融资的项目以及使用国际组织或者外国政府贷款、援助资金的项目。一般而言，此类项目承载了重要的社会服务功能，具有社会公益性，因此，依法必须进行招标的项目订立的招标采购合同的标的物体现出一定的特殊性。

（3）必须采用书面形式。《合同法》第十条规定："当事人订立合同，有书面形式、口头形式和其他形式。法律、行政法规规定采用书面形式的，应当采用书面形式。当事人约定采用书面形式的，应当采用书面形式。"但是，招标采购合同则应当采用书面形式。《招标投标法》第四十六条第一款规定："招标人和中标人应当自中标通知书发出之日起三十日内，按照招标文件和中标人的投标文件订立书面合同。招标人和中标人不得再行订立背离合同实质性内容的其他协议。"因此，签订书面合同是法律对招标采购合同的强制性要求。不仅如此，其订立过程中的文件，如作为要约的投标文件和作为承诺的中标通知书均体现为书面形式。

（4）合同文件组成的系列性。招标采购合同通过招标程序才能订立。在招标程序中产生的招标文件、投标文件、中标通知书、图纸、合同文本等文件均对合同当事人的权利义务以及合同的履行产生一定影响。因此，招标采购合同均会明确合同文件的组成部分，如国家发展和改革委等九部委颁布的《标准施工招标文件》（2007年）中的合同条款中规定，合同文件的组成部分包括合同协议书、中标通知书、投标函及附录、专用合同条款及其附件、通用合同条款、技术标准和要求、图纸、已标价工程量清单等。

（5）管理的特殊性。与一般合同相比，行政机关对招标采购合同的监督体现出如下方面的特殊性：

1）招标文件涉及标准文本的使用要求。《招标投标法实施条例》第十五条第四款规定："编制依法必须进行招标的项目的资格预审文件和招标文件，应当使用国务院发展改革部门会同有关行政监督部门制定的标准文本。"

2）招标采购合同对合同稳定性的要求。招标采购合同对稳定性的要求主要是为了维持中标结果的严肃性，确保项目招标投标的正常市场竞争秩序。招标人和中标人不得再行订立背离合同实质性内容的其他协议，实质性内容包括标的、价款、质量、履行期限等合同要素。此外，招标采购合同对稳定性的要求还体现在对合同转让的限制。

4. 精选问答

Q：在招标文件的合同中约定，中标人的实施主体是中标人的子公司或中标人母公司的其他全资子公司。中标人签订合同后通过补充协议约定其全资子公司代为履责，在其子公司丧失履约能力时，中标人代其全资子公司履行合同义务。请问上述行为是否违法，如违法，违反哪些法律规定？

A：此类招标文件和中标合同内容均涉嫌违反《招标投标法》《建筑法》以及《合同法》中关于禁止转包的规定。

《招标投标法》第四十八条规定："中标人应当按照合同约定履行义务，完成中标项目。中标人不得向他人转让中标项目，也不得将中标项目肢解后分别向他人转让。"《建筑法》第二十八条规定："禁止承包单位将其承包的全部建筑工程转包给他人，禁止承包单位将其承包的全部建筑工程肢解以后以分包的名义分别转包给他人。"《合同法》第二百七十二条规定："承包人不得将其承包的全部建设工程转包给第三人或者将其承包的全部建设工程肢解以后以分包的名义分别转包给第三人。"

中标人的全资子公司为独立法人，是独立于招标人和中标人的他人或第三人。中标人通过合同约定其全资子公司代为履行中标合同，符合上述法律规范中关于转包的认定，其性质属于非法转包。

拓展阅读：想了解更多延伸知识吗？
扫描二维码即可阅读哦！

第四节　双信封项目的开标、评标

双信封招标项目的开标、评标需分两次进行：招标人第一次对投标人提交的商务技术文件（信封一）进行开标并组织评审；第二次仅对通过商务技术文件评审的报价文件（信封二）进行开标并组织评审，推荐中标候选人。

双信封招标项目开标和评标程序具体如下：

一、商务技术文件（信封一）开标、评标

招标人只启封商务技术文件，对报价信封密封保存。评标委员会按照招标文件规定的评标标准和方法，对第一信封商务和技术文件进行初步评审和详细评审，确定通过和未通过商务和技术评审的投标人名单。商务技术文件出现有关投标报价内容的，评标委员会应否决其投标。

二、报价文件（信封二）开标、评标

招标人先公布通过商务技术文件评审的投标人名单，然后对通过商务技术文件评审投标人的报价文件（信封二）进行开标，并当众宣读投标报价。未通过商务技术文件评审的投标人，其第二信封投标报价不予开封。评标委员会按照招标文件规定的评标标准和方法对报价文件（信封二）进行评审，并最终以报价得分由高到低依次推荐中标候选人。

第五节 案例与习题

一、案例

1. 某项目开标程序

某工程施工招标项目中，投标人 A 的报价为 98 万元，但在开标过程中，投标人发现由于疏忽大意，投标函（正本）投标报价一栏，填写的内容为：玖拾捌万万元整（大写），多了个万字。而在报价文件中工程量清单合计和投标报价汇总表填写的均为 980000 元，其向招标人提出要求改正。招标人考虑到本项目仅有 3 家投标人参与开标，于是允许投标人 A 将投标总报价改正为"玖拾捌万元整（大写）"。评标结果为该投标人中标，其他投标人不服并向有关行政监督部门投诉。

问题：
（1）开标过程中，招标人是否有权利同意投标人对报价填写差错进行修改？
（2）本案中，评标委员会是否可以要求该投标人就此事进行澄清？

2. 某项目评标程序

某依法必须招标的大型水利工程项目，共 6 家投标人提交了投标文件。开标后，招标人从当地省政府综合评标专家库中抽取了 4 名专家，并和 1 名招标人代表共同组成了评标

委员会。招标人代表为该单位工程处处长张某，在水利工程项目管理方面已有 10 年从业经验，具备中级工程师职称。

在评标过程中，评标委员会专家 A 提出，招标文件中规定的某一评标条款不符合水利工程项目的评标特点，经评标委员会投票表决，调整了该评标条款的打分标准及其分值，以便为招标人择选最优中标人。

为提高效率，评标委员会决定，每位评标专家分别负责评审一份投标文件。评标活动进行到一半时，评标专家 B 发现某投标文件的拟派项目负责人为其直系亲属，于是提出回避申请。招标人为了节约时间，直接邀请某一具备评标专家资格的专业技术人员 M 入场评审。M 到达评标室时，时间已经很晚，出于对专家 B 人品和能力的信任，在时间紧迫的情况下，M 直接沿用了专家 B 的评审结果。

评审完成后，专家 A 对专家 C 负责评审的投标文件提出疑义，并拒绝在评标报告上签字，评标委员会协商后决定对该份投标文件进行复核。

问题：

（1）张某是否有资格作为招标人代表？简要说明理由。
（2）评标委员会在评标准备阶段调整评标办法的做法是否合法？简要说明理由。
（3）评标委员会的评审分工是否正确？简要说明理由。
（4）专家 A 拒绝签字是否会影响评标报告的效力？简要说明理由。
（5）本案例中是否还存在不妥之处？请指出。

3. 经评审的最低投标价法案例

某国有企业技改项目，招标人采用国内公开招标采购一条生产线。共有甲、乙、丙 3 家国内供货商参与了投标竞争，且投标文件均实质性响应招标文件的规定，投标报价资料汇总表如表 7-18 所示。由于该生产线运营期间的维护费用较高，故招标文件规定评标时采用全寿命费用最低评价法。假设生产线的评审寿命期为 5 年，折现率为 10%，复利现值系数表见表 7-19，年金现值系数表见表 7-20，计算过程和结果保留 2 位小数。

问题：

分别计算 3 家投标人的评标价格，评标委员会应当推荐哪个投标人为排名第一的中标候选人？

表 7-18 投标报价资料汇总　　　　　　　　　　单位：万元

	甲	乙	丙
投标报价	1300	1250	1200
寿命期内年维护费用	500	510	540
寿命期末残值	130	125	120

表 7-19 复利现值系数

利率—期限	6%	7%	8%	9%	10%
1	0.9434	0.9346	0.9259	0.9174	0.9091
2	0.8900	0.8734	0.8573	0.8417	0.8264
3	0.8396	0.8163	0.7938	0.7722	0.7513
4	0.7921	0.7629	0.7350	0.7084	0.6830
5	0.7473	0.7130	0.6806	0.6499	0.6209

表 7-20 年金现值系数

利率—期数	6%	7%	8%	9%	10%
1	0.9434	0.9346	0.9259	0.9174	0.9091
2	1.8334	1.8080	1.7833	1.7591	1.7355
3	2.6730	2.6243	2.5771	2.5313	2.4869
4	3.4651	3.3872	3.3121	3.2397	3.1699
5	4.2124	4.1002	3.9927	3.8897	3.7908

4. 机电产品最低评标价法案例

表 7-21 某机场建设项目施工设备国际招标开标记录

序号	投标人	报价方式	开标价	投标声明	算术修正	供货范围偏离	交货期 Shipment Time	进口环节税	内陆运杂费（到项目工地）
1	A	CIF 天津新港	224250 USD	10%折扣	+5000 USD	无	合同生效后 4 个月	零	82500 RMB
2	B	CIF 天津新港	220000 USD	无	-2000 USD	无	合同生效后 3 个月	零	75000 RMB
3	C	EXW 国内工厂	1623750 RMB	无	无	漏报特殊工具 1 套	合同生效后 3 个月	无	60000 RMB

说明：

（1）所有投标人均满足商务资质和技术评议要求，价格评估以货到项目工地的综合成本为基准。

（2）投标人 C 漏报的特殊工具，投标人 A 报价 3000USD，投标人 B 报价 4000USD。

（3）开标日汇率：1USD = 7.5000RMB。

（4）交货期要求：合同生效后 3 个月；每迟交 1 个月，评标价格上调 5%；迟交超过

3个月予以否决投标。

（5）该项施工设备进口环节税税率为零。

问题：

分别计算各投标人的评标价格（以美元计），评标委员会应推荐哪个投标人为排名第一的中标候选人？

二、习题

1. 选择题

（1）根据《招标投标法》和《招标投标法实施条例》，下列关于开标的表述正确的是（　　）。

A. 开标可以在投标文件递交截止时间后第二天进行

B. 开标地点应当为招标文件中载明的地点

C. 开标由招标人主持，现场可以不答复投标人提出的异议

D. 开标应当由评标专家进行监督

（2）根据《招标投标法实施条例》，下列关于投标限价的表述正确的是（　　）。

A. 投标报价如超出最高投标限价，可以不否决投标

B. 招标人设有最高投标限价的，应当在开标时公布

C. 招标人设有最高投标限价的，应当在招标文件中载明最高投标限价或者最高投标限价的计算方法

D. 招标人设有最低投标限价的，应当在招标文件中载明最低投标限价或者最低投标限价的计算方法

（3）某依法必须招标的施工总承包项目评标过程中，评标专家甲因身体不适不能继续评标并离开评标现场。此种情况下，正确的做法是（　　）。

A. 取消甲的评审意见，用其他评标专家评分的平均值替代甲的评分

B. 取消甲的评审意见，重新抽取一名评标专家乙，由乙代替甲重新进行评审

C. 甲离开前委托专家丙完成后续评标工作，并以甲的名义签字

D. 解散现有评标委员会，重新组建评标委员会进行评审

（4）根据《招标投标法实施条例》，招标人应当自收到评标报告之日起3日内公示中标候选人的是（　　）。

A. 公开招标项目

B. 依法必须进行招标的项目

C. 国有资金控股或主导的依法必须进行招标的项目

D. 委托招标项目

（5）根据《招标投标法实施条例》，招标文件要求中标人提交履约保证金的，履约保证金的金额不得超过（　　）。

A. 合同估算价的10%　　　　　B. 合同估算价的15%

C. 中标合同金额的 10%   D. 中标合同金额的 15%

2. 问答题

(1) 与传统纸质开标、评标比较，电子开标、评标有哪些优越性？
(2) 投标人在开标现场对其他投标人的资格提出异议时，招标人应当如何答复？
(3) 评标专家具有何种权利和义务，应当承担何种责任？
(4) 招标的公开性原则与评标过程的保密原则之间应当如何平衡？
(5) 评标委员会如何认定投标人低于成本价竞标？

第八章　政府采购

◇ **引导案例**

某采购项目采购预算300万元，但由于拟采购货物属于通用性项目，全国相关厂家较多。为节省采购工作量，确保采购到信誉好的产品，采购人向采购中心提出了书面申请，建议采用邀请招标的方式进行采购，并同时向采购中心提供了该单位集体考察合格的4家供应商名单。采购中心接到申请后，考虑该行业的实际情况，经中心领导批准，同意了采购人的申请，但为了扩大项目的竞争性，又另外邀请了3家供应商。随后，按照规定的程序，在核实完采购需求后，采购中心向上述7家供应商发出了投标邀请书，并进行了邀请招标。[①]

◇ **案例解析**

根据《政府采购法》规定，公开招标应作为政府采购的主要方式。此外，《政府采购法》第二十九条还规定，具有特殊性，只能从有限范围内的供应商处采购的，和采用公开招标方式的费用占政府采购项目总价值的比例过大的货物或者服务，可以依照本法采用邀请招标方式采购。若因特殊情况需要进行公开招标以外方式进行采购的，也应该报经政府采购主管部门批准。

根据《政府采购货物和服务招标投标管理办法》规定，采用邀请招标方式采购的，招标采购单位应当在省级以上人民政府财政部门指定的政府采购信息媒体发布资格预审公告，公布投标人资格条件，资格预审公告的期限不少于7个工作日。投标人应当在资格预审公告期结束之日起3个工作日前，按公告要求提交资格证明文件。招标采购单位从预审合格投标人中，通过随机方式选择3家以上的投标人，并向其发出投标邀请书。

问题：该采购中心的相关做法是否适当？

◇ **案例涉及主要知识点**

政府采购、政府采购的方式、公开招标、政府采购流程、政府采购中的招标流程

---

① 资料来源：https://wenku.baidu.com/view/a5cb4fc9ad51f01dc281f1bb.html。

第八章　政府采购

◇ **学习导航**

- 掌握政府采购的基本概念、政府采购中的一般规定
- 重点掌握政府采购的方式和采购流程
- 思考政府采购中的招标有哪些特性以及招标流程

◇ **教学建议**

- 备课要点：政府采购的定义、政府采购的特点、政府采购的方法、政府采购的流程、政府采购中的招标的一般规定
- 教授方法：结合实务中的案例、了解最新政策
- 扩展知识领域：各省市出台的政府采购文件

第一节　政府采购的基本概念

一、政府采购的定义

1. 法律法规规章摘要

《政府采购法》
第二条　在中华人民共和国境内进行的政府采购适用本法。
本法所称政府采购，是指各级国家机关、事业单位和团体组织，使用财政性资金采购依法制定的集中采购目录以内的或者采购限额标准以上的货物、工程和服务的行为。
《政府采购法实施条例》
第二条　政府采购法第二条所称财政性资金是指纳入预算管理的资金。
以财政性资金作为还款来源的借贷资金，视同财政性资金。
国家机关、事业单位和团体组织的采购项目既使用财政性资金又使用非财政性资金的，使用财政性资金采购的部分，适用政府采购法及本条例；财政性资金与非财政性资金无法分割采购的，统一适用政府采购法及本条例。

2. 业务实践

政府采购（Government Procurement）是采购的一种特殊类型，是随着国家和政府的出现而产生的，最早起源于欧洲。国际上对政府采购没有统一、规范的定义，而是以法律形式对政府采购行为进行约束。政府采购已经成为许多国家包括发展中国家管理公共财政支出、调节经济运行、维护本国利益的基本制度和有效手段。

《政府采购法》所定义的政府采购包含四个基本要素：采购主体（各级国家机关、

事业单位和团体组织)、采购资金来源(财政性资金)、采购范围(货物、工程和服务)、附加条件(集中采购目录以内或采购限额标准以上)。只要具备以上四个要素条件的都应纳入政府采购法调整范畴。可见,《政府采购法》所定义的政府采购并不涵盖在集中采购目录以外或采购限额标准以下的采购行为,实际上是采用了狭义的政府采购的概念。

关于政府采购概念的认识和理解应当把握以下几点:一是采购的根本目的是实现政府职能,或向公众提供公共服务;二是政府采购的主体是各级国家机关、事业单位和经国家机关批准设立的团体组织,其他单位和个人均不能作为政府采购人;三是采购资金应当是财政性资金,包括财政预算资金和纳入财政管理的其他资金。此外,政府采购不仅是指具体的采购过程,而且是对采购政策、采购程序、采购过程及采购管理的总称,是一种公共采购管理制度,是财政相关支出管理的重要组成部分,这也是其与私人采购的最重要区别。

二、政府采购的原则与特点

1. 法律法规规章摘要

《政府采购法》
第三条 政府采购应当遵循公开透明原则、公平竞争原则、公正原则和诚实信用原则。

2. 业务实践

(1) 政府采购的原则。虽然政府采购由政府组织和管理,但采购的最终目的是满足社会和公众的共同需要。在这个意义上,必须要遵循一定的原则。

1) 公开透明原则。指关于政府采购的法律、政策、程序和采购活动等各种信息和环节都应公之于众,并保证任何部门、企业、团体或个人都能及时地了解和掌握。政府采购制度是约束政府采购行为的重要手段。只要用的是纳税人的劳动所得,就有必要将政府采购活动的一切内容向民众公开,因此,政府采购信息的公开应当符合全面性、真实性、合法性、易得性和易解性,这就要求立法机关、政府采购部门、采购人和采购机构有信息披露的义务,违反公开原则应当承担相应的法律责任。

2) 公平竞争原则。指政府采购原则上应使所有的潜在供应商参加政府采购的机会均等,为供应商通过竞争获得采购合同提供公平的途径。竞争只有建立在公平的基础上才能发挥其最大的作用,确保提供质优价廉产品或服务的投标商最终赢得标的,从而促进政府采购经济有效目标的实现。采购主体向所有供应商提供的信息应当一致,在资格预审或投标评价时对所有的供应商使用统一标准,同等待遇。

3) 公正原则。政府采购需要建立一种公正的制度,使采购人与供应商之间建立一种公平的交易关系。为践行公正原则,首先必须对各供应商提出相同的供货标准和采购需求信息,对物品的验收要实事求是,客观公正、严格执行合同的标准,不得对供应商提出合同以外的要求或不现实的条件。其次公正原则必须体现在组织开标和评标的过程中。

4）诚实信用原则。该原则既要求政府采购主体在项目发标、信息公布、评标过程中保证真实，不得有所隐瞒；也要求供应商在投标时不弄虚作假，在提供所采购的货物、工程和服务时应实现之前所做出的承诺，树立相应的责任意识。

(2) 政府采购的特点。政府采购作为重要的财政政策手段，与相关经济政策手段配合使用，以实现国家在不同时期社会发展的系列目标。政府采购相对于个人采购、企业采购而言，具有以下特点：

1）采购主体的特殊性。政府采购的主体是特定的，必须是依靠国家预算资金运作的政府机关、事业单位、社会团体等，其他任何个人和企业的采购行为均不属于政府采购。有关采购部门和采购人员依照法律授权的范围开展采购活动，不能超出法律和政策的规定。

2）资金来源的公共性。政府采购属于财政支出的范畴，其资金来源于纳税人的税收和政府公共服务收费所形成的公共资金、财政性资金。世界上的大多数国家将财政资金纳入政府预算统一管理的资金，这一特征决定了政府采购在采购管理、采购行为和采购人员的责任方面都应当公正、透明，对纳税人负责，受公众监督。

3）采购目的的非营利性和非商业性。采购活动是为了确保政府及公共部门的有效运转，满足社会公众的公共需要或提供公共利益，不以营利为目标，也不是为卖而买。同时，政府采购具有非商业性，其目的不是生产、转售和营利。

4）采购对象的广泛性。政府采购需求广泛，采购的对象种类繁多，既有标准产品也有非标准产品，既有有形产品又有无形产品，既有价值低的产品也有价值高的产品，既有民用产品又有军用产品。根据财政部国库司2013年印发的《政府采购品目分类目录》（财库〔2013〕189号），政府采购一级分类为货物、服务、工程，在二级分类中，除兜底外，货物类共有19个品类，服务类共有23个品类，工程类共有9个品类，其对象基本涵盖了市场上所有的门类和商品。因此政府采购的影响力存在于社会经济的各个方面。

5）采购过程的规范性和公开性。政府采购有特定的目的和特定的形式，采购程序受法律严格约束，需要按照规定的形式和步骤进行，政府采购只能是一个受管制且完全公开进行的透明过程，受到法律、规则和条例以及政策和程序的限定和控制，一切采购活动都要做记录，所有采购信息也都要接受广泛的监督。因此政府采购又被称为"阳光采购"。

6）采购的多样性。政府采购可以集中采购也可以分散采购，既可以买，也可以租赁。集中采购是指各级国家机关、事业单位和团体组织采购依法制定的集中采购目录以内的货物、工程和服务，有利于实现规模效益。分散采购是指采购人自行或委托采购代理机构采购限额标准以上且未列入集中采购目录的项目。

三、政府采购当事人

1. 法律法规规章摘要

《政府采购法》

第十四条 政府采购当事人是指在政府采购活动中享有权利和承担义务的各类主体,包括采购人、供应商和采购代理机构等。

第十五条 采购人是指依法进行政府采购的国家机关、事业单位、团体组织。

第十六条 集中采购机构为采购代理机构。设区的市、自治州以上人民政府根据本级政府采购项目组织集中采购的需要设立集中采购机构。

集中采购机构是非营利事业法人,根据采购人的委托办理采购事宜。

第二十一条 供应商是指向采购人提供货物、工程或者服务的法人、其他组织或者自然人。

第二十五条 政府采购当事人不得相互串通损害国家利益、社会公共利益和其他当事人的合法权益;不得以任何手段排斥其他供应商参与竞争。

供应商不得以向采购人、采购代理机构、评标委员会的组成人员、竞争性谈判小组的组成人员、询价小组的组成人员行贿或者采取其他不正当手段谋取中标或者成交。

采购代理机构不得以向采购人行贿或者采取其他不正当手段谋取非法利益。

《政府采购法实施条例》

第十二条 政府采购法所称采购代理机构,是指集中采购机构和集中采购机构以外的采购代理机构。

集中采购机构是设区的市级以上人民政府依法设立的非营利事业法人,是代理集中采购项目的执行机构。集中采购机构应当根据采购人委托制定集中采购项目的实施方案,明确采购规程,组织政府采购活动,不得将集中采购项目转委托。集中采购机构以外的采购代理机构,是从事采购代理业务的社会中介机构。

《政府采购货物与服务招标投标管理办法》

第六条 采购人应当按照行政事业单位内部控制规范要求,建立健全本单位政府采购内部控制制度,在编制政府采购预算和实施计划、确定采购需求、组织采购活动、履约验收、答复询问质疑、配合投诉处理及监督检查等重点环节加强内部控制管理。

采购人不得向供应商索要或者接受其给予的赠品、回扣或者与采购无关的其他商品、服务。

第八条 采购人委托采购代理机构代理招标的,采购代理机构应当在采购人委托的范围内依法开展采购活动。

采购代理机构及其分支机构不得在所代理的采购项目中投标或者代理投标,不得为所代理的采购项目的投标人参加本项目提供投标咨询。

《政府采购代理机构管理暂行办法》(财库〔2018〕2号)

第二条 本办法所称政府采购代理机构(以下简称代理机构)是指集中采购机构以

外、受采购人委托从事政府采购代理业务的社会中介机构。

2. 业务实践

按照政府采购活动中当事人的地位和作用，主要分为采购人、供应商和采购代理机构三大类。

（1）采购人。指政府采购的货物、工程或者服务的购买人和使用人，在政府采购当事人中居于主导地位。我国政府采购法规定的采购人是指依法进行政府采购的国家机关、事业单位、团体组织。

（2）供应商。这是政府采购中的另一重要当事人，它是参加政府采购市场的合法供应主体，是在政府采购活动中需要采购的货物、工程或者服务的提供者，具体指向提供货物、工程或者服务的法人、其他组织或者自然人。供应商准入政府采购市场必须具备相应的资格，在加入世界贸易组织的《政府采购协定》之前，需是在我国境内注册登记的法人和其他组织及中国公民，不包括在外国的法人和其他组织以及国外公民。

（3）采购代理机构。指在政府采购活动中根据采购人的委托，代理政府采购事宜的机构，包括事业单位性质的集中采购机构和社会中介性质的采购代理机构。采购代理机构受采购人的委托，以采购人的名义，在委托的范围内办理政府采购事宜。

集中采购机构是非营利事业法人，专门为政府和公共事业部门集中采购设立的机构，是法定的政府采购代理机构。根据我国《政府采购法》的规定，设区的市、自治州以上人民政府根据本级政府采购项目集中采购的需要设立集中采购机构。

社会中介采购代理机构，主要通过接受采购人的委托，为政府提供采购货物、工程或者服务采购代理业务的有偿中介服务工作。社会中介性质的政府采购代理机构是政府集中采购机构的重要补充。实践证明，这对提高政府的采购效率，增加政府采购的透明度，保护各方当事人的合法权益有着重大的意义和作用。

四、政府采购制度

政府采购制度是随着社会经济的发展而逐步确立和规范的，是指为了使政府采购合理有效、经济节省、公开透明，国家通过制定法律和规定，要求采购机关用一种公开的、竞争的方式和程序完成采购活动。为了实现这些目标，国家建立了一系列审查、管理和监督机制。

我国的政府采购法律制度起步较晚，自1996年起开始实施政府采购试点，政府采购这一领域得到了快速的发展，不仅范围不断扩大，资金迅速增加，采购程序日趋规范，政府采购制度的各项改革也逐步推进。我国于2003年1月1日正式施行《政府采购法》，并于2015年3月1日正式施行《政府采购法实施条例》，法律法规的不断完善推动我国的政府采购走上法治、规范管理的道路。政府采购制度实行以来，一定程度上提高了财政经费的使用效率和使用效益。

随着我国对于政府采购制度的逐渐重视，完善政府采购制度并提高政府采购效益已经成为加强我国公共财政支出管理体系建设的重要途径。政府采购制度作为公共财政体制建设的重要组成部分,天然地承载着服务于国家或地区政治经济和社会发展的诸多政策功能。

第二节 政府采购中的一般规定

一、采购预算与计划

1. 法律法规规章摘要

《政府采购法》

第六条 政府采购应当严格按照批准的预算执行。

第三十三条 负有编制部门预算职责的部门在编制下一财政年度部门预算时,应当将该财政年度政府采购的项目及资金预算列出,报本级财政部门汇总。部门预算的审批,按预算管理权限和程序进行。

《政府采购法实施条例》

第二十九条 采购人应当根据集中采购目录、采购限额标准和已批复的部门预算编制政府采购实施计划,报本级人民政府财政部门备案。

第三十条 采购人或者采购代理机构应当在招标文件、谈判文件、询价通知书中公开采购项目预算金额。

《预算法》(主席令第21号)

第六十九条 在预算执行中,各级政府对于必须进行的预算调整,应当编制预算调整方案。预算调整方案应当说明预算调整的理由、项目和数额。

在预算执行中,由于发生自然灾害等突发事件,必须及时增加预算支出的,应当先动支预备费;预备费不足支出的,各级政府可以先安排支出,属于预算调整的,列入预算调整方案。

中央预算的调整方案应当提请全国人民代表大会常务委员会审查和批准。县级以上地方各级预算的调整方案应当提请本级人民代表大会常务委员会审查和批准;乡、民族乡、镇预算的调整方案应当提请本级人民代表大会审查和批准。未经批准,不得调整预算。

2. 业务实践

政府采购预算编制环节,包括制定政府采购预算、编制政府采购计划。政府采购预算是预算年度内政府采购范围的集中体现,是编制采购计划的基础和前提。政府采购计划是政府采购预算的具体实施方案。

采购预算反映了预算单位年度政府采购项目及资金计划,是行政事业单位财务预算的重要组成部分,包括采购项目、采购资金来源、数量、型号、单价、采购项目截止时间等内容，反映政府预算中用于货物、工程或服务采购项目的开支，规定了政府在预算年度内的活动范围、方向和重点。政府采购预算由部门单位采购预算和财政采购预算组成，政府采购预算在年度政府预算或部门预算编制的同时编报。

在政府采购预算执行过程中，不得随意调整政府采购预算，超越程序调整政府采购预算的不规范行为将受到法律的约束。各级政府如必须进行涉及政府采购预算的调整，需编制政府采购预算调整方案，并在调整方案中针对政府采购预算调整的理由、项目和数额予以说明，同时在本级人大常委会议召开前的 30 日将涉及政府采购预算调整的初步方案交有关专门委员会进行初步审查。

采购计划是依据采购预算实际的施行需求，按采购目录或采购品目汇编而编制的，反映各采购单位需求情况及实施要求的计划，采购人应按照批复的政府采购预算按月编制政府采购计划，以指导政府采购预算的执行。条件成熟的单位可按季或按年编制政府采购计划。采购人应根据工作需要和资金的安排情况，合理确定实施进度，提前提出采购申请。

政府采购计划的编制主体是采购人，编制的依据是集中采购目录、采购限额标准和已批复的本部门、本单位的部门预算。政府采购计划的主要内容包括采购项目、采购资金来源、采购数量及技术规格、采购组织形式、采购方式、采购时间、资金支付方式以及其他需要载明的事项。政府采购计划应当报经本级人民政府财政部门备案，原则上，备案后不得随意修改变更。如果因为部门预算调整导致政府采购计划需要调整的，采购人应当及时调整或者重新编制新的政府采购计划。

二、集中采购

1. 法律法规规章摘要

《政府采购法》

第七条 政府采购实行集中采购和分散采购相结合。集中采购的范围由省级以上人民政府公布的集中采购目录确定。

纳入集中采购目录的政府采购项目，应当实行集中采购。

第十八条 采购人采购纳入集中采购目录的政府采购项目，必须委托集中采购机构代理采购；采购未纳入集中采购目录的政府采购项目，可以自行采购，也可以委托集中采购机构在委托的范围内代理采购。

纳入集中采购目录属于通用的政府采购项目的，应当委托集中采购机构代理采购；属于本部门、本系统有特殊要求的项目，应当实行部门集中采购；属于本单位有特殊要求的项目，经省级以上人民政府批准，可以自行采购。

《政府采购法实施条例》

第四条 政府采购法所称集中采购，是指采购人将列入集中采购目录的项目委托集中采购机构代理采购或者进行部门集中采购的行为；所称分散采购，是指采购人将采购限额标准以上的未列入集中采购目录的项目自行采购或者委托采购代理机构代理采购的行为。

2. 业务实践

集中采购是政府采购的重要组织形式。在这种制度下，通过采购行为的集中实现货物、服务、工程的使用主体与采购活动的组织实施主体分离、制衡，达到分散采购权力的目的。集中采购包括政府集中采购（集中采购机构采购）和部门集中采购。

政府集中采购是指由政府设立的集中采购机构（政府采购中心或公共资源交易中心）依据政府制定的集中采购目录，受采购人委托，按照公开、公平、公正的采购原则，以及必须采取的市场竞争机制和一系列的专门操作规程进行的统一采购行为。这是政府采购的主要形式。

部门集中采购是指本部门或本系统基于业务需要有特殊要求的项目，需要由本部门或本系统统一组织或系统统一配置的货物、工程、服务的采购活动。如公安部针对警用车辆等设备采购实行部门集中采购。

政府集中采购主要针对列入政府集中采购目录的政府集中采购项目，而且现阶段只能由政府集中采购机构实施采购。部门集中采购主要针对列入政府集中采购目录的部门集中采购项目，可以由部门自行组织采购，也可以委托政府集中采购机构。

集中采购的范围属于中央预算的政府采购项目，其集中采购目录由国务院确定并公布；属于地方预算的政府采购项目，其集中采购目录由省、自治区、直辖市人民政府或者其授权的机构确定并公布。

三、政府采购规定

1. 法律法规规章摘要

《政府采购法》

第九条 政府采购应当有助于实现国家的经济和社会发展政策目标，包括保护环境，扶持不发达地区和少数民族地区，促进中小企业发展等。

第十条 政府采购应当采购本国货物、工程和服务。但有下列情形之一的除外：

（一）需要采购的货物、工程或者服务在中国境内无法获取或者无法以合理的商业条件获取的；

（二）为在中国境外使用而进行采购的；

（三）其他法律、行政法规另有规定的。

前款所称本国货物、工程和服务的界定，依照国务院有关规定执行。

《政府采购法实施条例》

第六条 国务院财政部门应当根据国家的经济和社会发展政策，会同国务院有关部门制定政府采购政策，通过制定采购需求标准、预留采购份额、价格评审优惠、优先采购等措施，实现节约能源、保护环境、扶持不发达地区和少数民族地区、促进中小企业发展等目标。

《政府采购货物和服务招标投标管理办法》

第五条 采购人应当在货物服务招标投标活动中落实节约能源、保护环境、扶持不发达地区和少数民族地区、促进中小企业发展等政府采购政策。

2. 业务实践

20世纪90年代，我国开始试点政府采购制度时，政府采购的政策功能就一直被学界和政府部门反复强调。《政府采购法》首次将政府采购的政策功能以立法形式明确下来。除政府采购法律法规规章外，一系列发挥政府采购政策功能的配套文件也相继出台。

2004年12月，财政部、国家发展改革委联合发布《节能产品政府采购实施意见》（财库〔2004〕185号）和首批《节能产品政府采购清单》，要求"各级国家机关、事业单位和团体组织用财政性资金进行采购的，应当优先采购节能产品，逐步淘汰低能效产品"，并指出"采购人或其委托的采购代理机构未按上述要求采购的，有关部门要按照有关法律、法规和规章予以处理，财政部门视情况可拒付采购资金"。

2005年12月，财政部、国家发展改革委、信息产业部联合发布《无线局域网产品政府采购实施意见》（财库〔2005〕366号）及《无线局域网认证产品政府采购清单》，明确采购人采购无线局域网产品和含有无线局域网功能的计算机、通信设备、打印机、复印机、投影仪等产品时，在政府采购评审方法中，应考虑信息安全认证因素，优先采购清单中的产品。该实施意见自2006年2月1日起执行。

2006年10月，财政部、国家环保总局联合印发《关于环境标志产品政府采购实施的意见》（财库〔2006〕90号）和首批《环境标志产品政府采购清单》，要求采购人采购的产品属于清单中品目的，在性能、技术、服务等指标同等条件下，应优先采购清单中的产品。在政府采购活动中，采购人应在政府采购招标文件中载明对产品的环保要求、合格供应商和产品的条件以及优先采购的评审标准。此后，节能、环保清单管理不断优化，相关部委定期调整更新两大清单，推动节能减排的采购政策成效初显，强制采购节能产品制度基本建立。

2011年9月，财政部下发《关于开展政府采购信用担保试点工作的通知》（财库〔2011〕124号）和《关于开展政府采购信用担保试点工作方案》，决定从2012年1月起在中央本级和北京、黑龙江、广东、江苏、湖南、河南、山东、陕西等省（市）开展暂定为期2年的政府采购信用担保试点工作。此项工作旨在落实国务院《关于进一步促进中小企业发展的若干意见》（国发〔2009〕36号）文件精神，将在政府采购领域引入信用担保手段，作为政府采购支持中小企业发展的有效措施之一。

2011年12月，财政部、工信部联合发布《政府采购促进中小企业发展暂行办法》（财库〔2011〕181号），明确我国政府采购制度将结合国内实际，采取预留采购份额、降低门槛、价格扣除、鼓励联合体投标和分包等具体措施促进中小企业发展，并将通过政府采购计划管理、合同管理、报告和公开制度、信息化建设等措施保证该项政策落实。这是首个政府采购扶持中小企业发展的细化政策。

2014年6月，财政部、司法部联合发布《关于政府采购支持监狱企业发展有关问题的通知》（财库〔2014〕68号），明确在政府采购活动中，监狱企业视同小型、微型企业，享受预留份额、评审中价格扣除等政府采购促进中小企业发展的扶持政策。向监狱企业采购的金额，计入面向中小企业采购的统计数据。除享受政府采购促进中小企业发展各项优惠政策外，监狱企业还将在制服、印刷等政府采购项目中获得预留份额。

2017年8月，财政部、民政部、中国残疾人联合会印发《关于促进残疾人就业政府采购政策的通知》（财库〔2017〕141号），明确自2017年10月起，在政府采购活动中，残疾人福利性单位视同为小型、微型企业，享受预留份额、评审中价格扣除等促进中小企业发展的政府采购政策。向残疾人福利性单位采购的金额，计入面向中小企业采购的统计数据。

四、政府采购方式

1. 法律法规规章摘要

《政府采购法》

第二十六条　政府采购采用以下方式：

（一）公开招标；

（二）邀请招标；

（三）竞争性谈判；

（四）单一来源采购；

（五）询价；

（六）国务院政府采购监督管理部门认定的其他采购方式。

公开招标应作为政府采购的主要采购方式。

第二十七条　采购人采购货物或者服务应当采用公开招标方式的，其具体数额标准，属于中央预算的政府采购项目，由国务院规定；属于地方预算的政府采购项目，由省、自治区、直辖市人民政府规定；因特殊情况需要采用公开招标以外的采购方式的，应当在采购活动开始前获得设区的市、自治州以上人民政府采购监督管理部门的批准。

第二十八条　采购人不得将应当以公开招标方式采购的货物或者服务化整为零或者以其他任何方式规避公开招标采购。

第二十九条　符合下列情形之一的货物或者服务，可以依照本法采用邀请招标方式采购：

（一）具有特殊性，只能从有限范围的供应商处采购的；

（二）采用公开招标方式的费用占政府采购项目总价值的比例过大的。

第三十条　符合下列情形之一的货物或者服务，可以依照本法采用竞争性谈判方式采购：

（一）招标后没有供应商投标或者没有合格标的或者重新招标未能成立的；

（二）技术复杂或者性质特殊，不能确定详细规格或者具体要求的；

（三）采用招标所需时间不能满足用户紧急需要的；

（四）不能事先计算出价格总额的。

第三十一条　符合下列情形之一的货物或者服务，可以依照本法采用单一来源方式采购：

（一）只能从唯一供应商处采购的；

（二）发生了不可预见的紧急情况不能从其他供应商处采购的；

（三）必须保证原有采购项目一致性或者服务配套的要求，需要继续从原供应商处添购，且添购资金总额不超过原合同采购金额百分之十的。

第三十二条 采购的货物规格、标准统一、现货货源充足且价格变化幅度小的政府采购项目，可以依照本法采用询价方式采购。

《政府采购货物和服务招标投标管理办法》

第三条 货物服务招标分为公开招标和邀请招标。

公开招标，是指采购人依法以招标公告的方式邀请非特定的供应商参加投标的采购方式。

邀请招标，是指采购人依法从符合相应资格条件的供应商中随机抽取3家以上供应商，并以投标邀请书的方式邀请其参加投标的采购方式。

《政府采购非招标采购方式管理办法》（财政部令第74号）

第二条 采购人、采购代理机构采用非招标采购方式采购货物、工程和服务的，适用本办法。

本办法所称非招标采购方式，是指竞争性谈判、单一来源采购和询价采购方式。

竞争性谈判是指谈判小组与符合资格条件的供应商就采购货物、工程和服务事宜进行谈判，供应商按照谈判文件的要求提交响应文件和最后报价，采购人从谈判小组提出的成交候选人中确定成交供应商的采购方式。

单一来源采购是指采购人从某一特定供应商处采购货物、工程和服务的采购方式。

询价是指询价小组向符合资格条件的供应商发出采购货物询价通知书，要求供应商一次报出不得更改的价格，采购人从询价小组提出的成交候选人中确定成交供应商的采购方式。

第三条 采购人、采购代理机构采购以下货物、工程和服务之一的，可以采用竞争性谈判、单一来源采购方式采购；采购货物的，还可以采用询价采购方式：

（一）依法制定的集中采购目录以内，且未达到公开招标数额标准的货物、服务；

（二）依法制定的集中采购目录以外、采购限额标准以上，且未达到公开招标数额标准的货物、服务；

（三）达到公开招标数额标准、经批准采用非公开招标方式的货物、服务；

（四）按照招标投标法及其实施条例必须进行招标的工程建设项目以外的政府采购工程。

《政府采购竞争性磋商采购方式管理暂行办法》（财库〔2014〕214号）

第一条 为了规范政府采购行为，维护国家利益、社会公共利益和政府采购当事人的合法权益，依据《中华人民共和国政府采购法》（以下简称政府采购法）第二十六条第一款第六项规定，制定本办法。

第二条 本办法所称竞争性磋商采购方式，是指采购人、政府采购代理机构通过组建竞争性磋商小组（以下简称磋商小组）与符合条件的供应商就采购货物、工程和服务事宜进行磋商，供应商按照磋商文件的要求提交响应文件和报价，采购人从磋商小组评审后提出的候选供应商名单中确定成交供应商的采购方式。

第三条 符合下列情形的项目，可以采用竞争性磋商方式开展采购：

（一）政府购买服务项目；

（二）技术复杂或者性质特殊，不能确定详细规格或者具体要求的；

（三）因艺术品采购、专利、专有技术或者服务的时间、数量事先不能确定等原因不能事先计算出价格总额的；

（四）市场竞争不充分的科研项目，以及需要扶持的科技成果转化项目；

（五）按照招标投标法及其实施条例必须进行招标的工程建设项目以外的工程建设项目。

2. 业务实践

政府采购方式的适当选择能够提高采购效率，在一定程度上节约投资，减少不必要的资源消耗，有助于推动公开和有效竞争及物有所值等目标的实现。

（1）公开招标。又称竞争性招标，是政府采购的主要采购方式。公开招标是由招标人在报刊、电子网络或其他媒体上刊登招标公告，吸引众多供应商参加投标竞争，招标人从中择优选择中标单位的交易方式。

根据《政府采购法》的规定，采购人采购货物或者服务的具体数额标准达到国务院、地方人民政府规定的限额的，应当采用公开招标方式，属于中央预算的政府采购项目的，由国务院规定；属于地方预算的政府采购项目的，由省、自治区、直辖市人民政府规定；因特殊情况需要采用公开招标以外的采购方式的，应当在采购活动开始前获得设区的市、自治州以上人民政府采购监督管理部门的批准。采购人不得将应当以公开招标方式采购的货物或者服务化整为零或者以其他任何方式规避公开招标采购。

公开招标在公开程度、竞争性等方面具有很大优势，能够使供应商广泛参与投标竞争，有利于采购人从中选出最具有性价比的产品和服务。公开招标是政府采购的主要采购方式，但公开招标具有严格的程序规定和时限要求，同时由于投标人众多、耗时长，需要的周期也较长，需要花费的成本也较高，不适合本身标的较小或采购任务相对急迫的项目。

（2）邀请招标。也称有限竞争招标或者选择性招标，即由招标单位选择3家以上供应商，向其发出投标邀请书，邀请其参加投标竞争。这种采购方式适用于供应商数量有限，或者采用公开招标方式的费用占政府采购项目总价值的比重过大的情况。由于被邀请参加的投标竞争者有限，不仅可以节约招标费用，而且提高了每个投标者的中标机会，效率高，采购周期适中。但由于邀请招标不适用公开的公告形式，投标人数量有限，削弱了竞争性，透明度也相对较低。

（3）竞争性谈判。指采购机构直接邀请三家以上符合资格条件的供应商就采购事宜进行谈判，供应商按照要求提交最终报价和响应文件，采购人从中确定成交供应商的采购方式。适用范围是投标后没有供应商投标或者没有合格标的或者重新招标未能成立的；技术复杂或者性质特殊，不能确定详细规格或者具体要求的；采用招标所需时间不能满足用户紧急需要的；不能事先计算出价格总额的情况。由于无法事先预测采购情势和突发情况，不可避免地会采用竞争性谈判采购方式，这种采购方式优点是周期短，灵活性高，可及时供应迫切需用的物资，满足紧急采购需求，但透明度低。

（4）单一来源采购。指采购人在适当的条件下向单一的供应商、承包商或服务提供者征求建议或报价来采购货物、工程或服务，是一种没有竞争的采购方式。适用于采购来源具有唯一性的采购项目；发生了不可预见的紧急情况不能从其他供应商处采购的；具有与原采购项目一致性或者服务配套的要求，需要继续从原供应商处添购，且添购资金总额不超过原合同采购金额的10%。这种采购方式的优点是程序简单，但缺乏竞争、透明度低。

（5）询价。指对至少3家以上的供货商的报价进行比较以确保价格具有竞争性的一种采购方式。依据我国《政府采购法》的规定，达到限额标准以上的单项或批量采购的现货属于标准规格且价格弹性不大的，经财政部门批准，可以采用询价采购方式。适用于采购对象货量充足、标准统一、价格变化幅度小的采购项目。这种采购方式周期短，程序相对简单，但竞争的维度单一，聚焦于价格，难以体现供应商的综合实力。

（6）竞争性磋商。指采购人、政府采购代理机构通过组建竞争性磋商小组与符合条件的供应商就采购货物、工程和服务进行磋商，供应商按照磋商文件的要求提交相应文件和报价，采购人从磋商小组评审后提出的候选供应商名单中确定成交供应商的采购方式。竞争性磋商与竞争性谈判的最大区别在于磋商小组采用综合评分法对提交最后报价的供应商的响应文件和最后报价进行综合评分以推荐成交供应商，而谈判小组只能推荐提交最后报价中的最低报价供应商为成交供应商。与前述政府采购方式不同的是，前述政府采购方式均直接来源于《政府采购法》的规定，而竞争性磋商属于《政府采购法》第二十六条授权国务院政府采购监管部门认定的其他采购方式，是财政部根据法律授权独家认定的政府采购方式。

拓展阅读：想了解更多延伸知识吗？
扫描二维码即可阅读哦！

五、文件归档

1. 法律法规规章摘要

《政府采购法》

第四十二条 采购人、采购代理机构对政府采购项目每项采购活动的采购文件应当妥善保存，不得伪造、变造、隐匿或者销毁。采购文件的保存期限为从采购结束之日起至少保存十五年。

采购文件包括采购活动记录、采购预算、招标文件、投标文件、评标标准、评估报告、定标文件、合同文本、验收证明、质疑答复、投诉处理决定及其他有关文件、资料。

《政府采购法实施条例》

第四十六条　政府采购法第四十二条规定的采购文件，可以用电子档案方式保存。

《政府采购非招标采购方式管理办法》

第二十六条　采购人、采购代理机构应当妥善保管每项采购活动的采购文件。采购文件包括采购活动记录、采购预算、谈判文件、询价通知书、响应文件、推荐供应商的意见、评审报告、成交供应商确定文件、单一来源采购协商情况记录、合同文本、验收证明、质疑答复、投诉处理决定以及其他有关文件、资料。采购文件可以电子档案方式保存。

采购活动记录至少应当包括下列内容：

（一）采购项目类别、名称；

（二）采购项目预算、资金构成和合同价格；

（三）采购方式，采用该方式的原因及相关说明材料；

（四）选择参加采购活动的供应商的方式及原因；

（五）评定成交的标准及确定成交供应商的原因；

（六）终止采购活动的，终止的原因。

2. 业务实践

文件归档是指立档单位在其职能活动中形成的、办理完毕、应作为文书档案保存的各种文件材料。政府采购活动是一项十分复杂的活动，涉及大量的合同、文件及信件往来，采购人应按法律规定对政府采购文件进行整理并妥善保管。

采购人、采购代理机构对政府采购项目每项采购活动的采购文件应当妥善保存，不得伪造、编造、隐匿或者销毁。采购文件的保存期限为从采购结束之日起至少保存 15 年。此外，《政府采购法实施条例》第四十六条规定，对于政府采购法第四十二条规定的政府采购文件可以用电子档案方式保存。

拓展阅读：想了解更多延伸知识吗？
扫描二维码即可阅读哦！

第三节　政府采购中的招标

一、适用法律

政府采购的主要特征就是方式和程序的法定性，而招标是在法定程序下开展的一项采购活动，是政府及其所属的各级机关、社会团体和企事业单位事先提出货物、工程或服务的条件和要求，并发出招标公告，邀请众多投标人参加投标并按照规定程序从中选择交易对象的一种市场交易行为。政府采购工程项目应遵循招标投标法，同时应执行政府采购政策；政府采购货物和服务项目适用于政府采购法。

规范政府采购招标的法律、法规主要包括以下几类：

一是全国人大及其常委会制定颁布的相关法律，主要有《政府采购法》、《招标投标法》以及《民法总则》（主席令第66号）、《民法通则》（主席令第37号）、《合同法》《反不正当竞争法》（主席令第10号）等与政府采购及招标有关的法律。

二是由国务院制定颁发的行政法规，主要有《政府采购法实施条例》《招标投标法实施条例》《建设工程质量管理条例》（国务院令第279号）等与政府采购和招标投标有关的行政法规。

三是由财政部或财政部与有关部门联合制定出台的部门规章，主要有《政府采购货物和服务招标投标管理办法》以及其他与政府采购有关的管理办法。

四是由各省人大常委会制定颁发的招标投标方面的地方性法规。

五是由各省人民政府制定颁发的与政府采购工作有关的地方性行政规章。

六是由财政部或财政部与其他部委联合出台的与政府采购相关的规范性文件，由各地方人民政府及其财政部门和其他有关部门联合制定的与政府采购有关的规范性文件。

二、信息公开

1. 法律法规规章摘要

《政府采购法》

第十一条　政府采购的信息应当在政府采购监督管理部门指定的媒体上及时向社会公开发布，但涉及商业秘密的除外。

第六十三条　政府采购项目的采购标准应当公开。

采用本法规定的采购方式的，采购人在采购活动完成后，应当将采购结果予以公布。

《政府采购法实施条例》

第八条　政府采购项目信息应当在省级以上人民政府财政部门指定的媒体上发布。采购项目预算金额达到国务院财政部门规定标准的，政府采购项目信息应当在国务院财政部门指定的媒体上发布。

第五十八条　财政部门处理投诉事项，需要检验、检测、鉴定、专家评审以及需要投诉人补正材料的，所需时间不计算在投诉处理期限内。

财政部门对投诉事项作出的处理决定，应当在省级以上人民政府财政部门指定的媒体上公告。

《政府采购信息公告管理办法》（财政部令第19号）

第八条　除涉及国家秘密、供应商的商业秘密，以及法律、行政法规规定应予保密的政府采购信息以外，下列政府采购信息必须公告：

（一）有关政府采购的法律、法规、规章和其他规范性文件；

（二）省级以上人民政府公布的集中采购目录、政府采购限额标准和公开招标数额标准；

（三）政府采购招标业务代理机构名录；

（四）招标投标信息，包括公开招标公告、邀请招标资格预审公告、中标公告、成交结果及其更正事项等；

（五）财政部门受理政府采购投诉的联系方式及投诉处理决定；

（六）财政部门对集中采购机构的考核结果；

（七）采购代理机构、供应商不良行为记录名单；

（八）法律、法规和规章规定应当公告的其他政府采购信息。

2. 业务实践

政府采购信息是指规范政府采购活动的法律、法规、规章和其他规范性文件，以及反映政府采购活动状况的数据和资料的总称。政府采购信息公开是政府采购遵循公开透明原则的体现。政府采购信息公开工作是否执行到位，是政府采购能否公平、公正的重要前提，其一方面加强了社会对政府采购的监督，另一方面提升了政府采购的公信力。可以说，政府采购信息公开是规范政府采购行为的一项重要举措。在实务中还需要各级财政主管部门负责确定本地区政府采购信息公告的范围和内容，并对政府采购信息公告的流程和内容做出具体明确规定。

政府采购信息公开的工作贯穿整个政府采购活动，其既是财政主管部门的职责和义务，也是政府采购供应商参与政府采购活动的权利体现，对政府采购制度的改革有着重要的意义。

三、文件编制

1. 法律法规规章摘要

《政府采购法实施条例》

第三十一条　招标文件的提供期限自招标文件开始发出之日起不得少于5个工作日。

采购人或者采购代理机构可以对已发出的招标文件进行必要的澄清或者修改。澄清或者修改的内容可能影响投标文件编制的，采购人或者采购代理机构应当在投标截止时间至少15日前，以书面形式通知所有获取招标文件的潜在投标人；不足15日的，采购人或者采购代理机构应当顺延提交投标文件的截止时间。

第三十二条　采购人或者采购代理机构应当按照国务院财政部门制定的招标文件标准文本编制招标文件。

招标文件应当包括采购项目的商务条件、采购需求、投标人的资格条件、投标报价要求、评标方法、评标标准以及拟签订的合同文本等。

《政府采购货物和服务招标投标管理办法》

第十七条　采购人、采购代理机构不得将投标人的注册资本、资产总额、营业收入、从业人员、利润、纳税额等规模条件作为资格要求或者评审因素,也不得通过将除进口货物以外的生产厂家授权、承诺、证明、背书等作为资格要求,对投标人实行差别待遇或者歧视待遇。

第二十条 采购人或者采购代理机构应当根据采购项目的特点和采购需求编制招标文件。招标文件应当包括以下主要内容:

(一)投标邀请;

(二)投标人须知(包括投标文件的密封、签署、盖章要求等);

(三)投标人应当提交的资格、资信证明文件;

(四)为落实政府采购政策,采购标的需满足的要求,以及投标人须提供的证明材料;

(五)投标文件编制要求、投标报价要求和投标保证金交纳、退还方式以及不予退还投标保证金的情形;

(六)采购项目预算金额,设定最高限价的,还应当公开最高限价;

(七)采购项目的技术规格、数量、服务标准、验收等要求,包括附件、图纸等;

(八)拟签订的合同文本;

(九)货物、服务提供的时间、地点、方式;

(十)采购资金的支付方式、时间、条件;

(十一)评标方法、评标标准和投标无效情形;

(十二)投标有效期;

(十三)投标截止时间、开标时间及地点;

(十四)采购代理机构代理费用的收取标准和方式;

(十五)投标人信用信息查询渠道及截止时点、信用信息查询记录和证据留存的具体方式、信用信息的使用规则等;

(十六)省级以上财政部门规定的其他事项。

对于不允许偏离的实质性要求和条件,采购人或者采购代理机构应当在招标文件中规定,并以醒目的方式标明。

第二十一条 采购人或者采购代理机构应当根据采购项目的特点和采购需求编制资格预审文件。资格预审文件应当包括以下主要内容:

(一)资格预审邀请;

(二)申请人须知;

(三)申请人的资格要求;

(四)资格审核标准和方法;

(五)申请人应当提供的资格预审申请文件的内容和格式;

(六)提交资格预审申请文件的方式、截止时间、地点及资格审核日期;

(七)申请人信用信息查询渠道及截止时点、信用信息查询记录和证据留存的具体方式、信用信息的使用规则等内容;

(八)省级以上财政部门规定的其他事项。

资格预审文件应当免费提供。

第二十四条　招标文件售价应当按照弥补制作、邮寄成本的原则确定，不得以营利为目的，不得以招标采购金额作为确定招标文件售价的依据。

第二十五条　招标文件、资格预审文件的内容不得违反法律、行政法规、强制性标准、政府采购政策，或者违反公开透明、公平竞争、公正和诚实信用原则。

有前款规定情形，影响潜在投标人投标或者资格预审结果的，采购人或者采购代理机构应当修改招标文件或者资格预审文件后重新招标。

第二十七条　采购人或者采购代理机构可以对已发出的招标文件、资格预审文件、投标邀请书进行必要的澄清或者修改，但不得改变采购标的和资格条件。澄清或者修改应当在原公告发布媒体上发布澄清公告。澄清或者修改的内容为招标文件、资格预审文件、投标邀请书的组成部分。

澄清或者修改的内容可能影响投标文件编制的，采购人或者采购代理机构应当在投标截止时间至少15日前，以书面形式通知所有获取招标文件的潜在投标人；不足15日的，采购人或者采购代理机构应当顺延提交投标文件的截止时间。

澄清或者修改的内容可能影响资格预审申请文件编制的，采购人或者采购代理机构应当在提交资格预审申请文件截止时间至少3日前，以书面形式通知所有获取资格预审文件的潜在投标人；不足3日的，采购人或者采购代理机构应当顺延提交资格预审申请文件的截止时间。

2. 业务实践

（1）招标文件编制。政府采购活动采用招标方式进行的，适用于政府采购法体系的要求。因此，鉴于政府采购的特性，在编制招标文件时应当着重关注以下内容。

招标文件编制时应当体现政府采购政策。招标文件通常通过制定采购需求标准、预留采购份额、价格评审优惠、优先采购等措施落实政府采购政策，例如招标文件中规定，针对小型和微型企业给予6%的价格评审优惠；为鼓励监狱企业、残疾人福利性单位发展，监狱企业、残疾人福利性单位视同小型、微型企业对待，优先采购节能产品和环境标志产品等。同时，招标文件中也会明确要求投标人需提供证明文件、承诺函等以认定其是否具备享受政策优惠的资格。

在资格条件和评审因素设置上，政府采购有更严格的规定。政府采购货物与服务项目，不得将投标人的注册资本、资产总额、营业收入、从业人员、利润、纳税额等规模条件作为资格要求或者评审因素。而对于依法必须进行招标的工程项目，注册资本、资产总额、净资产规模、营业收入、利润、授信额度等财务指标可以在不超项目实际需要的范围内设定为投标人的资格要求。

在评标方法的设置上，政府采购招标项目采用综合评分法的，应当保证评审标准中的分值设置与评审因素的量化指标相对应，出于公平和公正的需要和考虑，招标文件在设置评标或评审标准的时候，应该尽可能多地将客观因素作为评判的对象，以防止评标人或评审人过度利用手中的自由裁量权利，干扰和影响评标或评审的结果。

而采用最低评标价法的，应选择投标文件满足招标文件全部实质性要求且投标报价最低的投标人为中标候选人，价格评审时仅考虑因执行政府采购政策的价格扣除和投标价格的算术性错误修正，除此之外不对投标价格进行其他任何调整。

此外，政府采购货物和服务项目实施低价优先策略。在设定价格评分标准时，均需采用低价优先法计算价格分，即有效投标人中最低的投标报价应设为评标基准价，其价格分为满分。在编制招标文件时，应注意货物项目的价格分值占总分值的比重不得低于30%；服务项目的价格分值占总分值的比重不得低于10%。

（2）投标文件编制。供应商应当按照要求编制投标文件。投标文件应当对招标文件的要求和条件做出明确响应。在公开招标中，采购人必须按照事先设定的中标/成交条件确定中标/成交供应商，这一过程最大限度地减少了采购人与供应商直接对话的可能。因而投标文件的编制优劣是供应商能否中标的关键。

供应商在编制投标文件时，应当认真研读招标文件，根据招标文件要求组织编制投标文件，对所有实质性内容进行响应，并在参与采购活动过程中遵循政府采购的特定方式、程序，供应商所投的货物、服务或者工程也必须是真实存在并符合招标要求的，因此投标文件中的所有材料都必须真实、可靠并且全面、完整。

供应商在投标时应及时关注补充公告、答疑公告和澄清公告。招标公告发布后，潜在供应商可以针对招标文件中不明确的事项，或者违法的、不合理的内容，要求采购人或者代理机构进行澄清或答疑。采购人或代理机构可就澄清或答疑内容发布补充公告、答疑公告和澄清公告，并对招标文件的相关内容做出补充或修改。如果供应商没有关注补充公告、答疑公告和澄清公告，其投标很有可能因不满足要求而被否决。

四、项目评审

1. 法律法规规章摘要

《政府采购货物和服务招标投标管理办法》

第四十五条　采购人或者采购代理机构负责组织评标工作，并履行下列职责：

（一）核对评审专家身份和采购人代表授权函，对评审专家在政府采购活动中的职责履行情况予以记录，并及时将有关违法违规行为向财政部门报告；

（二）宣布评标纪律；

（三）公布投标人名单，告知评审专家应当回避的情形；

（四）组织评标委员会推选评标组长，采购人代表不得担任组长；

（五）在评标期间采取必要的通讯管理措施，保证评标活动不受外界干扰；

（六）根据评标委员会的要求介绍政府采购相关政策法规、招标文件；

（七）维护评标秩序，监督评标委员会依照招标文件规定的评标程序、方法和标准进行独立评审，及时制止和纠正采购人代表、评审专家的倾向性言论或者违法违规行为；

（八）核对评标结果，有本办法第六十四条规定情形的，要求评标委员会复核或者书面说明理由，评标委员会拒绝的，应予记录并向本级财政部门报告；

（九）评审工作完成后，按照规定向评审专家支付劳务报酬和异地评审差旅费，不得向评审专家以外的其他人员支付评审劳务报酬；

（十）处理与评标有关的其他事项。

采购人可以在评标前说明项目背景和采购需求，说明内容不得含有歧视性、倾向性意见，不得超出招标文件所述范围。说明应当提交书面材料，并随采购文件一并存档。

第四十六条　评标委员会负责具体评标事务，并独立履行下列职责：

（一）审查、评价投标文件是否符合招标文件的商务、技术等实质性要求；

（二）要求投标人对投标文件有关事项作出澄清或者说明；

（三）对投标文件进行比较和评价；

（四）确定中标候选人名单，以及根据采购人委托直接确定中标人；

（五）向采购人、采购代理机构或者有关部门报告评标中发现的违法行为。

2. 业务实践

评标的基本要求，一是采购人、采购代理机构应当采取必要措施，保证评标在严格保密的情况下进行。除采购人代表、评标现场组织人员外，采购人的其他工作人员以及与评标工作无关的人员不得进入评标现场，避免评标委员会在评审过程中受到非法的干预和影响。二是评标委员会应当严格遵守评审工作纪律，按照客观、公正、审慎的原则，根据采购文件规定的评审程序、评审方法和评审标准进行独立评审。

采购人可以在评标前说明项目背景和采购需求，说明内容不得含有歧视性、倾向性意见，不得超出招标文件所述范围。说明应当提交书面材料，并随采购文件一并存档。

五、确定中标供应商

1. 法律法规规章摘要

《政府采购法实施条例》

第四十三条　采购代理机构应当自评审结束之日起2个工作日内将评审报告送交采购人。采购人应当自收到评审报告之日起5个工作日内在评审报告推荐的中标或者成交候选人中按顺序确定中标或者成交供应商。

采购人或者采购代理机构应当自中标、成交供应商确定之日起2个工作日内，发出中标、成交通知书，并在省级以上人民政府财政部门指定的媒体上公告中标、成交结果，招标文件、竞争性谈判文件、询价通知书随中标、成交结果同时公告。

中标、成交结果公告内容应当包括采购人和采购代理机构的名称、地址、联系方式，项目名称和项目编号，中标或者成交供应商名称、地址和中标或者成交金额，主要中标或者成交标的的名称、规格型号、数量、单价、服务要求以及评审专家名单。

《政府采购货物和服务招标投标管理办法》

第六十八条　采购代理机构应当在评标结束后2个工作日内将评标报告送采购人。

采购人应当自收到评标报告之日起5个工作日内，在评标报告确定的中标候选人名单中按顺序确定中标人。中标候选人并列的，由采购人或者采购人委托评标委员会按照招标文件规定的方式确定中标人；招标文件未规定的，采取随机抽取的方式确定。

采购人自行组织招标的,应当在评标结束后 5 个工作日内确定中标人。

采购人在收到评标报告 5 个工作日内未按评标报告推荐的中标候选人顺序确定中标人,又不能说明合法理由的,视同按评标报告推荐的顺序确定排名第一的中标候选人为中标人。

第六十九条 采购人或者采购代理机构应当自中标人确定之日起 2 个工作日内,在省级以上财政部门指定的媒体上公告中标结果,招标文件应当随中标结果同时公告。

中标结果公告内容应当包括采购人及其委托的采购代理机构的名称、地址、联系方式,项目名称和项目编号,中标人名称、地址和中标金额,主要中标标的的名称、规格型号、数量、单价、服务要求,中标公告期限以及评审专家名单。

中标公告期限为 1 个工作日。

邀请招标采购人采用书面推荐方式产生符合资格条件的潜在投标人的,还应当将所有被推荐供应商名单和推荐理由随中标结果同时公告。

在公告中标结果的同时,采购人或者采购代理机构应当向中标人发出中标通知书;对未通过资格审查的投标人,应当告知其未通过的原因;采用综合评分法评审的,还应当告知未中标人本人的评审得分与排序。

2. 业务实践

(1) 确定时间及要求。采购代理机构应当自评审结束之日起 2 个工作日内将评审报告送交采购人。采购人应当自收到评审报告之日起 5 个工作日内在评审报告推荐的中标或者成交候选人中按顺序确定中标或者成交供应商。采购代理机构应当在评标结束后 2 个工作日内将评标报告送采购人。采购人自行组织招标的,应当在评标结束后 5 个工作日内确定中标人。

(2) 采购人按顺序确定中标人。采购人应当自收到评标报告之日起 5 个工作日内,在评标报告确定的中标候选人名单中按顺序确定中标人。中标候选人并列的,由采购人或者采购人委托评标委员会按照招标文件规定的方式确定中标人;招标文件未规定的,可采取随机抽取的方式确定。采购人在收到评标报告 5 个工作日内未按评标报告推荐的中标候选人顺序确定中标人,又不能说明合法理由的,视同按评标报告推荐的顺序确定排名第一的中标候选人为中标人。

(3) 中标、成交结果公告。采购人或者采购代理机构应当自中标、成交供应商确定之日起 2 个工作日内,发出中标、成交通知书,并在省级以上人民政府财政部门指定的媒体上公告中标、成交结果,招标文件、竞争性谈判文件、询价通知书随中标、成交结果同时公告。中标结果公告应当包括采购人及其委托的采购代理机构的名称、地址、联系方式,项目名称和项目编号,中标人名称、地址和中标金额,主要中标标的的名称、规格型号、数量、单价、服务要求,中标公告期限以及评审专家名单。中标公告期限为 1 个工作日。

(4) 中标通知书发出。在公告中标结果的同时,采购人应当向中标供应商发出中标通知书。中标通知书的内容应当简明扼要,一般只需告知招标项目已经由其中标,并确定签订合同的时间、地点即可。

六、签订合同

1. 法律法规规章摘要

《政府采购法》

第四十三条 政府采购合同适用合同法。采购人和供应商之间的权利和义务,应当按照平等、自愿的原则以合同方式约定。

采购人可以委托采购代理机构代表其与供应商签订政府采购合同。由采购代理机构以采购人名义签订合同的,应当提交采购人的授权委托书,作为合同附件。

第四十四条 政府采购合同应当采用书面形式。

第四十五条 国务院政府采购监督管理部门应当会同国务院有关部门,规定政府采购合同必须具备的条款。

第四十六条 采购人与中标、成交供应商应当在中标、成交通知书发出之日起三十日内,按照采购文件确定的事项签订政府采购合同。

中标、成交通知书对采购人和中标、成交供应商均具有法律效力。中标、成交通知书发出后,采购人改变中标、成交结果的,或者中标、成交供应商放弃中标、成交项目的,应当依法承担法律责任。

第四十七条 政府采购项目的采购合同自签订之日起七个工作日内,采购人应当将合同副本报同级政府采购监督管理部门和有关部门备案。

《政府采购货物和服务招标投标管理办法》

第七十一条 采购人应当自中标通知书发出之日起30日内,按照招标文件和中标人投标文件的规定,与中标人签订书面合同。所签订的合同不得对招标文件确定的事项和中标人投标文件作实质性修改。

采购人不得向中标人提出任何不合理的要求作为签订合同的条件。

第七十二条 政府采购合同应当包括采购人与中标人的名称和住所、标的、数量、质量、价款或者报酬、履行期限及地点和方式、验收要求、违约责任、解决争议的方法等内容。

第七十三条 采购人与中标人应当根据合同的约定依法履行合同义务。

政府采购合同的履行、违约责任和解决争议的方法等适用《中华人民共和国合同法》。

2. 业务实践

政府采购合同是采购方与供应方约定权利、义务与责任的法律文本,对签约双方的行为具有法律约束力,并在双方发生纠纷时作为交涉的法律依据。关于政府采购合同的法律适用,《政府采购法》中明确规定政府采购合同适用《合同法》。但政府采购涉及国家机关单位执行国家公共职能以及公共利益等,需明确其与一般的民事法律关系的区别,也即政府采购合同除需依照《合同法》的相关规范履行,还需符合政府采购制度的要求。

（1）采购人与中标供应商应当按照招标文件和中标供应商投标文件的约定签订书面合同。所签订的合同不得对招标文件确定的事项和中标供应商投标文件作实质性的修改，也不得通过签署补充协议等方式对合同进行实质性变更。

（2）政府采购合同应当包括采购人与中标供应商的名称和住所、标的、数量、质量、价款或者报酬、履行期限及地点和方式、验收要求、违约责任、解决争议的方法等内容。

（3）政府采购合同在订立之后，采购人应当将合同副本报同级政府采购监督管理部门和有关部门备案。

（4）采购人应当及时组织对采购项目的验收。采购人可以邀请参加本项目的其他投标供应商或者第三方机构参与验收，并将相关意见作为验收书的参考资料一并存档。

（5）政府采购合同的双方当事人不得擅自变更、中止或者终止合同。政府采购合同继续履行将损害国家利益和社会公共利益的，双方当事人应当变更、中止或者终止合同。有过错的一方应当承担赔偿责任，双方都有过错的，各自承担相应的责任。

（6）政府采购合同的履行、违约责任和解决争议的方式等适用《合同法》。但如果供应商出现拒绝签署合同、拒绝履行合同或者履行合同不全面等情形，除根据《合同法》应当承担相应的违约责任之外，财政部门可以根据《政府采购法》第七十七条的规定给予一定的行政处罚，如罚款、记入供应商不良行为记录名单等。

第四节　案例与习题

一、案例

1. 某政府采购项目澄清公告发布

某货物公开招标，原定于 4 月 8 日开标，但直到 4 月 6 日，采购人才发现在向采购中心进行采购委托时，系统的技术参数中有一处致命的错误，并且还把某一种设备的数量搞错了，因此采购人立即将此情况向采购中心进行了通报。采购中心接到通知后，考虑到招标在即，若按原定时间开标无论如何也来不及，于是和采购人商量，将开标时间调整到 4 月 15 日，并随即在政府采购网上发布了有关本次公开招标开标时间和技术参数与设备数量调整的公告。为了保证所有潜在供应商看到上述公告，采购中心工作人员还逐个给获取了采购文件的供应商打了电话，以便告知此事。

问题：
采购中心在项目的上述做法中有无问题？

2. 某政府采购项目合同履约

4 月 11 日，某市建设局就热源厂设备采购安装项目进行公开招标，招标文件要求 6

月16日前供货；渣浆泵和热水循环泵底座配备减震器，每台泵配备1套机械密封备件。5月16日，泵业公司投标，并说明渣浆泵标准配置为不带公共底座；所供货物均包括两套备品备件，且备品备件为免费提供，不计入投标总价；所有货物于6月16日前到货。

后泵业公司中标，与某市建设局签订了采购合同，约定交货时间为某市建设局提前20天书面通知供货；泵业公司必须在招标文件要求时间内送到某市建设局指定的地点，供货日期每延误1天，按照合同价款的5‰进行处罚。后泵业公司将补水泵、一次网循环水泵、渣浆泵等货物交付某市建设局并安装完毕，但未提供两套渣浆泵备品备件及渣浆泵底座[①]。

问题：

泵业公司的行为是否构成违约？

3. 政府采购标准判断

某社会团体采用财政资金采购46套木制办公桌椅和32套书柜，合同估算价为25万元。在政府《集中采购目录》中包括"家具"一项，其限额标准为"单项或批量金额在10万元人民币以上"。经省级财政部门批准，本次采购由该社会团体采用竞争性谈判方式，确定了4家供应商参加谈判。

问题：

（1）针对本次采购，请设置一个完整的竞争性谈判程序并予以说明。

（2）怎样判断本项目是否为政府采购？

二、练习

1. 选择题

（1）某政府机关使用财政资金采购一批技术复杂的货物，采购预算为700万元。下列关于评标委员会的组成中，符合法律规定的是（   ）。

A. 招标人代表1人，没有采购代理机构代表，技术经济专家4人

B. 招标人代表3人，没有采购代理机构代表，技术经济专家4人

C. 招标人代表1人，采购代理机构代表1人，技术经济专家5人

D. 招标人代表2人，采购代理机构代表1人，技术经济专家6人

（2）下列方式中不属于政府采购方式的是（   ）。

A. 公开招标　　　　　　　　　B. 竞价采购

C. 询价采购　　　　　　　　　D. 竞争性谈判

（3）下列采购方式中需要在采购开始前进行公示的是（   ）。

A. 询价　　　　　　　　　　　B. 单一来源采购

C. 竞争性谈判　　　　　　　　D. 以上都是

[①] 资料来源：https://wenku.baidu.com/view/a5cb4fc9ad51f01dc281f1bb.html.

(4)关于政府采购程序,下列说法中正确的是( )。
A. 公开招标和单一来源采购都应当在财政部门指定的媒体公布中标或成交结果
B. 符合相应采购条件的都应当经有关财政部门同意后,才可以采用相应的政府采购方式
C. 采用竞争性谈判的,采购人应确定最低报价的供应商为成交单位
D. 采用询价方式采购的,采购人应从供应商候选名单中确定不少于3家供应商参加询价

(5)根据《政府采购货物与服务招标投标管理办法》,资格预审公告的发布期限应当为( )。
A. 5日   B. 5个工作日
C. 7个工作日   D. 7日

2. 问答题

哪些项目虽属于政府采购范围,但因其特殊性可以不适用《政府采购法》?

第九章　救济与法律责任

◇ **引导案例**

2018年12月20日，某公共资源交易监督管理局收到一封实名举报信，信中称：2017年5月2日，A企业伙同其他企业串通投标某项目。经公共资源交易监督管理局查证，上述违法行为属实，且造成国家巨大损失，情节严重。

◇ **案例解析**

在此案例中，依据《招标投标法》第五十三条，投标人A企业将承担行政责任，而依据《招标投标法实施条例》第六十七条、《刑法》第二百二十三条，投标人A企业将承担刑事责任。从上述案例可以看出，违规违法行为会承担不同的法律责任。

问题：两种法律责任是否仅承担一种即可？投标人A应先承担行政责任还是先承担刑事责任？

◇ **案例涉及主要知识点**

法律责任的种类、串通投标、责任承担的方式

◇ **学习导航**

- 掌握法律救济的概念、特点，异议、质疑和投诉的提起与区别，法律责任的种类与承担方式
- 思考异议和质疑的关系

◇ **教学建议**

- 备课要点：法律救济的特征、异议和质疑、投诉的程序、法律责任的分类
- 教授方法：案例、讲授、实证、启发式
- 扩展知识领域：异议和质疑的关系

第九章 救济与法律责任

第一节 基本概念

一、救济的概念与特征

1. 救济的概念

法律救济是指法律关系主体的合法权益受到侵犯并造成损害时，获得恢复和补救的法律制度。投标人和其他利害关系人认为招标投标活动不符合法律有关规定的，有权向招标人提出异议或者依法向有关行政监督部门投诉。因此招标投标过程中的救济途径是提出异议或投诉。

2. 救济的特征

（1）救济由法定机关受理。只能由法律授权的国家行政机关和人民法院受理并做出裁决。

（2）救济有严格的受理范围和审理程序。《行政复议法》（主席令第 16 号）、《行政诉讼法》（主席令第 16 号）、《民事诉讼法》（主席令第 44 号）和《国家赔偿法》（主席令第 23 号）分别作了明确规定，超出有关机关受理范围的将不予受理，违反法定程序则应承担法律责任。

（3）救济有明确的申请、起诉期限。申请行政复议期限为自知道具体行为之日起 60 日内；提出行政诉讼的期限为知道具体行政行为之日起 3 个月内，或者自收到行政复议决定书之日起 15 日内；提起国家赔偿要求的期限，为国家机关及其工作人员行使职权的行为被依法确认为违法之日起 2 年内；提起民事诉讼的一般时效为 2 年。除法律另有规定外，逾期将丧失申请、起诉权。

（4）救济的审理方式明确。行政复议原则上采取书面审理，特定情况下也采取调查取证、听取意见等方式审理；行政诉讼、民事诉讼一审采取开庭审理，二审视情况采取开庭审理或者书面审理。

（5）救济做出的决定具有法律效力，由国家强制力保证执行。不履行决定的，有关机关将依法强制执行。

二、法律责任的概念与特征

1. 法律责任的概念

法律责任是指招标人或者投标人因违反了法定义务或契约义务，或不当行使法律权利、权力所产生的，由行为人承担的不利后果。法律责任分为民事责任、刑事责任、行政责任与违宪责任和国家赔偿责任。

2. 法律责任的特征

（1）法律责任表示为一种因违反法律上的义务（包括违约等）关系而形成的责任关系，它以法律义务的存在为前提。
（2）法律责任还表示为一种责任方式，即承担不利后果。
（3）法律责任具有内在逻辑性，即存在前因与后果的逻辑关系。
（4）法律责任的追究是由国家强制力实施或者潜在保证的。

3. 法律责任的构成要件

法律责任的构成要件是指构成法律责任必须具备的各种条件或必须符合的标准，它是国家机关要求行为人承担法律责任时进行分析、判断的标准。根据违法行为的一般特点，我们把法律责任的构成要件概括为主体、过错、违法行为、损害事实和因果关系五个方面。

（1）主体。法律责任主体指违法主体或者承担法律责任的主体。责任主体不完全等同于违法主体。招标投标过程中的主体主要是投标方与招标方。
（2）违法行为或违约行为。违法行为是违反法律所规定的义务、超越权利的界限行使权利以及侵权行为的总称，违法行为包括犯罪行为和一般违法行为。
（3）损害事实。即受到的损失和伤害的事实，包括对人身、对财产、对精神（或者三方面兼有的）的损失和伤害。
（4）过错。过错即承担法律责任主体的主观故意或者过失。
（5）因果关系。即行为与损害之间的因果关系，它是存在于自然界和人类社会中的各种因果关系的特殊形式。

第二节 异议和质疑

一、异议

1. 法律法规规章摘要

《招标投标法》
第六十五条 投标人和其他利害关系人认为招标投标活动不符合本法有关规定的，有权向招标人提出异议或者依法向有关行政监督部门投诉。
《招标投标法实施条例》

第二十二条 潜在投标人或者其他利害关系人对资格预审文件有异议的，应当在提交资格预审申请文件截止时间 2 日前提出；对招标文件有异议的，应当在投标截止时间 10 日前提出。招标人应当自收到异议之日起 3 日内作出答复；作出答复前，应当暂停招标投标活动。

第四十四条 投标人对开标有异议的，应当在开标现场提出，招标人应当当场作出答复，并制作记录。

第五十四条 投标人或者其他利害关系人对依法必须进行招标的项目的评标结果有异议的，应当在中标候选人公示期间提出。招标人应当自收到异议之日起 3 日内作出答复；作出答复前，应当暂停招标投标活动。

第六十条 就本条例第二十二条、第四十四条、第五十四条规定事项投诉的，应当先向招标人提出异议，异议答复期间不计算在前款规定的期限内。

2. 业务实践

在招标投标活动中，投标人或利害关系人在一定情形下，可以向招标人或招标代理机构提出疑问、主张权利，按照法律规定的渠道寻求救济，维护自己的合法权益。

在《招标投标法》中，仅有第六十五条提及"异议"一词。从该条规定中可以看出，《招标投标法》赋予当事人提出异议的适用条件，仅限于招标投标活动违背《招标投标法》相关规定的情形。2012 年正式实施的《招标投标法实施条例》对异议的提起、答复等方面作了完善、细化和补充。《招标投标法实施条例》涉及异议的规定共有四个条款。从相关表述来看，《招标投标法实施条例》未对异议的适用情形进行扩充，依然仅限于《招标投标法》所规定的违法情节。当事人提出异议时，应当遵守《招标投标实施条例》第二十二条、第四十四条和第五十四条规定的时限要求；而当事人采取询问函、澄清要求等方式对招标文件（或资格预审文件）表达疑问时，法律对其提起时限尚无规定。

二、政府采购项目的质疑

1. 法律法规规章摘要

《政府采购法》

第五十二条 供应商认为采购文件、采购过程和中标、成交结果使自己的权益受到损害的，可以在知道或者应知其权益受到损害之日起七个工作日内，以书面形式向采购人提出质疑。

第五十三条 采购人应当在收到供应商的书面质疑后七个工作日内作出答复，并以书面形式通知质疑供应商和其他有关供应商，但答复的内容不得涉及商业秘密。

第五十四条 采购人委托采购代理机构采购的，供应商可以向采购代理机构提出询问或者质疑，采购代理机构应当依照本法第五十一条、第五十三条的规定就采购人委托授权范围内的事项作出答复。

《政府采购法实施条例》

第五十二条 采购人或者采购代理机构应当在3个工作日内对供应商依法提出的询问作出答复。

供应商提出的询问或者质疑超出采购人对采购代理机构委托授权范围的，采购代理机构应当告知供应商向采购人提出。

政府采购评审专家应当配合采购人或者采购代理机构答复供应商的询问和质疑。

第五十三条 政府采购法第五十二条规定的供应商应知其权益受到损害之日，是指：

（一）对可以质疑的采购文件提出质疑的，为收到采购文件之日或者采购文件公告期限届满之日；

（二）对采购过程提出质疑的，为各采购程序环节结束之日；

（三）对中标或者成交结果提出质疑的，为中标或者成交结果公告期限届满之日。

第五十四条 询问或者质疑事项可能影响中标、成交结果的，采购人应当暂停签订合同，已经签订合同的，应当中止履行合同。

第五十五条 供应商质疑、投诉应当有明确的请求和必要的证明材料。供应商投诉的事项不得超出已质疑事项的范围。

《政府采购质疑和投诉办法》（财政部令第94号）

第十条 供应商认为采购文件、采购过程、中标或者成交结果使自己的权益受到损害的，可以在知道或者应知其权益受到损害之日起7个工作日内，以书面形式向采购人、采购代理机构提出质疑。

采购文件可以要求供应商在法定质疑期内一次性提出针对同一采购程序环节的质疑。

第十一条 提出质疑的供应商（以下简称质疑供应商）应当是参与所质疑项目采购活动的供应商。

潜在供应商已依法获取其可质疑的采购文件的，可以对该文件提出质疑。对采购文件提出质疑的，应当在获取采购文件或者采购文件公告期限届满之日起7个工作日内提出。

第十二条 供应商提出质疑应当提交质疑函和必要的证明材料。质疑函应当包括下列内容：

（一）供应商的姓名或者名称、地址、邮编、联系人及联系电话；

（二）质疑项目的名称、编号；

（三）具体、明确的质疑事项和与质疑事项相关的请求；

（四）事实依据；

（五）必要的法律依据；

（六）提出质疑的日期。

供应商为自然人的，应当由本人签字；供应商为法人或者其他组织的，应当由法定代表人、主要负责人，或者其授权代表签字或者盖章，并加盖公章。

第十三条 采购人、采购代理机构不得拒收质疑供应商在法定质疑期内发出的质疑函，应当在收到质疑函后7个工作日内作出答复，并以书面形式通知质疑供应商和其他有关供应商。

第十五条 质疑答复应当包括下列内容：

（一）质疑供应商的姓名或者名称；

（二）收到质疑函的日期、质疑项目名称及编号；

（三）质疑事项、质疑答复的具体内容、事实依据和法律依据；

（四）告知质疑供应商依法投诉的权利；

（五）质疑答复人名称；

（六）答复质疑的日期。

质疑答复的内容不得涉及商业秘密。

2. 业务实践

政府采购项目的质疑是指政府供应商认为采购文件、采购过程、中标或者成交结果使自己的权益受到损害的，可以在知道或者应知其权益受到损害之日起 7 个工作日内以书面形式向采购人、采购代理机构提出质疑。由此可见，政府采购供应商可以提起质疑的情形是只要当事人认为自己的权益受到损害，即可向采购人（含采购人委托的代理机构）提出质疑。《政府采购质疑和投诉办法》对提出质疑的主体和时间以及采购人答复质疑的时限和形式也做了明确规定，这有利于实现供应商采用质疑方式维权的效果。提出质疑的供应商必须提交书面的《质疑函》和必要的证明材料，《质疑函》是供应商向采购人或者采购代理机构提出质疑的正式法律文书。供应商对评审过程、中标或者成交结果提出质疑的，采购人、采购代理机构可以组织原评标委员会、竞争性谈判小组、询价小组或者竞争性磋商小组协助答复质疑。

三、招标投标法体系中的异议和政府采购法体系中的质疑的区别

在规制我国公共采购领域的两大法律中，招标投标法体系将这种由一方当事人向另一方当事人主张权利的救济方式称为异议，政府采购法体系则称之为质疑。一般认为，从《招标投标法》和《政府采购法》的规定来看，异议和质疑本质上没有太大区别，都是招标投标当事人之间解决争议的一种方式。从立法层面来看，异议（质疑）制度的设置有助于招标投标当事人之间进行直接沟通与协商，有利于友好、高效、妥善地解决争议。从实践层面来看，异议、质疑也是招标投标当事人之间极为常见的处理争议的有效方式。尽管异议、质疑都是法律明确规定的救济手段，但在《招标投标法》和《政府采购法》中异议和质疑仍有一些差异，主要体现在以下几个方面：

1. 提出主体

根据《招标投标法实施条例》第二十二条、第四十四条、第五十三条的规定，异议主体主要为投标人或潜在投标人。此外，作为异议主体的其他利害关系人包括范围很广：招标人、评标专家、监督部门甚至任何能证明利害关系的法人或自然人均可是异议主体。根据《政府采购质疑和投诉办法》第十一条的规定，提出质疑的供应商应当是参与所质疑项目采购活动的供应商和潜在供应商。

2. 提出时限

根据《招标投标法实施条例》的规定，潜在投标人或者其他利害关系人对资格预审文件有异议的，应当在提交资格预审申请文件截止时间 2 日前提出；对招标文件有异议的，应当在投标截止时间 10 日前提出。投标人对开标有异议的，应当在开标现场提出。投标人或者其他利害关系人对依法必须进行招标的项目的评标结果有异议的，应当在中标候选人公示期间提出。根据《政府采购质疑和投诉办法》规定，供应商可以在知道或者应知其权益受到损害之日起 7 个工作日内向采购人、采购代理机构提出质疑，潜在供应商已依法获取其可质疑的采购文件的，应当在获取采购文件或者采购文件公告期限届满之日起 7 个工作日内提出质疑。

3. 提出方式

《招标投标法实施条例》并未对异议的提出方式作特别规定，而政府采购项目供应商须以书面形式向采购人、采购代理机构提出质疑。

4. 答复期限

根据《招标投标法实施条例》的规定，招标人应当自收到对资格预审文件的异议之日起 3 日内作出答复；作出答复前，应当暂停招标投标活动。投标人对开标有异议的，招标人应当当场作出答复，并制作记录。招标人应当自收到对招标项目结果异议之日起 3 日内作出答复；作出答复前，应当暂停招标投标活动。根据《政府采购质疑和投诉办法》规定，采购人、采购代理机构应当在收到质疑函后 7 个工作日内作出答复，并以书面形式通知质疑供应商和其他有关供应商。

5. 适用情形

在《招标投标法》中，仅有第六十五条提及"异议"一词。《招标投标法》第六十五条规定，投标人和其他利害关系人认为招标投标活动不符合本法有关规定的，有权向招标人提出异议或者依法向有关行政监督部门投诉。《招标投标法》赋予当事人提出异议的适用条件，仅限于招标投标活动违背《招标投标法》相关规定的情形。政府采购活动的质疑与工程招标投标活动中的异议，在适用情形上有较大区别。《政府采购法》第五十二条规定，供应商认为采购文件、采购过程和中标、成交结果使自己的权益受到损害的，可以在知道或者应知其权益受到损害之日起 7 个工作日内，以书面形式向采购人提出质疑。《政府采购质疑和投诉办法》第十条规定，供应商认为采购文件、采购过程、中标或者成交结果使自己的权益受到损害的，可以在知道或者应知其权益受到损害之日起 7 个工作日内，以书面形式向采购人、采购代理机构提出质疑。由此可见，在政府采购法体系中，供应商可以提起质疑的情形不仅限于"违法情节"，只要当事人认为自己的权益受到损害，即可向采购人提出质疑。

第三节　投诉

一、工程建设项目

1. 法律法规规章摘要

《工程建设项目招标投标活动投诉处理办法》（国家发展改革委等七部委令第11号）

第三条　投标人或者其他利害关系人认为招标投标活动不符合法律、法规和规章规定的，有权依法向有关行政监督部门投诉。

前款所称其他利害关系人是指投标人以外的、与招标项目或者招标活动有直接和间接利益关系的法人、其他组织和自然人。

第七条　投诉人投诉时，应当提交投诉书。投诉书应当包括下列内容：

（一）投诉人的名称、地址及有效联系方式；

（二）被投诉人的名称、地址及有效联系方式；

（三）投诉事项的基本事实；

（四）相关请求及主张；

（五）有效线索和相关证明材料。

对招标投标法实施条例规定应先提出异议的事项进行投诉的，应当附提出异议的证明文件。已向有关行政监督部门投诉的，应当一并说明。

第四条　各级发展改革、工业和信息化、住房城乡建设、水利、交通运输、铁道、商务、民航等招标投标活动行政监督部门，依照《国务院办公厅印发国务院有关部门实施招标投标活动行政监督的职责分工的意见的通知》（国办发〔2000〕34号）和地方各级人民政府规定的职责分工，受理投诉并依法做出处理决定。对国家重大建设项目（含工业项目）招标投标活动的投诉，由国家发展改革委受理并依法做出处理决定。对国家重大建设项目招标投标活动的投诉，有关行业行政监督部门已经收到的，应当通报国家发展改革委，国家发展改革委不再受理。

第十五条　行政监督部门调查取证时，应当由两名以上行政执法人员进行，并做笔录，交被调查人签字确认。

第十六条　在投诉处理过程中，行政监督部门应当听取被投诉人的陈述和申辩，必要时可通知投诉人和被投诉人进行质证。

第十七条　行政监督部门负责处理投诉的人员应当严格遵守保密规定，对于在投诉处理过程中所接触到的国家秘密、商业秘密应当予以保密，也不得将投诉事项透露给与投诉无关的其他单位和个人。

第十八条　行政监督部门处理投诉，有权查阅、复制有关文件、资料，调查有关情况，相关单位和人员应当予以配合。必要时，行政监督部门可以责令暂停招标投标活动。

对行政监督部门依法进行的调查，投诉人、被投诉人以及评标委员会成员等与投诉事项有关的当事人应当予以配合，如实提供有关资料及情况，不得拒绝、隐匿或者伪报。

第十九条　投诉处理决定做出前，投诉人要求撤回投诉的，应当以书面形式提出并说明理由，由行政监督部门视以下情况，决定是否准予撤回：

（一）已经查实有明显违法行为的，应当不准撤回，并继续调查直至做出处理决定；

（二）撤回投诉不损害国家利益、社会公共利益或者其他当事人合法权益的，应当准予撤回，投诉处理过程终止。投诉人不得以同一事实和理由再提出投诉。

第二十条　行政监督部门应当根据调查和取证情况，对投诉事项进行审查，按照下列规定做出处理决定：

（一）投诉缺乏事实根据或者法律依据的，或者投诉人捏造事实、伪造材料或者以非法手段取得证明材料进行投诉的，驳回投诉；

（二）投诉情况属实，招标投标活动确实存在违法行为的，依据《中华人民共和国招标投标法》、《中华人民共和国招标投标法实施条例》及其他有关法规、规章做出处罚。

第二十一条　负责受理投诉的行政监督部门应当自受理投诉之日起三十个工作日内，对投诉事项做出处理决定，并以书面形式通知投诉人、被投诉人和其他与投诉处理结果有关的当事人。需要检验、检测、鉴定、专家评审的，所需时间不计算在内。

第二十二条　投诉处理决定应当包括下列主要内容：

（一）投诉人和被投诉人的名称、住址；

（二）投诉人的投诉事项及主张；

（三）被投诉人的答辩及请求；

（四）调查认定的基本事实；

（五）行政监督部门的处理意见及依据。

2. 业务实践

根据《工程建设项目招标投标活动投诉处理办法》，项目招标投标过程中，投标人或者其他利害关系人认为招标投标活动不符合法律、法规和规章规定的，有权依法向有关行政监督部门投诉。其他利害关系人是指投标人以外的，与招标项目或者招标活动有直接和间接利益关系的法人、其他组织和自然人。投诉人可以自己直接投诉，也可以委托代理人办理投诉事务。代理人办理投诉事务时应将授权委托书连同投诉书一并提交给行政监督部门。授权委托书应当明确有关委托代理权限和事项。投诉人不得以投诉为名排挤竞争对手，不得进行虚假、恶意投诉，阻碍招标投标活动的正常进行。

各级发展改革、工业和信息化、住房城乡建设、水利、交通运输、铁道、商务、民航等招标投标活动行政监督部门，依照《国务院办公厅印发国务院有关部门实施招标投标活动行政监督的职责分工的意见的通知》和地方各级人民政府规定的职责分工，受理投诉并依法做出处理决定。对国家重大建设项目（含工业项目）招标投标活动的投诉，由国家发展改革委受理并依法做出处理决定。对国家重大建设项目招标投标活动的投诉，有关行业行政监督部门已经收到的，应当通报国家发展改革委，国家发展改革委不再受理。

投诉人投诉时应当提交投诉书。投诉书应当包括下列内容：①投诉人的名称、地址及有效联系方式；②被投诉人的名称、地址及有效联系方式；③投诉事项的基本事实；④相关请求及主张；⑤有效线索和相关证明材料。对《招标投标法实施条例》规定应先提出异议的事项进行投诉的应当附提出异议的证明文件。已向有关行政监督部门投诉的应当一并说明。

投诉人是法人的，投诉书必须由其法定代表人或者授权代表签字并盖章；其他组织或者自然人投诉的，投诉书必须由其主要负责人或者投诉人本人签字，并附有效身份证明复印件。投诉书有关材料是外文的，投诉人应当同时提供其中文译本。

行政监督部门受理投诉后应当调取、查阅有关文件，调查、核实有关情况。对情况复杂、涉及面广的重大投诉事项，有权受理投诉的行政监督部门可以会同其他有关的行政监督部门进行联合调查，共同研究后由受理部门做出处理决定。行政监督部门调查取证时应当由两名以上行政执法人员进行，并做笔录，交被调查人签字确认。

在投诉处理过程中，行政监督部门应当听取被投诉人的陈述和申辩，必要时可通知投诉人和被投诉人进行质证。行政监督部门负责处理投诉的人员应当严格遵守保密规定，对于在投诉处理过程中所接触到的国家秘密、商业秘密应当予以保密，也不得将投诉事项透露给与投诉无关的其他单位和个人。行政监督部门处理投诉，有权查阅、复制有关文件、资料，调查有关情况，相关单位和人员应当予以配合。必要时，行政监督部门可以责令暂停招标投标活动。对行政监督部门依法进行的调查，投诉人、被投诉人以及评标委员会成员等与投诉事项有关的当事人应当予以配合，如实提供有关资料及情况，不得拒绝、隐匿或者伪报。投诉处理决定做出前，投诉人要求撤回投诉的，应当以书面形式提出并说明理由，由行政监督部门视情况决定是否准予撤回。行政监督部门应当根据调查和取证情况，对投诉事项进行审查，按照规定做出处理决定。负责受理投诉的行政监督部门应当自受理投诉之日起 30 个工作日内，对投诉事项做出处理决定，并以书面形式通知投诉人、被投诉人和其他与投诉处理结果有关的当事人。需要检验、检测、鉴定、专家评审的，所需时间不计算在内。行政监督部门处理投诉时，应当坚持公平、公正、高效原则，维持国家利益、社会公共利益和招标投标当事人的合法权益。

拓展阅读：想了解更多延伸知识吗？
扫描二维码即可阅读哦！

二、机电产品国际招标项目

1. 法律法规规章摘要

第八十二条　投标人或者其他利害关系人认为招标投标活动不符合法律、行政法规及本办法规定的，可以自知道或者应当知道之日起 10 日内向相应主管部门投诉。

就本办法第三十六条、第四十八条、第六十九条规定事项投诉的，应当先向招标人提出异议，异议答复期间不计算在前款规定的期限内。就异议事项投诉的，招标人或招标机构应当在该项目被网上投诉后 3 日内，将异议相关材料提交相应的主管部门。

第八十三条　投诉人应当于投诉期内在招标网上填写《投诉书》（就异议事项进行投诉的，应当提供异议和异议答复情况及相关证明材料），并将由投诉人单位负责人或单位负责人授权的人签字并盖章的《投诉书》、单位负责人证明文件及相关材料在投诉期内送达相应的主管部门。境外投诉人所在企业无印章的，以单位负责人或单位负责人授权的人签字为准。

投诉应当有明确的请求和必要的证明材料。投诉有关材料是外文的，投诉人应当同时提供其中文译本，并以中文译本为准。

投诉人应保证其提出投诉内容及相应证明材料的真实性及来源的合法性，并承担相应的法律责任。

第八十四条　主管部门应当自收到书面投诉书之日起 3 个工作日内决定是否受理投诉，并将是否受理的决定在招标网上告知投诉人。主管部门应当自受理投诉之日起 30 个工作日内作出书面处理决定，并将书面处理决定在招标网上告知投诉人；需要检验、检测、鉴定、专家评审的，以及监察机关依法对与招标投标活动有关的监察对象实施调查并可能影响投诉处理决定的，所需时间不计算在内。使用国外贷款、援助资金的项目，需征求资金提供方意见的，所需时间不计算在内。

主管部门在处理投诉时，有权查阅、复制有关文件、资料，调查有关情况，相关单位和人员应当予以配合。必要时，主管部门可以责令暂停招标投标活动。

主管部门在处理投诉期间，招标人或招标机构应当就投诉的事项协助调查。

第八十九条　投诉处理决定作出前，经主管部门同意，投诉人可以撤回投诉。投诉人申请撤回投诉的，应当以书面形式提交给主管部门，并同时在网上提出撤回投诉申请。已经查实投诉内容成立的，投诉人撤回投诉的行为不影响投诉处理决定。投诉人撤回投诉的，不得以同一的事实和理由再次进行投诉。

第九十条　主管部门经审查，对投诉事项可作出下列处理决定：

（一）投诉内容未经查实前，投诉人撤回投诉的，终止投诉处理；

（二）投诉缺乏事实根据或者法律依据的，以及投诉人捏造事实、伪造材料或者以非法手段取得证明材料进行投诉的，驳回投诉；

（三）投诉情况属实，招标投标活动确实存在不符合法律、行政法规和本办法规定的，依法作出招标无效、投标无效、中标无效、修改资格预审文件或者招标文件等决定。

2. 业务实践

机电产品国际招标项目，投标人或者其他利害关系人认为招标投标活动不符合法律、行政法规及本办法规定的，可以自知道或者应当知道之日起 10 日内向相应主管部门（地方机电办或商务部门）投诉。

就《机电产品国际招标投标实施办法》（以下称该办法）第三十六条规定事项进行投诉的，潜在投标人或者其他利害关系人应当在自领购资格预审文件或招标文件 10 日内向相应的主管部门提出;就该办法第四十八条规定事项进行投诉的,投标人或者其他利害关系人应当在自开标 10 日内向相应的主管部门提出;就该办法第六十九条规定事项进行投诉的,投标人或者其他利害关系人应当在自评标结果公示结束 10 日内向相应的主管部门提出。就该办法第三十六条、第四十八条、第六十九条规定事项投诉的,应当先向招标人提出异议,异议答复期间不计算在前款规定的期限内。就异议事项投诉的,招标人或招标机构应当在该项目被网上投诉后 3 日内,将异议相关材料提交相应的主管部门。

投诉人应当于投诉期内在招标网上填写《投诉书》(就异议事项进行投诉的,应当提供异议和异议答复情况及相关证明材料),并将由投诉人单位负责人或单位负责人授权的人签字并盖章的《投诉书》、单位负责人证明文件及相关材料在投诉期内送达相应的主管部门。境外投诉人所在企业无印章的,以单位负责人或单位负责人授权的人签字为准。投诉应当有明确的请求和必要的证明材料。投诉有关材料是外文的,投诉人应当同时提供其中文译本,并以中文译本为准。投诉人应保证其提出投诉内容及相应证明材料的真实性及来源的合法性,并承担相应的法律责任。

主管部门应当自收到书面投诉书之日起 3 个工作日内决定是否受理投诉,并将是否受理的决定在招标网上告知投诉人。

主管部门应当自受理投诉之日起 30 个工作日内做出书面处理决定,并将书面处理决定在招标网上告知投诉人;需要检验、检测、鉴定、专家评审的,以及监察机关依法对与招标投标活动有关的监察对象实施调查并可能影响投诉处理决定的,所需时间不计算在内。使用国外贷款、援助资金的项目,需征求资金提供方意见的,所需时间不计算在内。主管部门在处理投诉时,有权查阅、复制有关文件、资料,调查有关情况,相关单位和人员应当予以配合。必要时,主管部门可以责令暂停招标投标活动。主管部门在处理投诉期间,招标人或招标机构应当就投诉的事项协助调查。在评标结果投诉处理过程中,发现招标文件重要商务或技术条款(参数)出现内容错误、前后矛盾或与国家相关法律法规不一致的情形,影响评标结果公正性的,当次招标无效,主管部门将在招标网上予以公布。

招标人对投诉的内容无法提供充分解释和说明的,主管部门可以自行组织或者责成招标人、招标机构组织专家就投诉的内容进行评审。就该办法第三十六条规定事项投诉的,招标人或招标机构应当从专家库中随机抽取 3 人以上单数评审专家。评审专家不得作为同一项目包的评标专家。就该办法第六十九条规定事项投诉的,招标人或招标机构应当从国家级专家库中随机抽取评审专家,国家级专家不足时,可从地方级专家库中补充,但国家级专家不得少于 2/3。评审专家不得包含参与该项目包评标的专家,并且专家人数不得少于评标专家人数。

投诉人拒绝配合主管部门依法进行调查的,被投诉人不提交相关证据、依据和其他有关材料的,主管部门按照现有可获得的材料对相关投诉依法做出处理。投诉处理决定做出前,经主管部门同意,投诉人可以撤回投诉。投诉人申请撤回投诉的,应当以书面形式提交给主管部门,并同时在网上提出撤回投诉申请。已经查实投诉内容成立的,投诉人撤回投诉的行为不影响投诉处理决定。投诉人撤回投诉的,不得以同一的事实和理由再次进行投诉。

三、政府采购项目

1. 法律法规规章摘要

《政府采购法》

第五十五条 质疑供应商对采购人、采购代理机构的答复不满意或者采购人、采购代理机构未在规定的时间内作出答复的,可以在答复期满后十五个工作日内向同级政府采购监督管理部门投诉。

第五十六条 政府采购监督管理部门应当在收到投诉后三十个工作日内,对投诉事项作出处理决定,并以书面形式通知投诉人和与投诉事项有关的当事人。

第五十七条 政府采购监督管理部门在处理投诉事项期间,可以视具体情况书面通知采购人暂停采购活动,但暂停时间最长不得超过三十日。

第五十八条 投诉人对政府采购监督管理部门的投诉处理决定不服或者政府采购监督管理部门逾期未作处理的,可以依法申请行政复议或者向人民法院提起行政诉讼。

《政府采购法实施条例》

第五十五条 供应商质疑、投诉应当有明确的请求和必要的证明材料。供应商投诉的事项不得超出已质疑事项的范围。

第五十六条 财政部门处理投诉事项采用书面审查的方式,必要时可以进行调查取证或者组织质证。

对财政部门依法进行的调查取证,投诉人和与投诉事项有关的当事人应当如实反映情况,并提供相关材料。

第五十七条 投诉人捏造事实、提供虚假材料或者以非法手段取得证明材料进行投诉的,财政部门应当予以驳回。

财政部门受理投诉后,投诉人书面申请撤回投诉的,财政部门应当终止投诉处理程序。

第五十八条 财政部门处理投诉事项,需要检验、检测、鉴定、专家评审以及需要投诉人补正材料的,所需时间不计算在投诉处理期限内。

财政部门对投诉事项作出的处理决定,应当在省级以上人民政府财政部门指定的媒体上公告。

《政府采购质疑和投诉办法》

第六条 供应商投诉按照采购人所属预算级次,由本级财政部门处理。

跨区域联合采购项目的投诉,采购人所属预算级次相同的,由采购文件事先约定的财政部门负责处理,事先未约定的,由最先收到投诉的财政部门负责处理;采购人所属预算级次不同的,由预算级次最高的财政部门负责处理。

第十七条 质疑供应商对采购人、采购代理机构的答复不满意,或者采购人、采购代理机构未在规定时间内作出答复的,可以在答复期满后15个工作日内向本办法第六条规定的财政部门提起投诉。

第二十二条 被投诉人和其他与投诉事项有关的当事人应当在收到投诉答复通知书及投诉书副本之日起 5 个工作日内，以书面形式向财政部门作出说明，并提交相关证据、依据和其他有关材料。

第二十三条 财政部门处理投诉事项原则上采用书面审查的方式。财政部门认为有必要时，可以进行调查取证或者组织质证。

财政部门可以根据法律、法规规定或者职责权限，委托相关单位或者第三方开展调查取证、检验、检测、鉴定。

质证应当通知相关当事人到场，并制作质证笔录。质证笔录应当由当事人签字确认。

第二十四条 财政部门依法进行调查取证时，投诉人、被投诉人以及与投诉事项有关的单位及人员应当如实反映情况，并提供财政部门所需要的相关材料。

第二十五条 应当由投诉人承担举证责任的投诉事项，投诉人未提供相关证据、依据和其他有关材料的，视为该投诉事项不成立；被投诉人未按照投诉答复通知书要求提交相关证据、依据和其他有关材料的，视同其放弃说明权利，依法承担不利后果。

第二十六条 财政部门应当自收到投诉之日起 30 个工作日内，对投诉事项作出处理决定。

第二十八条 财政部门在处理投诉事项期间，可以视具体情况书面通知采购人和采购代理机构暂停采购活动，暂停采购活动时间最长不得超过 30 日。

2. 业务实践

质疑供应商对采购人、采购代理机构的答复不满意，或者采购人、采购代理机构未在规定时间内作出答复的，可以在答复期满后 15 个工作日内向《政府采购质疑和投诉办法》第六条规定的财政部门提起投诉。由此可知，质疑是提起投诉的前置条件，供应商投诉的事项不得超出已质疑事项的范围，但基于质疑答复内容提出的投诉事项除外。

投诉人投诉时应当提交投诉书和必要的证明材料，并按照被投诉采购人、采购代理机构（以下简称被投诉人）和与投诉事项有关的供应商数量提供投诉书的副本。投诉书应当包括下列内容：①投诉人和被投诉人的姓名或者名称、通信地址、邮编、联系人及联系电话；②质疑和质疑答复情况说明及相关证明材料；③具体、明确的投诉事项和与投诉事项相关的投诉请求；④事实依据；⑤法律依据；⑥提起投诉的日期。

《政府采购质疑和投诉办法》还规定，财政部门收到投诉书后，应当在 5 个工作日内进行审查，财政部门处理投诉事项原则上采用书面审查的方式。财政部门认为有必要时可以进行调查取证或者组织质证。财政部门可以根据法律、法规规定或者职责权限委托相关单位或者第三方开展调查取证、检验、检测、鉴定。财政部门应当自收到投诉之日起 30 个工作日内，对投诉事项做出处理决定。财政部门在处理投诉事项期间可以视具体情况书面通知采购人和采购代理机构暂停采购活动，暂停采购活动时间最长不得超过 30 日。采购人和采购代理机构收到暂停采购活动通知后应当立即中止采购活动，在法定的暂停期限结束前或者财政部门发出恢复采购活动通知前，不得进行该项采购活动。

投诉处理过程中，发现存在投诉不符合法定受理条件、投诉事项缺乏事实依据导致投诉事项不成立，或者投诉人捏造事实或者提供虚假材料、投诉人以非法手段取得证明材料这四种情况之一的，财政部门应当驳回投诉。财政部门受理投诉后，投诉人书面申请撤回投诉的，财政部门应当终止投诉处理程序，并书面告知相关当事人。财政部门做出处理决定，应当制作投诉处理决定书，并加盖公章。财政部门应当将投诉处理决定书送达投诉人和与投诉事项有关的当事人，并及时将投诉处理结果在省级以上财政部门指定的政府采购信息发布媒体上公告。财政部门应当建立投诉处理档案管理制度，并配合有关部门依法进行监督检查。

第四节　法律责任

从我国《招标投标法》和《招标投标法实施条例》对于招标投标过程中招标人和投标人法律责任的规定可以看出，责任承担主要是以行政责任为主，辅之以必要的民事责任，参与主体的行为构成犯罪的，需要承担刑事责任。

一、民事法律责任

1. 法律法规规章摘要

《招标投标法》

第五十条　招标代理机构违反本法规定，泄露应当保密的与招标投标活动有关的情况和资料的，或者与招标人、投标人串通损害国家利益、社会公共利益或者他人合法权益的，处五万元以上二十五万元以下的罚款，对单位直接负责的主管人员和其他直接责任人员处单位罚款数额百分之五以上百分之十以下的罚款；有违法所得的，并处没收违法所得；情节严重的，暂停直至取消招标代理资格；构成犯罪的，依法追究刑事责任。给他人造成损失的，依法承担赔偿责任。

前款所列行为影响中标结果的，中标无效。

第五十三条　投标人相互串通投标或者与招标人串通投标的，投标人以向招标人或者评标委员会成员行贿的手段谋取中标的，中标无效，处中标项目金额千分之五以上千分之十以下的罚款，对单位直接负责的主管人员和其他直接责任人员处单位罚款数额百分之五以上百分之十以下的罚款；有违法所得的，并处没收违法所得；情节严重的，取消其一年至二年内参加依法必须进行招标的项目的投标资格并予以公告，直至由工商行政管理机关吊销营业执照；构成犯罪的，依法追究刑事责任。给他人造成损失的，依法承担赔偿责任。

第五十四条　投标人以他人名义投标或者以其他方式弄虚作假，骗取中标的，中标无效，给招标人造成损失的，依法承担赔偿责任；构成犯罪的，依法追究刑事责任。

第六十条　中标人不履行与招标人订立的合同的，履约保证金不予退还，给招标人造成的损失超过履约保证金数额的，还应当对超过部分予以赔偿；没有提交履约保证金的，应当对招标人的损失承担赔偿责任。

《招标投标法实施条例》

第六十六条 招标人超过本条例规定的比例收取投标保证金、履约保证金或者不按照规定退还投标保证金及银行同期存款利息的，由有关行政监督部门责令改正，可以处5万元以下的罚款；给他人造成损失的，依法承担赔偿责任。

第七十三条 依法必须进行招标的项目的招标人有下列情形之一的，由有关行政监督部门责令改正，可以处中标项目金额10‰以下的罚款；给他人造成损失的，依法承担赔偿责任；对单位直接负责的主管人员和其他直接责任人员依法给予处分：

（一）无正当理由不发出中标通知书；
（二）不按照规定确定中标人；
（三）中标通知书发出后无正当理由改变中标结果；
（四）无正当理由不与中标人订立合同；
（五）在订立合同时向中标人提出附加条件。

第七十七条 投标人或者其他利害关系人捏造事实、伪造材料或者以非法手段取得证明材料进行投诉，给他人造成损失的，依法承担赔偿责任。

2. 业务实践

（1）招标人需承担民事法律责任的违法行为。根据《招标投标法》及《招标投标法实施条例》的规定，招标人需承担民事法律责任的违法行为，主要可以分为导致违法招标、中标无效和其他违法行为。

其中，招标人的下列违法招标行为会被责令改正：①依法必须进行招标的项目而不招标的，将依法必须进行招标的项目化整为零或者以其他任何方式规避招标的；②以不合理的条件限制或者排斥潜在投标人的，对潜在投标人实行歧视待遇的，强制要求投标人组成联合体共同投标的，或者限制投标人之间竞争的；③招标人与中标人不按照招标文件和中标人的投标文件订立合同的，或者招标人、中标人订立背离合同实质性内容的协议的；④依法必须进行招标的项目的招标人不按照规定组建评标委员会，或者确定、更换评标委员会成员违反规定的；⑤依法应当公开招标而采用邀请招标；⑥招标文件、资格预审文件的发售、澄清、修改的时限，或者确定的提交资格预审申请文件、投标文件的时限不符合规定的；⑦接受未通过资格预审的单位或者个人参加投标；⑧接受应当拒收的投标文件。

招标人的下列违法行为将导致中标无效：①泄露应当保密的与招标投标活动有关的情况和资料的，或者与招标人、投标人串通损害国家利益、社会公共利益或者他人合法权益的，且前述行为影响中标结果的；②依法必须进行招标的项目的招标人向他人透露已获取招标文件的潜在投标人的名称、数量或者可能影响公平竞争的有关招标投标的其他情况的，或者泄露标底的，且前述行为影响中标结果的；③依法必须进行招标的项目，招标人违反本法规定，与投标人就投标价格、投标方案等实质性内容进行谈判，且前述行为影响中标结果的；④招标人在评标委员会依法推荐的中标候选人以外确定中标人的，依法必须进行招标的项目在所有投标被评标委员会否决后自行确定中标人的。

此外，招标人应承担民事责任的其他违法行为还包括招标人超过规定的比例收取投标保证金、履约保证金或者不按照规定退还投标保证金及银行同期存款利息。

（2）招标人承担民事责任的方式。根据《招标投标法》、《招标投标法实施条例》及相关规定，招标人承担民事责任的方式主要包括：①停止违法行为，采取补救措施。补救方式主要有招标人重新组织评标、招标人重新招标、招标人与中标人重新订立合同、招标人有权在其余投标人中重新确定中标人等。②恢复原状、赔偿损失。中标无效的招标人已与中标人签订书面合同的，合同无效，应当恢复原状，因该合同取得的财产，应当予以返还或者没有必要返还的应当折价补偿。有过错的一方应赔偿对方因此所遭受的损失，双方都有过错的，应当承担各自相应的责任。

（3）投标人的民事责任。

投标人的民事责任，是指投标人因不履行法定义务或违反合同而依法应当承担的民事法律后果。投标人承担民事责任的主要方式表现为：中标无效、承担赔偿责任、履约保证金不予退回等。

1）中标无效的民事责任。《招标投标法》第五十三条规定，投标人相互串通投标或者与招标人串通投标的，投标人以向招标人或者评标委员会成员行贿的手段谋取中标的，中标无效。《招标投标法》第五十四条规定，投标人以他人名义投标或者以其他方式弄虚作假，骗取中标的，中标无效。投标人以他人名义投标一般出于以下几种原因：投标人没有承担招标项目的能力；投标人不具备国家要求的或招标文件要求的从事该招标项目的资质；投标人曾因违法行为而被工商机关吊销营业执照；因违法行为而被有关行政监督部门在一定期限内取消其从事相关业务的资格等。

2）赔偿损失的民事法律责任。投标人弄虚作假的行为给招标人造成损失的，依法应承担赔偿责任。投标人的赔偿范围既包括直接损失也包括间接损失。《招标投标法》第五十三条规定，投标人相互串通投标或者与招标人串通投标的，投标人以向招标人或者评标委员会成员行贿的手段谋取中标的，给他人造成损失的，依法承担赔偿责任。《招标投标法》第五十四条规定，投标人以他人名义投标或者以其他方式弄虚作假，骗取中标的，给招标人造成损失的，依法承担赔偿责任。《招标投标法实施条例》第七十七条规定，投标人捏造事实、伪造材料或者以非法手段取得证明材料进行投诉，给他人造成损失的，依法承担赔偿责任。

3）履约保证金不予退还的民事法律责任。依据《招标投标法》第六十条的规定，中标人不履行与招标人订立的合同的，履约保证金不予退还，给招标人造成的损失超过履约保证金数额的，还应当对超过部分予以赔偿；没有提交履约保证金的，应当对招标人的损失承担赔偿责任。

二、行政法律责任

1. 法律法规规章摘要

《招标投标法》

第四十九条 违反本法规定，必须进行招标的项目而不招标的，将必须进行招标的项目化整为零或者以其他任何方式规避招标的，责令限期改正，可以处项目合同金额千分之五以上千分之十以下的罚款；对全部或者部分使用国有资金的项目，可以暂停项目执行或者暂停资金拨付；对单位直接负责的主管人员和其他直接责任人员依法给予处分。

第五十条 招标代理机构违反本法规定，泄露应当保密的与招标投标活动有关的情况和资料的，或者与招标人、投标人串通损害国家利益、社会公共利益或者他人合法权益的，处五万元以上二十五万元以下的罚款，对单位直接负责的主管人员和其他直接责任人员处单位罚款数额百分之五以上百分之十以下的罚款；有违法所得的，并处没收违法所得；情节严重的，禁止其一年至二年内代理依法必须进行招标的项目并予以公告，直至由工商行政管理机关吊销营业执照；构成犯罪的，依法追究刑事责任。给他人造成损失的，依法承担赔偿责任。

前款所列行为影响中标结果的，中标无效。

第五十一条 招标人以不合理的条件限制或者排斥潜在投标人的，对潜在投标人实行歧视待遇的，强制要求投标人组成联合体共同投标的，或者限制投标人之间竞争的，责令改正，可以处一万元以上五万元以下的罚款。

第五十二条 依法必须进行招标的项目的招标人向他人透露已获取招标文件的潜在投标人的名称、数量或者可能影响公平竞争的有关招标投标的其他情况的，或者泄露标底的，给予警告，可以并处一万元以上十万元以下的罚款；对单位直接负责的主管人员和其他直接责任人员依法给予处分；构成犯罪的，依法追究刑事责任。

前款所列行为影响中标结果的，中标无效。

第五十三条 投标人相互串通投标或者与招标人串通投标的，投标人以向招标人或者评标委员会成员行贿的手段谋取中标的，中标无效，处中标项目金额千分之五以上千分之十以下的罚款，对单位直接负责的主管人员和其他直接责任人员处单位罚款数额百分之五以上百分之十以下的罚款；有违法所得的，并处没收违法所得；情节严重的，取消其一年至二年内参加依法必须进行招标的项目的投标资格并予以公告，直至由工商行政管理机关吊销营业执照；构成犯罪的，依法追究刑事责任。给他人造成损失的，依法承担赔偿责任。

第五十四条 依法必须进行招标的项目的投标人有前款所列行为尚未构成犯罪的，处中标项目金额千分之五以上千分之十以下的罚款；对单位直接负责的主管人员和其他直接责任人员处单位罚款数额百分之五以上百分之十以下的罚款；有违法所得的，并处没收违法所得；情节严重的，取消其一年至三年内参加依法必须进行招标的项目的投标资格并予以公告，直至由工商行政管理机关吊销营业执照。

第五十五条 依法必须进行招标的项目，招标人违反本法规定，与投标人就投标价格、投标方案等实质性内容进行谈判的，给予警告，对单位直接负责的主管人员和其他直接责任人员依法给予处分。

前款所列行为影响中标结果的，中标无效。

第五十六条 评标委员会成员收受投标人的财物或者其他好处的，评标委员会成员或者参加评标的有关工作人员向他人透露对投标文件的评审和比较、中标候选人的推荐以及与评标有关的其他情况的，给予警告，没收收受的财物，可以并处三千元以上五万元以下的罚款，对有所列违法行为的评标委员会成员取消担任评标委员会成员的资格，不得再参加任何依法必须进行招标的项目的评标；构成犯罪的，依法追究刑事责任。

第五十七条　招标人在评标委员会依法推荐的中标候选人以外确定中标人的，依法必须进行招标的项目在所有投标被评标委员会否决后自行确定中标人的，中标无效。责令改正，可以处中标项目金额千分之五以上千分之十以下的罚款；对单位直接负责的主管人员和其他直接责任人员依法给予处分。

第五十八条　中标人将中标项目转让给他人的，将中标项目肢解后分别转让给他人的，违反本法规定将中标项目的部分主体、关键性工作分包给他人的，或者分包人再次分包的，转让、分包无效，处转让、分包项目金额千分之五以上千分之十以下的罚款；有违法所得的，并处没收违法所得；可以责令停业整顿；情节严重的，由工商行政管理机关吊销营业执照。

第五十九条　招标人与中标人不按照招标文件和中标人的投标文件订立合同的，或者招标人、中标人订立背离合同实质性内容的协议的，责令改正；可以处中标项目金额千分之五以上千分之十以下的罚款。

第六十条　中标人不履行与招标人订立的合同的，履约保证金不予退还，给招标人造成的损失超过履约保证金数额的，还应当对超过部分予以赔偿；没有提交履约保证金的，应当对招标人的损失承担赔偿责任。

中标人不按照与招标人订立的合同履行义务，情节较为严重的，取消其二年至五年内参加依法必须进行招标的项目的投标资格并予以公告，直至由工商行政管理机关吊销营业执照。

因不可抗力不能履行合同的，不适用前两款规定。

《招标投标法实施条例》

第六十四条　招标人有下列情形之一的，由有关行政监督部门责令改正，可以处10万元以下的罚款：

（一）依法应当公开招标而采用邀请招标；

（二）招标文件、资格预审文件的发售、澄清、修改的时限，或者确定的提交资格预审申请文件、投标文件的时限不符合招标投标法和本条例规定；

（三）接受未通过资格预审的单位或者个人参加投标；

（四）接受应当拒收的投标文件。

招标人有前款第一项、第三项、第四项所列行为之一的，对单位直接负责的主管人员和其他直接责任人员依法给予处分。

第六十六条　招标人超过本条例规定的比例收取投标保证金、履约保证金或者不按照规定退还投标保证金及银行同期存款利息的，由有关行政监督部门责令改正，可以处5万元以下的罚款；给他人造成损失的，依法承担赔偿责任。

第六十七条　投标人相互串通投标或者与招标人串通投标的，投标人向招标人或者评标委员会成员行贿谋取中标的，中标无效；构成犯罪的，依法追究刑事责任；尚不构成犯罪的，依照招标投标法第五十三条的规定处罚。投标人未中标的，对单位的罚款金额按照招标项目合同金额依照招标投标法规定的比例计算。

投标人有下列行为之一的，属于招标投标法第五十三条规定的情节严重行为，由有关行政监督部门取消其1年至2年内参加依法必须进行招标的项目的投标资格：

（一）以行贿谋取中标；

（二）3年内2次以上串通投标；

（三）串通投标行为损害招标人、其他投标人或者国家、集体、公民的合法利益，造成直接经济损失30万元以上；

（四）其他串通投标情节严重的行为。

投标人自本条第二款规定的处罚执行期限届满之日起3年内又有该款所列违法行为之一的，或者串通投标、以行贿谋取中标情节特别严重的，由工商行政管理机关吊销营业执照。

法律、行政法规对串通投标报价行为的处罚另有规定的，从其规定。

第六十八条 投标人以他人名义投标或者以其他方式弄虚作假骗取中标的，中标无效；构成犯罪的，依法追究刑事责任；尚不构成犯罪的，依照招标投标法第五十四条的规定处罚。依法必须进行招标的项目的投标人未中标的，对单位的罚款金额按照招标项目合同金额依照招标投标法规定的比例计算。

投标人有下列行为之一的，属于招标投标法第五十四条规定的情节严重行为，由有关行政监督部门取消其1年至3年内参加依法必须进行招标的项目的投标资格：

（一）伪造、变造资格、资质证书或者其他许可证件骗取中标；

（二）3年内2次以上使用他人名义投标；

（三）弄虚作假骗取中标给招标人造成直接经济损失30万元以上；

（四）其他弄虚作假骗取中标情节严重的行为。

投标人自本条第二款规定的处罚执行期限届满之日起3年内又有该款所列违法行为之一的，或者弄虚作假骗取中标情节特别严重的，由工商行政管理机关吊销营业执照。

第六十九条 出让或者出租资格、资质证书供他人投标的，依照法律、行政法规的规定给予行政处罚；构成犯罪的，依法追究刑事责任。

第七十条 依法必须进行招标的项目的招标人不按照规定组建评标委员会，或者确定、更换评标委员会成员违反招标投标法和本条例规定的，由有关行政监督部门责令改正，可以处10万元以下的罚款，对单位直接负责的主管人员和其他直接责任人员依法给予处分；违法确定或者更换的评标委员会成员作出的评审结论无效，依法重新进行评审。

国家工作人员以任何方式非法干涉选取评标委员会成员的，依照本条例第八十一条的规定追究法律责任。

第七十三条 依法必须进行招标的项目的招标人有下列情形之一的，由有关行政监督部门责令改正，可以处中标项目金额10‰以下的罚款；给他人造成损失的，依法承担赔偿责任；对单位直接负责的主管人员和其他直接责任人员依法给予处分：

（一）无正当理由不发出中标通知书；

（二）不按照规定确定中标人；

（三）中标通知书发出后无正当理由改变中标结果；

（四）无正当理由不与中标人订立合同；

（五）在订立合同时向中标人提出附加条件。

第七十四条 中标人无正当理由不与招标人订立合同，在签订合同时向招标人提出附加条件，或者不按照招标文件要求提交履约保证金的，取消其中标资格，投标保证金不予退还。对依法必须进行招标的项目的中标人，由有关行政监督部门责令改正，可以处中标项目金额10‰以下的罚款。

第七十五条 招标人和中标人不按照招标文件和中标人的投标文件订立合同，合同的主要条款与招标文件、中标人的投标文件的内容不一致，或者招标人、中标人订立背离合同实质性内容的协议的，由有关行政监督部门责令改正，可以处中标项目金额5‰以上10‰以下的罚款。

第七十六条 中标人将中标项目转让给他人的，将中标项目肢解后分别转让给他人的，违反招标投标法和本条例规定将中标项目的部分主体、关键性工作分包给他人的，或者分包人再次分包的，转让、分包无效，处转让、分包项目金额5‰以上10‰以下的罚款；有违法所得的，并处没收违法所得；可以责令停业整顿；情节严重的，由工商行政管理机关吊销营业执照。

第七十七条 投标人或者其他利害关系人捏造事实、伪造材料或者以非法手段取得证明材料进行投诉，给他人造成损失的，依法承担赔偿责任。

招标人不按照规定对异议作出答复，继续进行招标投标活动的，由有关行政监督部门责令改正，拒不改正或者不能改正并影响中标结果的，依照本条例第八十一条的规定处理。

2. 业务实践

行政法律责任是指招标投标法律关系主体违反行政法律规定而依法应当承担的一种法律责任。

（1）招标人的行政法律责任。指招标人因违反行政法律规范，而依法应当承担的一种法律责任。目前，我国对于招标人的行为规范及行政责任主要体现在《招标投标法》《招标投标法实施条例》和一些部门规章之中。

1）招标人需承担行政法律责任的违法行为。根据《招标投标法》及《招标投标法实施条例》的规定，招标人承担行政法律责任的违法行为，主要可以分为导致招标无效、中标无效和其他违法行为。其中，招标人的下列违法行为将导致中标无效：①依法必须进行招标的项目的招标人向他人透露已获取招标文件的潜在投标人的名称、数量或者可能影响公平竞争的有关招标投标的其他情况的，或者泄露标底的，且前述行为影响中标结果的；②依法必须进行招标的项目，招标人违反《招标投标法》规定，与投标人就投标价格、投标方案等实质性内容进行谈判的，且前述行为影响中标结果的；③招标人在评标委员会依法推荐的中标候选人以外确定中标人的；④依法必须进行招标的项目在所有投标被评标委员会否决后自行确定中标人的。

2）招标人承担行政法律责任的方式。对招标人在招标投标过程中的违法行为承担行政法律责任的方式主要有：①暂停项目执行或者暂停资金拨付。《招标投标法》第四十九条规定，必须进行招标的项目而不招标的，将必须进行招标的项目化整为零或者以其他任何方式规避招标的,对全部或者部分使用国有资金的项目,可以暂停项目执行或者暂停资金拨付。②警告、责令限期改正。招标人有情节轻微的违法行为,行政部门有权对招标人发出警告,并有权责令其限期改正。如《招标投标法》第五十一条规定,招标人以不合理的条件限制或者排斥潜在投标人的,对潜在投标人实行歧视待遇的,强制要求投标人组成联合体共同投标的,或者限制投标人之间竞争的,责令改正。③罚款。招标人有违法行为的,行政监督部门有权对招标人依据不同规定处以不同数额的罚款,同时可并处没收违法所得。如《招标投标法实施条例》第六十四条规定,招标人如有规定的四种情形之一的,可以处10万元以下的罚款。④行政处分。行政处分的对象是招标人单位的直接负责的主管人员和其他直接责任人员。如《招标投标法》第五十七条规定,招标人在评标委员会依法推荐的中标候选人以外确定中标人的,依法必须进行招标的项目在所有投标被评标委员会否决后自行确定中标人的,对单位直接负责的主管人员和其他直接责任人员依法给予处分。

(2) 投标人的行政法律责任。指投标人因违反行政法律规范,而依法应当承担的法律后果。投标人承担行政责任的主要方式有:警告、罚款、没收违法所得、责令停业、没收投标保证金、取消投标资格及吊销营业执照。

部门规章中关于投标人承担行政法律责任的行为和方式。《工程建设项目货物招标投标办法》《工程建设项目招标投标活动投诉处理办法》《工程建设项目施工招标投标办法》等规定对投标人行政法律责任均做出了非常明确和具体的规定。投标人在招标投标过程中因违法行为所应承担的行政法律责任的方式有:①警告;②对单位责令停业整顿;③有违法所得的并处没收违法所得;④吊销营业执照;⑤罚款,对违法行为的罚款的处罚是双罚制,即处罚违法的单位也处罚单位的直接负责的主管人员;⑥取消参与投标的资格,根据其违法人员的违法行为取消其参与投标的资格,时间从最低的1~3年不等,但如果中标人有不履行与招标人订立合同的情况,其处罚参与投标的资格期限比其他违法行为要更为严厉,其取消参与投标的最低期限为2年,最高期限为5年;⑦没收投标保证金;⑧对其违法行为进行公告等。

三、刑事法律责任

1. 法律法规规章摘要

《招标投标法》

第五十条 招标代理机构违反本法规定,泄露应当保密的与招标投标活动有关的情况和资料的,或者与招标人、投标人串通损害国家利益、社会公共利益或者他人合法权益的,处五万元以上二十五万元以下的罚款,对单位直接负责的主管人员和其他直接责任人员处单位罚款数额百分之五以上百分之十以下的罚款;有违法所得的,并处没收违法所得;情节严重的,禁止其一年至二年内代理依法必须进行招标的项目并予以公告,直至由工商行政管理机关吊销营业执照;构成犯罪的,依法追究刑事责任。给他人造成损失的,依法承担赔偿责任。

前款所列行为影响中标结果的，中标无效。

第五十二条 依法必须进行招标的项目的招标人向他人透露已获取招标文件的潜在投标人的名称、数量或者可能影响公平竞争的有关招标投标的其他情况的，或者泄露标底的，给予警告，可以并处一万元以上十万元以下的罚款；对单位直接负责的主管人员和其他直接责任人员依法给予处分；构成犯罪的，依法追究刑事责任。

前款所列行为影响中标结果的，中标无效。

第五十三条 投标人相互串通投标或者与招标人串通投标的，投标人以向招标人或者评标委员会成员行贿的手段谋取中标的，中标无效，处中标项目金额千分之五以上千分之十以下的罚款，对单位直接负责的主管人员和其他直接责任人员处单位罚款数额百分之五以上百分之十以下的罚款；有违法所得的，并处没收违法所得；情节严重的，取消其一年至二年内参加依法必须进行招标的项目的投标资格并予以公告，直至由工商行政管理机关吊销营业执照；构成犯罪的，依法追究刑事责任。给他人造成损失的，依法承担赔偿责任。

第五十四条 投标人以他人名义投标或者以其他方式弄虚作假，骗取中标的，中标无效，给招标人造成损失的，依法承担赔偿责任；构成犯罪的，依法追究刑事责任。

《招标投标法实施条例》

第六十七条 投标人相互串通投标或者与招标人串通投标的，投标人向招标人或者评标委员会成员行贿谋取中标的，中标无效；构成犯罪的，依法追究刑事责任；尚不构成犯罪的，依照招标投标法第五十三条的规定处罚。投标人未中标的，对单位的罚款金额按照招标项目合同金额依照招标投标法规定的比例计算。

投标人有下列行为之一的，属于招标投标法第五十三条规定的情节严重行为，由有关行政监督部门取消其1年至2年内参加依法必须进行招标的项目的投标资格：

（一）以行贿谋取中标；

（二）3年内2次以上串通投标；

（三）串通投标行为损害招标人、其他投标人或者国家、集体、公民的合法利益，造成直接经济损失30万元以上；

（四）其他串通投标情节严重的行为。

投标人自本条第二款规定的处罚执行期限届满之日起3年内又有该款所列违法行为之一的，或者串通投标、以行贿谋取中标情节特别严重的，由工商行政管理机关吊销营业执照。

法律、行政法规对串通投标报价行为的处罚另有规定的，从其规定。

第六十八条 投标人以他人名义投标或者以其他方式弄虚作假骗取中标的，中标无效；构成犯罪的，依法追究刑事责任；尚不构成犯罪的，依照招标投标法第五十四条的规定处罚。依法必须进行招标的项目的投标人未中标的，对单位的罚款金额按照招标项目合同金额依照招标投标法规定的比例计算。

投标人有下列行为之一的，属于招标投标法第五十四条规定的情节严重行为，由有关行政监督部门取消其1年至3年内参加依法必须进行招标的项目的投标资格：

（一）伪造、变造资格、资质证书或者其他许可证件骗取中标；

(二) 3 年内 2 次以上使用他人名义投标；

(三) 弄虚作假骗取中标给招标人造成直接经济损失 30 万元以上；

(四) 其他弄虚作假骗取中标情节严重的行为。

投标人自本条第二款规定的处罚执行期限届满之日起 3 年内又有该款所列违法行为之一的，或者弄虚作假骗取中标情节特别严重的，由工商行政管理机关吊销营业执照。

第六十九条 出让或者出租资格、资质证书供他人投标的，依照法律、行政法规的规定给予行政处罚；构成犯罪的，依法追究刑事责任。

第七十二条 评标委员会成员收受投标人的财物或者其他好处的，没收收受的财物，处 3000 元以上 5 万元以下的罚款，取消担任评标委员会成员的资格，不得再参加依法必须进行招标的项目的评标；构成犯罪的，依法追究刑事责任。

2. 业务实践

（1）招标人的刑事法律责任。招标人的刑事法律责任，是指招标人因实施刑法规定的犯罪行为所应承担的刑事法律后果。刑事法律责任是招标人承担的最严重的一种法律后果。

1）承担串通投标罪的刑事责任。串通投标罪既包括投标人与投标人之间的串通的情形，也包括投标人与招标人串通投标的情形。投标人与招标人串通投标，损害国家、集体、公民合法权益的，处 3 年以下有期徒刑或者拘役，并处或单处罚金。

2）承担侵犯商业秘密罪的刑事责任。招标人向他人透露已获取招标文件的潜在投标人信息、招标文件的重要内容或可能影响公平竞争的有关招标投标的其他情况，如泄露评标专家委员会成员信息或泄露标底并造成重大损失的，招标人构成侵犯商业秘密，处 3 年以下有期徒刑或者拘役，造成特别严重后果的，处 3 年以上 7 年以下有期徒刑，并处罚金。

（2）投标人的刑事法律责任。指投标人因实施刑法规定的犯罪行为所应承担的刑事法律后果。这是投标人承担的最严重的一种法律后果。

1）承担串通投标罪的刑事责任。投标人承担串通投标罪的有两种情形，一是投标人相互串通投标报价，损害招标人或者其他招标人利益的，情节严重的，处 3 年以下有期徒刑或者拘役，并处或单处罚金。二是投标人与招标人串通投标，损害国家、集体、公民合法权益的，处 3 年以下有期徒刑或者拘役，并处或单处罚金。

2）承担合同诈骗罪的刑事责任。投标人以非法占有为目的，在签订、履行合同过程中实施下列行为骗取对方当事人财物，数额较大的，处 3 年以下有期徒刑或者拘役，并处或者单处罚金；数额巨大或者有其他严重情节的，处 3 年以上 10 年以下有期徒刑，并处罚金；数额特别巨大或者有其他特别严重情节的，处 10 年以上有期徒刑或者无期徒刑，并处罚金或者没收财产。

3）承担行贿罪的刑事责任。投标人向招标人或者评标委员会成员行贿，依据我国《刑法》第三百九十一条的规定构成行贿罪，可处 3 年以下有期徒刑或者拘役。单位犯行贿罪的，对单位判处罚金，并对其直接负责的主管人员和其他直接责任人员，依照相关规定处罚。

(3) 评标专家的刑事法律责任。指评标专家因实施刑法规定的犯罪行为所应承担的刑事法律后果。这也是评标专家承担的最严重的一种法律后果。

应承担非国家工作人员受贿罪的刑事责任。根据《招标投标法实施条例》第七十二条规定，评标委员会成员收受投标人的财物或者其他好处，构成犯罪的，依法追究刑事责任。《刑法》第一百六十三条第一款规定，公司、企业或者其他单位的工作人员利用职务上的便利，索取他人财物或者非法收受他人财物，为他人谋取利益，数额较大的，处5年以下有期徒刑或者拘役；数额巨大的，处5年以上有期徒刑，可以并处没收财产。因此，评标委员会成员在招标、评标活动中，索取、收受他人财物，为他人谋取利益且数额较大的，将以非国家工作人员受贿罪论处。

3. 专题分析

2011年12月，某行政村搬迁安置房工程委托市公共资源交易中心向社会公开招标，并择定2012年1月6日开标，工程造价为10500万元。邓某得知后，寻找了7家建筑企业挂靠准备参与投标。同时，陈某、周某也在寻找挂靠企业准备参与投标。邓某得知后，遂与周某、陈某协商，约定合伙参与投标，如中标，邓某占65%股份，周某、陈某占35%股份，并商定以邓某事先找好挂靠的市建筑公司等7家单位的名义参与投标，由邓某缴纳其中4家的投标保证金共320万元，陈某、周某缴纳另外3家的投标保证金共240万元。随后，三人议定在工程预算价下浮13.5%~14%设定投标报价，由周某委托他人计算出7个几乎成等差排列且仅相差10000余元的标价，并由邓某通知各制作投标书的人，7家挂靠单位根据邓某等人设定的投标价进行投标。2012年1月6日，该工程开标后，市建筑公司以9129.2796万元的报价中标。邓某、陈某、周某利用挂靠的市建筑公司取得某行政村搬迁安置房工程。后因邓某、周某在工程建设过程中发生纠纷，周某控告而案发。案发后，陈某于2013年12月9日向公安机关投案，并如实供述了自己的罪行。①

(1) 串通投标行为的认定。串通投标行为表现五花八门、形式多样且花样不断翻新，具有很强的隐蔽性，只有参与串通投标的内部人掌握，外部人不易察觉，导致认定难、查处难。本案就是因被告人之间内讧检举才揭发出来的。为了准确认定、有力打击串通投标行为，《招标投标法实施条例》第三十九条、第四十条在总结实践经验的基础上，对投标人相互串通投标行为的常见表现形式做了列举式规定。如本案中犯罪人相互串通制定成等差数列式的投标报价，并统一策划组织名义上的7家单位投标，其实质上是一个投标人投标，其行为是比较典型的串通投标行为。

(2) 串通投标罪的构成要件。串通投标罪，是指投标人相互串通投标报价，损害招标人或者其他投标人利益，或者招标人与投标人串通投标，损害国家、集体、公民的合法权益，扰乱市场经济秩序，情节严重的行为。《刑法》第二百二十三条规定，投标人相互串通投标报价，损害招标人或者其他投标人利益，情节严重的，处3年以下有期徒刑或者拘役，并处或者单处罚金。投标人与招标人串通投标，损害国家、集体、公民的合法利益的，依照前款的规定处罚。据此分析，串通投标罪的构成要件是：

---

① 资料来源：孙逊，白如银. 串通投标情节严重的构成串通投标罪[J]. 中国招标，2016 (46)：37-39.

1）客体要件。侵犯的是正常的市场竞争秩序以及招标人和其他投标人、国家、集体或公民个人的合法权益。

2）客观要件。在客观方面表现为串通投标行为，主要包括投标人互相串通投标报价以及招标人与投标人串通投标两种类型，常见表现形式如前所述。串通投标将造成招标人无法达到最佳的竞标结果或者其他投标人无法在公平竞争的条件下参与投标竞争而受到损害，这种损害必须达到"情节严重"才构成本罪。情节严重的认定，可依据《最高人民检察院、公安部关于公安机关管辖的刑事案件立案追诉标准的规定（二）》，串通投标案的立案追诉标准：①损害招标人、投标人或者国家、集体、公民的合法利益，造成直接经济损失数额在50万元以上；②违法所得数额在10万元以上；③中标项目金额在200万元以上；④采取威胁、欺骗或者贿赂等非法手段；⑤虽未达到上述数额标准（指接近上述数额标准且已达到该数额的80%以上），但两年内因串通投标，受过行政处罚2次以上，又串通投标；⑥其他情节严重的情形。

3）主体要件。犯罪主体是特殊主体，限于招标人和投标人；涉及串通投标的招标代理机构、评标委员会与参与串通行为的招标人、投标人构成共同犯罪，也可成为犯罪主体。自然人和单位均可构成主体。

4）主观要件。在主观方面表现为直接故意，即串通投标行为人以排挤竞争对手为目的积极采取不正当的串通投标行为，且明知该行为将损害招标人、其他投标人或者国家、集体的合法权益，过失不构成串通投标罪。

第五节　案例与练习

一、选择题

（1）对采购文件提出质疑的，应当在获取采购文件或者采购文件公告期限届满之日起（　　）个工作日内提出。
A. 5　　　　　　B. 7　　　　　　C. 15　　　　　　D. 10

（2）行政监督部门处理投诉时，应当坚持公平、公正、（　　）原则，维持国家利益、社会公共利益和招标投标当事人的合法权益。
A. 公开　　　　B. 诚信　　　　C. 高效　　　　D. 比例

（3）下列选项中，不属于招标人承担行政法律责任的方式的是（　　）。
A. 行政处分　　B. 暂停资金拨付　　C. 罚款　　D. 恢复原状

（4）下列选项中，不属于承担串通投标罪的刑事责任的是（　　）。
A. 有期徒刑　　B. 拘役　　　　C. 罚金　　　　D. 无期徒刑

（5）投标人就同一事项向两个以上有权受理的行政监督部门投诉的，应（　　）。
A. 由两个行政监督部门的共同的上级处理

B. 由级别高的行政监督部门处理
C. 由最先收到投诉的行政监督部门负责处理
D. 由直接主管行政监督部门处理

二、问答题

（1）异议和质疑的区别和联系。
（2）各种法律责任的顺序。

参考文献

［1］全国招标师职业资格考试辅导教材指导委员会．招标采购专业实务［M］．北京：中国计划出版社，2015．

［2］国家发展和改革委法规司，国务院法制办公室财金司．招标投标法实施条例释义［M］．北京：中国计划出版社，2012．

［3］中国招标投标协会．政府与社会资本合作（PPP）项目社会资本方遴选工作指南［M］．北京：中国计划出版社，2018．

［4］李启明，谭敬慧，冯志祥，郭宪．招标采购合同管理［M］．北京：中国计划出版社，2015．

［5］郭宪．严格依据上位法，充分体现机电产品特点与国际招标特色——浅析商务部1号令立法思路［J］．招标采购管理，2014（6）．

［6］郭宪．五棵松文化体育中心项目法人招标对投资主体多元化的有益探索［J］．项目管理技术，2008（4）．

［7］［美］项目管理协会．项目管理知识体系指南（第5版）［M］．许江林等译．北京：电子工业出版社，2013．

［8］徐杰，鞠颂东．采购管理（第3版）［M］．北京：机械工业出版社，2014．

［9］肖建华．政府采购（第2版）［M］．大连：东北财经大学出版社，2016．

［10］白志远．政府采购政策研究［M］．武汉：武汉大学出版社，2016．

［11］孙文基．政府采购理论与实务［M］．苏州：苏州大学出版社，2014．

［12］何红锋．政府采购案例评析［M］．武汉：华中科技大学出版社，2008．

［13］朱龙杰．政府采购概论［M］．南京：东南大学出版社，2018．

［14］姜晨光．政府采购工作指南［M］．北京：化学工业出版社，2018．

［15］李诚实．政府采购法规制度全书［M］．济南：山东人民出版社，2014．

［16］赵先国．招标投标评标实务［M］．上海：上海交通大学出版社，2016．

［17］赵曾海．招标投标操作实务［M］．北京：首都经济贸易大学出版社，2015．

［18］李金升．招标投标重点法律实务2（案例评析版）［M］．北京：中国法制出版社，2016．

［19］何红峰．《招标投标法》的内容应当纳入《政府采购法》［J］．中国政府采

购，2007（10）：60-63.

［20］李金升．招投标中的异议、质疑与询问之辨——以某水利工程建设项目设备招标为例［J］．招标与投标，2018，6（7）：8-12.

［21］李飞．论评标制度的完善［J］．中国政府采购，2018（6）：66-72.

［22］荆贵锁，李强，陈尚聪．关于《招标投标法》的适应性分析、探讨与完善建议（一）［J］．招标采购管理，2018（4）：15-18.

［23］戴岩红，舒文珍．中标通知书发出后中标人拒签合同的法律责任分析［J］．江西电力职业技术学院学报，2018，31（3）：71，74.

［24］张志军，白如银．对《招标投标法》的若干修订建议［J］．招标采购管理，2017（9）：20-25.

［25］王静．我国招标投标法律制度存在的问题及对策研究［J］．佳木斯职业学院学报，2017（5）：151.

［26］汪才华．招标投标中未批先招和规避招标行为的法律探析［J］．招标与投标，2014（8）：17-20.

［27］黎权毅．《中华人民共和国招标投标法实施条例》关于串标的解读［J］．东方企业文化，2012（24）：224-225.

［28］白如银．招标投标典型案例评析［M］．北京：中国电力出版社，2017.

［29］何红锋．招标投标法研究［M］．天津：南开大学出版社，2004.

［30］张利江，范振华，李峣．招标采购实战200问［M］．北京：法律出版社，2018.

［31］全国招标师职业资格考试辅导教材指导委员会．招标采购案例分析［M］．北京：中国计划出版社，2010.